STEFANO MARIA CICCONETTI

LEZIONI DI GIUSTIZIA COSTITUZIONALE

Sesta edizione

G. Giappichelli Editore

VIA PO, 21 - TEL. 011-81.53.111 - FAX 011-81.25.100
http://www.giappichelli.it

ISBN/EAN 978-88-921-1881-2

Stampa: Stampatre s.r.l. - Torino

A Terry

PREFAZIONE ALLA SESTA EDIZIONE

Un libro sulla giustizia costituzionale è fatalmente destinato ad invecchiare a causa dello sviluppo della giurisprudenza della Corte costituzionale. A quattro anni dalla precedente edizione, ho perciò ritenuto necessario procedere ad una nuova edizione che, per l'appunto, tiene conto della giurisprudenza nel frattempo formatasi. L'impostazione generale rimane inalterata. In appendice sono state aggiunte, per comodità del lettore, le disposizioni che disciplinano la Corte costituzionale. Mi sono mancate le forze per aggiornare la bibliografia e di ciò mi scuso anticipatamente nei confronti degli Autori che non risultassero citati.

STEFANO MARIA CICCONETTI

Roma, novembre 2018

CAPITOLO I

GIUDIZIO DIFFUSO E GIUDIZIO ACCENTRATO DI LEGITTIMITÀ COSTITUZIONALE DELLE LEGGI

1. *Il giudizio di legittimità costituzionale delle leggi: giudizio diffuso e giudizio accentrato*

Il controllo giudiziario di legittimità costituzionale delle leggi – o, con altra ma equivalente espressione, il giudizio di legittimità costituzionale delle leggi – può svolgersi e si è storicamente svolto secondo due meccanismi tra loro molto diversi: il giudizio diffuso e il giudizio accentrato.

Il **giudizio diffuso** comporta l'attribuzione ad ogni giudice, nell'esercizio dei poteri rientranti nella propria competenza, del sindacato sulla costituzionalità della legge. Il **giudizio accentrato**, invece, comporta l'attribuzione di tale sindacato in modo esclusivo ad un organo dotato dello specifico potere di dichiarare l'illegittimità costituzionale della legge, organo che, a seconda dei casi, può appartenere al potere giurisdizionale oppure essere ad esso estraneo. Pertanto, gli elementi che differenziano questo secondo meccanismo rispetto al primo non attengono necessariamente alla qualificazione del soggetto che esercita il sindacato – l'essere o meno tale soggetto un giudice – ma risiedono piuttosto nell'esclusività della competenza e nell'effetto particolare – la dichiarazione d'illegittimità costituzionale della legge – che dall'esercizio di tale competenza deriva a fronte di leggi ritenute incostituzionali.

2. *Il giudizio diffuso negli Stati Uniti*

Il **giudizio diffuso** nasce per la prima volta negli Stati Uniti e tale dato storico può apparire a prima vista un po' paradossale alla luce del fatto che la Costituzione americana non prevede l'esistenza di un qualsivoglia sindacato di legittimità costituzionale delle leggi. Tuttavia, se si riflette meglio, ci si rende conto che proprio la mancanza di qualsiasi norma al riguardo ha consentito ed anzi obbligato i giudici americani ad inventarsi un meccanismo per così dire "autarchico" di controllo della legittimità costituzionale delle leggi. È evidente, infatti, che il silenzio della Costituzione americana in ordine al sindacato di legittimità costituzionale delle leggi mentre esclude implicitamente un meccanismo di controllo accentrato – dato che l'attribuzione in via esclusiva ad un determinato organo di tale competenza richiede necessariamente l'esistenza di una norma che tale attribuzione positivamente stabilisca – non esclude, invece, un meccanismo di controllo diffuso, poiché tale controllo può essere esercitato da qualsiasi giudice nell'esercizio dei poteri ad esso conferiti da norme già esistenti nell'ordinamento.

Il principio del sindacato di legittimità costituzionale delle leggi da parte di ogni giudice fu enunciato per la prima volta nella famosa sentenza della Corte Suprema degli Stati Uniti del 1803 nel caso *Marbury v. Madison*, partendosi dalla duplice premessa del carattere rigido della Costituzione americana e del potere-dovere di ogni giudice d'interpretare sia la legge sia la Costituzione. Il giudice che, nell'esercizio della sua funzione, si trovi a dover applicare una legge al caso concreto, deve verificare preliminarmente che essa non contrasti con la Costituzione. Mentre, infatti, il contrasto tra due leggi è risolto applicando il criterio cronologico (*lex posterior derogat priori*), poiché si tratta di atti gerarchicamente pariordinati e dunque dotati di una medesima forza, nell'ipotesi di contrasto tra legge e Costituzione l'inferiorità gerarchica della prima le impedisce di modificare validamente la seconda. In questo caso, il giudice deve dare la prevalenza alla Costituzione e non può più risolvere la controversia sottoposta alla sua decisione ricorrendo alla legge ritenuta incostituzionale. Pertanto, egli deve giudicare prescindendo da quella legge, disapplicandola nel caso concreto ed applicando a quest'ultimo una diversa norma individuata sulla base del criterio dell'analogia o di altri criteri (ad es. il ricorso ai principi generali dell'ordinamento) consentiti dal singolo ordinamento giuridico positivo.

Tuttavia, la **disapplicazione** è uno strumento ad effetti singolari, nel senso che essa vale soltanto per la specifica controversia che ne costituisce l'oggetto e non produce, quindi, alcun vincolo nei confronti di un altro giudice che si trovi a dover decidere la medesima controversia. È evidente come ciò possa facilmente determinare situazioni d'incertezza del diritto qualora: un giudice decida una determinata controversia disapplicando la norma A, in quanto ritenuta incostituzionale, ed applicando la norma B; un altro giudice decida quella stessa controversia applicando, invece, la norma A, in quanto ritenuta conforme a Costituzione. Il rimedio a tale inconveniente risiede, nell'ordinamento nord-americano, nel **principio dello *stare decisis***, secondo il quale le decisioni della Corte Suprema – organo giurisdizionale sostanzialmente equivalente, sotto il profilo delle funzioni, alla Corte di cassazione italiana – sono formalmente vincolanti nei confronti di tutti i giudici. Ritornando all'esempio di cui sopra, la parte soccombente a causa dell'applicazione della norma B potrà ricorrere in secondo grado e, se ancora soccombente, alla Corte Suprema, sostenendo che il giudice di primo grado ha erroneamente disapplicato la norma A poiché tale norma, a suo giudizio, non contrasta con la Costituzione. Qualora la Corte rigetti il ricorso e, confermando la disapplicazione della norma A in ragione della sua incostituzionalità, dichiari applicabile la norma B, tale decisione sarà d'ora in poi vincolante per tutti i giudici di fronte ai quali si presentasse la stessa controversia oggetto della decisione della Corte: nessun giudice potrà più applicare la norma A, in quanto oramai definitivamente giudicata incostituzionale dalla Corte Suprema.

Due aspetti vanno sottolineati. Innanzitutto, il giudizio sulla legittimità costituzionale delle leggi non ha, negli Stati Uniti, una propria autonomia processuale poiché esso costituisce soltanto un momento interno al giudizio di merito in tutti i gradi in cui quest'ultimo concretamente si svolge. Ciò vale, dunque, anche per l'intervento della Corte Suprema, che non compie uno specifico giudizio di legittimità costituzionale ma si limita a valutare la legittimità o l'illegittimità della norma ai fini della sua applicazione o disapplicazione rispetto ad una determinata fattispecie oggetto di una controversia. In secondo luogo, l'eventuale convincimento della Corte in ordine all'illegittimità costituzionale della norma non comporta l'annullamento della norma stessa in quanto la Corte, anche in questo caso, non ha poteri diversi da quelli ordinari, poteri che sono finalizzati soltanto alla conferma o alla riforma della sentenza con la quale il giudice di merito ha deciso quella determinata controversia. La conferma dell'illegittimità costituzionale della norma significa, pertanto, conferma della disapplicazione della norma stessa, disapplicazione che, per il principio dello *stare decisis*, vincola per il futuro tutti i giudici.

La conclusione è la seguente: le norme ritenute incostituzionali dalla Corte Suprema non vengono annullate ma continuano formalmente ad esistere nell'ordinamento statunitense pur non potendo più essere applicate né dai giudici, né dalle autorità amministrative. Si tratta, come è stato pittorescamente ma efficacemente affermato dalla dottrina nord-americana, di leggi morte (*dead laws*); meno pittorescamente, tali leggi possono definirsi come leggi esistenti ma non più vigenti.

3. *Il giudizio accentrato in Italia. La composizione della Corte costituzionale. Un caso di giudizio diffuso in relazione al diritto comunitario: rinvio. Le diverse competenze della Corte costituzionale*

In Italia, come già in precedenza in Austria nel 1920 e come successivamente in Germania nel 1949 ed in Spagna nel 1978, la scelta dell'Assemblea costituente fu per l'introduzione di un **giudizio di legittimità costituzionale di tipo accentrato**, affidato ad un organo chiamato Corte costituzionale. Tale organo, previsto dagli artt. 134-137 della Costituzione repubblicana del 1947, entrò, tuttavia, in funzione soltanto nel 1956 dopo che erano state approvate le leggi, costituzionali (9 febbraio 1948, n. 1; 11 marzo 1953, n. 1) ed ordinarie (11 marzo 1953, n. 87), previste dall'art. 137 Cost., necessarie per il concreto funzionamento della Corte[1]. Nel periodo intercorso tra le due date suddette, il controllo di costituzionalità fu un controllo di tipo diffuso affidato alla magistratura, ai sensi della VII disp. trans. fin. della Costituzione, co. 2, secondo la quale «Fino a quando non entri in funzione la Corte costituzionale, la decisione delle controversie indicate nell'art. 134 avviene nelle forme e nei limiti delle norme preesistenti all'entrata in vigore della Costituzione».

I motivi della preferenza accordata in Italia ad un sistema di tipo accentrato sono molteplici e di natura sia tecnico-giuridica che politica.

Tra i primi, va ricordata l'inesistenza in Italia del principio dello *stare decisis*: le sentenze della Corte di cassazione, pur avendo una notevole influenza sostanziale nei confronti degli altri giudici, non sono tuttavia formalmente vincolanti nei loro confronti. Viene così a mancare un presupposto essenziale, come si è visto in precedenza, per il corretto funzionamento di un sistema di controllo diffuso, tale cioè da evitare per quanto possibile incertezze e sperequazioni nell'applicazione giudiziale del diritto.

Tra i secondi, va segnalata la preoccupazione di non squilibrare la posizione reciproca dei poteri dello Stato, attribuendo in via esclusiva al potere giurisdizionale la funzione di bloccare l'operatività delle leggi, l'approvazione delle quali, così come la loro abrogazione, spetta al Parlamento; in altre parole, la preoccupazione di non contrapporre al potere positivo del Parlamento un potere negativo affidato alla magistratura, con il ri-

---

[1] Alle leggi citate si aggiunsero, successivamente all'entrata in funzione della Corte, la L. cost. 22 novembre 1967, n. 2 ed il regolamento, adottato dalla stessa Corte ai sensi degli artt. 14 e 22 della citata L. n. 87, recante «Norme integrative per i giudizi davanti alla Corte costituzionale».

schio di un'eccessiva crescita dell'influenza, anche politica, di quest'ultima, rischio in parte verificatosi in passato negli Stati Uniti quando si parlò di "governo dei giudici".

Tuttavia, la preoccupazione suddetta non sarebbe stata eliminata dalla semplice rinuncia ad un controllo di costituzionalità di tipo diffuso e dall'istituzione di un controllo di tipo accentrato attribuito ad un organo formalmente non appartenente alla magistratura, qualora i componenti di tale organo fossero stati soltanto magistrati. Anzi, se così fosse, il peso della magistratura, non tanto in quanto potere in sé e per sé ma in quanto potere al quale concretamente apparterrebbero i membri dell'organo speciale competente a sindacare la legittimità costituzionale delle leggi, sarebbe ancora maggiore, dal momento che in un sistema accentrato la conseguenza dell'illegittimità della legge non è la sua disapplicazione ma la ben più grave misura del suo annullamento. Inoltre, poiché tra le competenze della Corte costituzionale italiana, oltre al giudizio di legittimità costituzionale, vi è anche la funzione di decidere sui conflitti di attribuzione tra i poteri dello Stato, certamente pericoloso, non soltanto in nome del principio della terzietà del giudice (*nemo iudex in causa propria*), sarebbe stato affidare l'esercizio di tale funzione ad un organo composto da soggetti appartenenti ad un solo potere dello Stato.

Si può ragionevolmente affermare che in Italia, essendosi partiti dalla premessa dell'introduzione di un controllo di costituzionalità delle leggi di tipo accentrato, il **meccanismo di scelta dei membri della Corte costituzionale** sia stato pensato e definito avendo ben presente l'esigenza di evitare i suaccennati inconvenienti: diversificando da un lato, sotto l'aspetto passivo, la platea dei soggetti nominabili o eleggibili alla carica di giudice costituzionale e dall'altro, sotto l'aspetto attivo, la gamma dei soggetti competenti a nominarli o ad eleggerli.

Secondo quanto stabilisce l'art. 135 Cost., la Corte costituzionale è composta di quindici giudici nominati per un terzo dal Presidente della Repubblica, per un terzo dal Parlamento in seduta comune e per un terzo dalle supreme magistrature ordinaria ed amministrative (**diversificazione sotto l'aspetto attivo**); i giudici della Corte costituzionale sono scelti fra i magistrati anche a riposo delle giurisdizioni superiori ordinaria ed amministrative, i professori ordinari di università in materie giuridiche e gli avvocati dopo venti anni di esercizio (**diversificazione sotto l'aspetto passivo**).

In relazione a questo secondo punto, appare evidente come il comune denominatore delle tre categorie di soggetti nell'ambito delle quali vengono scelti i giudici costituzionali sia il possesso di una **specifica qualificazione professionale**, l'essere cioè operatori del diritto e dunque esperti in questo campo. La situazione cambia, invece, quando la Corte, esercitando una particolare competenza attribuitale dall'art. 134, ult. cpv., Cost., giudica sulle accuse promosse contro il Presidente della Repubblica dal Parlamento in seduta comune. In tal caso (art. 135, co. 7, Cost.) ai quindici giudici ordinari si aggiungono altri sedici membri – i cosiddetti giudici aggregati – tratti a sorte da un elenco di cittadini aventi i requisiti per l'eleggibilità a senatore, che il Parlamento compila ogni nove anni mediante elezione con le stesse modalità stabilite per la nomina dei giudici ordinari. I giudici aggregati non devono, pertanto, possedere quegli stessi requisiti di professionalità giuridica che sono invece richiesti per i giudici ordinari. Tale circostanza si spiega facilmente con la peculiarità del ruolo, simile a quello di un giudice penale, che la Corte esercita quando giudica il Presidente della Repubblica, per cui in questo caso il *plenum* dei giudici, ordinari ed aggregati, esercita una funzione analoga a quella propria di una giuria.

In relazione al primo punto, occorre specificare che i giudici, la cui nomina spetta al Presidente della Repubblica, sono nominati con decreto di quest'ultimo, controfirmato dal Presidente del Consiglio dei Ministri (L. n. 87, art. 4). I giudici nominati dal Parlamento in seduta comune sono eletti da quest'ultimo a scrutinio segreto e con la maggioranza dei due terzi dei componenti l'Assemblea; per gli scrutini successivi al terzo è sufficiente la maggioranza dei tre quinti dei componenti l'Assemblea (L. cost. n. 2 del 1967, art. 3). Nell'elezione dei giudici la cui nomina spetta alle supreme magistrature ordinaria ed amministrative (tre alla Corte di cassazione, uno al Consiglio di Stato, uno alla Corte dei conti), sono proclamati eletti coloro che ottengono il maggior numero di voti purché raggiungano la maggioranza assoluta dei componenti del collegio; qualora nella prima votazione non si raggiunga tale maggioranza, si procede, nel giorno successivo, a votazione di ballottaggio tra i candidati, in numero doppio dei giudici da eleggere, che abbiano riportato il maggior numero di voti; sono proclamati eletti coloro che ottengono la maggioranza relativa; a parità di voti è proclamato eletto o entra in ballottaggio il più anziano di età (L. cost. n. 2 del 1967, art. 4).

Le **maggioranze qualificate** necessarie per l'elezione di cinque giudici da parte del Parlamento in seduta comune implicano la **necessità di accordi politici** sulle possibili candidature tra i partiti che compongono la maggioranza di governo ed i partiti di opposizione, dal momento che finora nessuna coalizione governativa ha potuto contare sull'appoggio di maggioranze parlamentari così ampie da raggiungere i due terzi o i tre quinti del Parlamento in seduta comune. Inoltre, nel caso di governi multipartitici – caso che è stato la regola in Italia e che prevedibilmente lo sarà ancora per il prossimo futuro – gli accordi di cui sopra intervengono anche tra gli stessi partiti che appoggiano il Governo, in relazione alla consistenza parlamentare e/o al peso politico di ciascuno di essi. In misura minore lo stesso fenomeno si riscontra per la nomina dei cinque giudici di competenza del Presidente della Repubblica: anche se le sue scelte sono in questo caso libere, trattandosi di atti che rientrano tra quelli presidenziali in senso stretto e rispetto ai quali la controfirma del Presidente del Consiglio ha soltanto valore di controllo e non di partecipazione alla decisione, sarebbe tuttavia scorretto se il Capo dello Stato nominasse giudici costituzionali cinque persone dichiaratamente appartenenti o comunque vicine, anche se non iscritte formalmente, ad uno stesso partito politico.

I giudici della Corte costituzionale sono nominati attualmente per nove anni[2], decorrenti per ciascuno di essi dal giorno del giuramento, e non possono essere nuovamente nominati; alla scadenza del termine il giudice costituzionale cessa dalla carica e dall'esercizio delle funzioni, risultando da tale norma (art. 135, co. 4, Cost.) abrogato per i giudici costituzionali l'istituto della *prorogatio*, in precedenza previsto dal regolamento della

---

[2] Diversamente, i giudici nominati prima dell'entrata in vigore della L. cost. n. 2 del 1967 durarono in carica dodici anni (cfr. art. 6 della L. cost. cit.), decorrenti per ciascuno di essi dal giorno del giuramento.

Corte fino alla data del giuramento del giudice chiamato a sostituire il giudice scaduto; l'ufficio di giudice della Corte è incompatibile con quello di membro del Parlamento, di un Consiglio regionale, con l'esercizio della professione di avvocato e con ogni carica ed ufficio indicati dalla legge[3]; **i giudici della Corte costituzionale non sono sindacabili, né possono essere perseguiti per le opinioni espresse e per i voti dati nell'esercizio delle loro funzioni** (L. cost. n. 1 del 1953, art. 5).

Inoltre, l'art. 3, co. 2, della L. cost. n. 1 del 1948 sancisce che, finché durano in carica, **i giudici della Corte costituzionale godono dell'immunità accordata nel co. 2 dell'art. 68 Cost. ai membri delle due Camere e che l'autorizzazione ivi prevista è data dalla Corte costituzionale**. Le fattispecie oggetto della suddetta immunità non sono però, allo stato, facilmente individuabili perché l'art. 1 della L. cost. 29 ottobre 1993, n. 3, ha modificato sia il co. 2 che il co. 3 dell'art. 68 e quindi il rinvio che all'epoca il citato art. 3 compiva nei confronti del testo contenuto nel co. 2 allora in vigore non è più di per sé significativo. Per risolvere il problema – che finora non si è mai posto in concreto – occorrerà individuare, tra le norme contenute nei commi 2 e 3 dell'attuale testo dell'art. 68, quelle nella sostanza corrispondenti a quelle contenute nel co. 2 dello stesso art. 68 prima delle modifiche introdotte dalla L. cost. n. 3 del 1993.

La Corte elegge, tra i suoi componenti ed a maggioranza degli stessi, il **Presidente**, che rimane in carica per un triennio ed è rieleggibile, fermi in ogni caso i termini di scadenza dell'ufficio di giudice; qualora nessuno riporti la maggioranza, si procede ad una nuova votazione e, dopo di questa, eventualmente, alla votazione di ballottaggio tra i candidati che hanno ottenuto il maggior numero di voti e si proclama eletto chi abbia riporta-

---

[3] Cfr. la L. n. 87 del 1953 che specifica tali ulteriori incompatibilità: art. 7: «I giudici della Corte costituzionale non possono assumere o conservare altri uffici o impieghi pubblici o privati, né esercitare attività professionali, commerciali o industriali, funzioni di amministratore o sindaco in società che abbiano fine di lucro. Durante il periodo di appartenenza alla Corte costituzionale i giudici che siano magistrati in attività di servizio, o professori universitari, non potranno continuare nell'esercizio delle loro funzioni. Essi saranno collocati fuori ruolo per tutto il periodo in cui restano in carica e fino a quando non raggiungano i limiti di età per essere collocati a riposo»; art. 8: «I giudici della Corte non possono svolgere attività inerente ad una associazione o partito politico».

to la maggioranza; in caso di parità è proclamato eletto il più anziano di carica e, in mancanza, il più anziano di età (art. 135, co. 5, Cost.; L. n. 87 del 1953, art. 6).

L'art. 14 della L. n. 87 del 1953 attribuisce alla Corte **autonomia regolamentare ed autonomia finanziaria**. Il co. 1 stabilisce che la Corte può disciplinare l'esercizio delle sue funzioni con regolamento approvato dalla maggioranza dei suoi componenti; il regolamento è pubblicato sulla Gazzetta ufficiale. Il co. 2, stabilisce che la Corte, nei limiti di un fondo stanziato a tale scopo con legge del Parlamento, provvede alla gestione delle spese, degli uffici e dei servizi. Il co. 3, infine, introduce per i dipendenti della Corte il **principio di autodichia**, stabilendo che «la Corte è competente in via esclusiva a giudicare sui ricorsi dei suoi dipendenti». Come si vede, le tre citate disposizioni riproducono abbastanza fedelmente, nel loro contenuto, le disposizioni vigenti per i due rami del Parlamento. Sotto il profilo formale, tuttavia, la situazione è notevolmente diversa poiché mentre le disposizioni relative alla Corte costituzionale sono contenute in una legge ordinaria, quelle relative ai due rami del Parlamento sono contenute in Costituzione (art. 64, co. 1), per quanto attiene all'autonomia regolamentare, e nei regolamenti parlamentari, per quanto attiene all'autonomia finanziaria ed al principio di autodichia. Perciò, mentre le prime potrebbero essere modificate con lo strumento della legge ordinaria, ciò non sarebbe possibile per le seconde alla luce del principio della rigidità della Costituzione nel primo caso e del principio della riserva di regolamento parlamentare nel secondo caso.

L'introduzione in Italia di un giudizio di legittimità costituzionale delle leggi di tipo accentrato, riservato ad un organo specifico chiamato Corte costituzionale, ha subito tuttavia negli ultimi anni **un'importante eccezione in riferimento ad alcune fonti del diritto comunitario**. Come si vedrà in modo particolareggiato più avanti, la verifica della legittimità delle leggi italiane nei confronti delle fonti suddette non spetta più alla Corte costituzionale, diversamente da quanto accaduto in un primo tempo, ma ad ogni giudice che si trovi a dover decidere una controversia relativa ad una fattispecie disciplinata da un legge e da un regolamento comunitario tra loro contrastanti: in tal caso il giudice dovrà disapplicare la legge e risolvere la controversia applicando la norma comunitaria. L'ipotesi così sinteticamente descritta rappresenta **un evidente caso di controllo di legittimità di tipo diffuso**.

La Corte costituzionale italiana, oltre al giudizio di legittimità costituzionale delle leggi, ha una serie di competenze diverse, previste dall'art. 134 Cost. e, per una soltanto, dall'art. 2 della L. cost. n. 1 del 1953. Complessivamente, le competenze della Corte costituzionale sono le seguenti:

a) giudizio sulle controversie relative alla legittimità costituzionale delle leggi e degli atti, aventi forza di legge, dello Stato e delle Regioni (art. 134, I cpv.);

b) giudizio sui **conflitti di attribuzione tra i poteri dello Stato e su quelli tra lo Stato e le Regioni e tra le Regioni** (art. 134, II cpv.);

c) giudizio sulle **accuse promosse contro il Presidente della Repubblica**, a norma della Costituzione (art. 134, III cpv.);

d) giudizio di **ammissibilità sulle richieste di referendum abrogativo** previsto dall'art. 75 Cost. (L. cost. n. 1 del 1953, art. 2).

Capitolo II

IL GIUDIZIO DI LEGITTIMITÀ COSTITUZIONALE DELLE LEGGI E DEGLI ATTI AVENTI FORZA DI LEGGE DELLO STATO E DELLE REGIONI

Sommario. 1. Concetti generali: legittimità e merito; illegittimità originaria e illegittimità sopravvenuta; vizi sostanziali e vizi formali; il vizio di eccesso di potere legislativo. – 2. Gli aspetti sostanziali del giudizio di legittimità costituzionale. – *a*) L'oggetto del giudizio: atto, disposizione e norma; esclusione delle fonti-fatto (consuetudine); le fonti-atto: leggi ordinarie e leggi costituzionali, la forza di legge, i decreti-legislativi, i decreti-legge, i decreti di attuazione degli Statuti delle Regioni ad autonomia speciale, il *referendum* abrogativo, le fonti comunitarie; esclusione dei regolamenti amministrativi, del regolamento della Corte costituzionale e dei regolamenti parlamentari. – *b*) Il parametro del giudizio: le norme formalmente costituzionali; le norme interposte; l'art. 10, co. 1, Cost. e la sent., Corte cost. n. 238 del 2014; i cosiddetti parametri "eventuali"; la situazione particolare delle fonti comunitarie; l'esclusione della parametricità dei regolamenti parlamentari; tipologia, funzione, grado e forza delle norme interposte. – 3. Gli aspetti processuali del giudizio di legittimità costituzionale. I meccanismi adottati dal legislatore per assicurare la funzionalità della Corte costituzionale. – *a*) Il giudizio in via incidentale o in via di eccezione: il giudice *a quo*, la rilevanza e la non manifesta infondatezza della questione di legittimità costituzionale, l'ordinanza di rimessione alla Corte. – *b*) Il giudizio in via principale o in via di azione: i soggetti legittimati al ricorso, i motivi del ricorso e la diversa posizione dello Stato e delle Regioni. Ulteriori differenze tra il giudizio in via incidentale ed il giudizio in via principale. – 4. Il giudizio di fronte alla Corte: cenni sulla procedura, ordinanze e sentenze. Tipi di ordinanze. Tipi di sentenze: di rigetto, di accoglimento, monitorie, interpretative, manipolative (additive, sostitutive, additive di principio).

1. *Concetti generali: legittimità e merito; illegittimità originaria e illegittimità sopravvenuta; vizi sostanziali e vizi formali; il vizio di eccesso di potere legislativo*

Prima di esaminare, sotto il profilo sostanziale e sotto quello processuale, il giudizio di legittimità costituzionale, sembra opportuno ricordare alcuni concetti generali che sono strettamente collegati a tale argomento.

Innanzitutto, il principio fondamentale secondo il quale la Corte costituzionale è esclusivamente **giudice di legittimità**, essendole precluso ogni sindacato di merito in ordine al contenuto delle leggi e degli atti con forza di legge. Tale principio, già desumibile dall'espressione "controversie relative alla *legittimità costituzionale*" contenuta nell'art. 134 Cost., è compiutamente esplicitato dall'art. 28 della L. n. 87 del 1953, secondo il quale «Il controllo di legittimità della Corte costituzionale su una legge o su un atto avente forza di legge esclude ogni valutazione di natura politica e ogni sindacato sull'uso del potere discrezionale del Parlamento».

In secondo luogo, la distinzione tra **illegittimità originaria e illegittimità sopravvenuta**: si ha illegittimità originaria quando il contrasto si verifica nei confronti di norme di grado superiore già esistenti, per cui si può affermare che l'atto o la disposizione o la norma sono illegittimi fin dal momento della loro immissione nell'ordinamento; si ha illegittimità sopravvenuta quando il contrasto si verifica nei confronti di norme di grado superiore create in un momento successivo rispetto all'atto, alla disposizione o alla norma di grado inferiore, per cui si può affermare che questi (o queste) nascono legittimi e diventano illegittimi in un momento successivo. Un esempio di illegittimità sopravvenuta è costituito dal giudizio di legittimità costituzionale sulle leggi anteriori alla Costituzione repubblicana, affermato dalla Corte costituzionale nella sua prima sentenza (sent. n. 1 del 1956), con la precisazione secondo cui l'eventuale dichiarazione d'illegittimità costituzionale di una legge anteriore produce effetti soltanto dal momento dell'entrata in vigore della norma costituzionale nei confronti della quale sussiste il contrasto.

In terzo luogo, la distinzione tra **vizi sostanziali**, che attengono al contenuto di un atto normativo (e quindi alle disposizioni che lo compongono ed alle norme che da queste si ricavano), e **vizi formali**, che attengono al mancato rispetto delle norme di grado superiore sul procedimento di formazione dell'atto normativo nel suo complesso oppure di singole disposizioni contenute nell'atto stesso. Tale definizione dei vizi formali esclude, evidentemente, l'accettazione della tesi, in passato molto diffusa, secondo la quale i vizi sostanziali determinerebbero l'illegittimità parziale dell'atto (l'illegittimità delle sole disposizioni viziate), mentre i vizi formali, riguardando la formazione dell'atto normativo, determinerebbero sempre l'illegittimità totale di quest'ultimo. A prescindere da ogni considerazione teorica, infatti, gli esempi di singole disposizioni viziate sotto il profilo formale sono piuttosto agevoli nell'attuale ordinamento italiano: valga per tutti il caso di una disposizione che, pur prevedendo una delega legislativa al Governo ai sensi dell'art. 76 Cost., sia tuttavia contenuta in una legge approvata non secondo il procedimento "normale", previsto ed in questo caso imposto dall'art. 72, co. 4, Cost., ma secondo uno dei due procedimenti "speciali", caratterizzati dall'intervento della competente commissione in sede legislativa o redigente.

Tra i vizi sostanziali, un cenno particolare merita il cosiddetto vizio di **violazione del giudicato costituzionale** al quale la Corte costituzionale ha fatto riferimento in alcune occasioni, affermando, in particolare nella sent. n. 88 del 1966 (parzialmente anticipata dalla sent. n. 73 del 1963 e successivamente confermata dalle sentt. nn. 233 del 1983, 922 del 1988, 350 del 2010 e 245 del 2012), che così come «l'art. 136 sarebbe violato ove espressamente si disponesse che una norma dichiarata illegittima conservi la sua efficacia, del pari contrastante col precetto costituzionale deve ritenersi una legge la quale, per il modo in cui provvede a regolare le fattispecie verificatesi prima della sua entrata in vigore, persegue e raggiunge, anche se indirettamente, lo stesso risultato»; inoltre, l'art. 136 Cost. «non solo comporta che la norma dichiarata illegittima non venga assunta a criterio di qualificazione di fatti, atti o situazioni, ma impedisce anche, e necessariamente, che attraverso una legge si imponga che fatti, atti o situazioni siano valutati come se la dichiarazione di illegittimità costituzionale non fosse intervenuta». Il vizio suddetto, pertanto, si verifica in primo luogo quando una legge o un atto con forza di legge riproducano per il futuro una norma identica ad una precedente norma già dichiarata illegittima dalla Corte costituzionale con violazione delle stesse norme parametro.

Quest'ultimo elemento ha fatto dubitare della possibilità di configurare come vizio autonomo la violazione del giudicato costituzionale, poiché l'ulteriore violazione dell'art. 136 risulterebbe comunque assorbita dalla precedente e necessaria violazione delle altre norme parametro. Se tale tesi può essere sostenibile in riferimento alla riproduzione della norma per il futuro, la violazione dell'art. 136 sembra avere una propria autonoma valenza per il passato poiché, come si deduce dalle citate affermazioni della Corte, esso vieta altresì alla legge d'intervenire, "anche se indirettamente", sugli effetti prodotti per il passato da una norma dichiarata incostituzionale. Un esempio tipico in tal senso ricorre quando una legge faccia salvi retroattivamente taluni degli effetti prodotti per il passato da una legge dichiarata illegittima dalla Corte costituzionale.

Assai dibattuta è la possibilità di ammettere, tra i vizi sostanziali degli atti normativi, un sindacato sull'eccesso di potere legislativo. Tale problematica s'inquadra nel tentativo di applicare alla validità delle leggi uno dei vizi di legittimità degli atti amministrativi (accanto all'incompetenza ed alla violazione di legge), venutosi ad elaborare – soprattutto grazie al contributo giurisprudenziale del Consiglio di Stato – attorno alla figura dello "sviamento di potere", cioè della deviazione del singolo atto dallo "scopo" in vista del qual è riconosciuto il potere di adottarlo.

Le perplessità ad utilizzare questo vizio nel sindacato sugli atti normativi nascono soprattutto dal timore che, per tale via, si finisca con l'effettuare un controllo sulle scelte proprie del legislatore, travalicandosi il limite posto dal già ricordato art. 28 della L. n. 87 del 1953, secondo cui «Il controllo di legittimità della Corte costituzionale su una legge o un atto avente forza di legge esclude ogni valutazione di natura politica e ogni sindacato sull'uso del potere discrezionale del Parlamento». Siffatte cautele sembra abbiano condizionato anche la giurisprudenza costituzionale che, negli anni, è apparsa assai restia ad ammettere esplicitamente il controllo sull'**eccesso di potere legislativo**, preferendo in genere eludere tale problematica (tra le decisioni che offrono qualche spunto a favore di questa forma controllo si ricordano le sentt. nn. 187 del 1981 e 195 del 1982).

Ad ogni modo, il sindacato sui "fini" degli atti normativi – non affermatosi nelle forme dell'eccesso di potere legislativo – è rifluito nella problematica della necessaria **ragionevolezza e coerenza logica delle leggi** che, pur in mancanza di esplicite previsioni positive, è arrivata a costituire, nello sviluppo della giurisprudenza costituzionale, un limite generale molto penetrante per la legislazione, ricostruito sulla base di un'**interpretazione estensiva dell'art. 3 Cost.**, secondo la quale la suddetta disposizione non si limiterebbe a sancire il principio dell'eguaglianza di tutti i cittadini di fronte alla legge ma, seppure implicitamente, vieterebbe anche l'adozione di atti normativi recanti disposizioni palesemente arbitrarie o irragionevoli.

Questa forma di sindacato si risolve in una valutazione funzionale di congruenza e adeguatezza delle disposizioni, avvalendosi, di volta in volta, di diversi elementi di giudizio (quali, ad es., i lavori preparatori della legge), che si atteggiano a "sintomi" del vizio. Non si è molto lontani dal controllo sull'eccesso di potere, come del resto la stessa Corte costituzionale ha recentemente rilevato in un giudizio sulla congruità della misura di sanzioni penali, osservando che affinché «sia possibile operare uno scrutinio che direttamente investa il merito delle scelte sanzionatorie operate dal legislatore, è pertanto necessario che l'opzione normativa contrasti in modo manifesto con il canone della ragionevolezza, vale a dire si appalesi, in concreto, come espressione di un uso distorto della discrezionalità che raggiunga una soglia di evidenza tale da atteggiarsi alla stregua di una figura per così dire sintomatica di "eccesso di potere" e, dunque, di sviamento rispetto alle attribuzioni che l'ordinamento assegna alla funzione legislativa» (così sent. n. 313 del 1995; ma v. anche la successiva sent. n. 146 del 1996).

2. *Gli aspetti sostanziali del giudizio di legittimità costituzionale*

Ragioni di chiarezza consigliano di trattare l'argomento del giudizio di legittimità costituzionale distinguendo tra gli **aspetti sostanziali** e gli **aspetti processuali** ad esso relativi. Nel presente paragrafo ci si occuperà dei primi, distinguendo ulteriormente tra i problemi relativi all'oggetto del giudizio ed i problemi relativi al parametro dello stesso.

a) *L'oggetto del giudizio: atto, disposizione e norma; esclusione delle fonti-fatto (consuetudine); le fonti-atto: leggi ordinarie e leggi costituzionali, la forza di legge, i decreti-legislativi, i decreti-legge, i decreti di attuazione degli Statuti delle Regioni ad autonomia speciale, il* referendum *abrogativo, le fonti comunitarie; esclusione dei regolamenti amministrativi, del regolamento della Corte costituzionale e dei regolamenti parlamentari*

Prima d'individuare quali siano, ai sensi dell'art. 134, I cpv., Cost., gli atti sottoponibili al giudizio di legittimità costituzionale della Corte, occorre ricordare, sotto un aspetto più generale, che oggetto di tale giudizio possono essere gli **atti, oppure le disposizioni che li compongono, oppure le norme che dalle disposizioni si ricavano per via interpretativa**. Anche quest'ultimo punto, a suo tempo contestato soprattutto dalla Corte di cassazione quando la Corte costituzionale ricorse per la prima volta alle cosiddette sentenze interpretative [1], è oggi del tutto pacifico sia in dottrina che sulla base di una giurisprudenza della Corte oramai consolidata (v. da ultimo, sent. n. 84 del 1996).

Quanto all'**individuazione degli atti oggetto del giudizio**, essa sembrerebbe a prima vista agevole sulla base dell'art. 134, cpv. 1, Cost., che esplicitamente limita il giudizio di legittimità

---

[1] Argomento che verrà trattato approfonditamente più avanti (cfr. in questo stesso cap., § 4, p. 93 ss.), quando verrà esaminata la tipologia delle sentenze della Corte costituzionale.

costituzionale alle leggi dello Stato e delle Regioni ed agli atti aventi forza di legge; questi ultimi, inoltre, possono essere soltanto atti dello Stato, dal momento che nell'ordinamento italiano non sono previsti atti con forza di legge attribuiti alla competenza delle Regioni. In realtà, invece, i problemi posti da quella disposizione, solo apparentemente chiara, non sono affatto pochi.

Innanzitutto, l'elencazione tassativa contenuta nell'art. 134, I cpv., Cost., esclude che oggetto del giudizio di legittimità costituzionale possano essere tutti quegli atti normativi che non siano leggi oppure che siano **atti privi della forza di legge**, come, ad esempio, i regolamenti amministrativi.

In secondo luogo, la citata disposizione costituzionale, riferendosi esclusivamente a fonti-atto (leggi ed atti con forza di legge), esclude implicitamente che oggetto del giudizio di legittimità costituzionale possano essere **fonti-fatto**[2]. Tale esclusione si riferisce, evidentemente, alle norme consuetudinarie, anche se, trattandosi di norme inferiori alla legge, ai sensi del combinato disposto degli artt. 1, 8 e 15 delle Disposizioni sulla legge in generale premesse al Codice civile, la loro inidoneità a costituire l'oggetto del giudizio di legittimità costituzionale deriva comunque dalla carenza di forza di legge.

L'esclusione delle fonti-fatto dal controllo della Corte costituzionale non significa però che debba ritenersi esclusa la possibilità del controllo nei confronti di *qualsiasi* norma non scritta. Tale controllo deve, infatti, ammettersi nei confronti dello *jus non scriptum* quando esso è creato non da una fonte-fatto – come è, invece, il caso delle norme consuetudinarie – bensì da una fonte-atto: ipotesi che ricorre quando un atto normativo interno contiene il cosiddetto **ordine di esecuzione delle clausole di un trattato internazionale** ratificato dallo Stato italiano (ipotesi che in dottrina viene qualificata come esempio di meccanismo di creazione indiretta del diritto). Nei casi in cui l'ordine di esecuzione è contenuto in una disposizione legislativa, la Corte costituzionale si è ripetutamente pronunciata in favore della sindacabilità delle norme così create (la prima di

---

[2] Cfr. in tal senso la sent. 23 dicembre 1977, n. 5724 della Corte di cassazione.

molte sentenze è la sent. n. 98 del 1965), affermando che l'**eventuale dichiarazione di illegittimità costituzionale deve avere per oggetto la disposizione legislativa contenente l'ordine di esecuzione per la parte in cui si riferisce a norme ricavate da determinate clausole del trattato**.

Come si è visto in precedenza, l'art. 134, I cpv., Cost., sancisce innanzitutto che oggetto del giudizio di legittimità costituzionale siano «le leggi dello Stato e delle Regioni». La Corte ha peraltro precisato che deve ritenersi inammissibile una questione di legittimità costituzionale che abbia ad oggetto enunciazioni inserite in un atto-fonte prive di contenuto normativo (sent. n. 372 del 2004). Nella fattispecie si trattava di disposizioni contenute nello Statuto della Regione Toscana indicanti aree di prioritario intervento politico o legislativo, nonché proclamazioni di finalità da perseguire. Secondo la Corte, a tali enunciazioni, «anche se materialmente inserite in un atto-fonte, non può essere riconosciuta alcuna efficacia giuridica, collocandosi esse precipuamente sul piano dei convincimenti espressivi delle diverse sensibilità politiche presenti nella comunità regionale al momento dell'approvazione dello Statuto».

Nessun problema sorge a proposito della individuazione delle leggi ordinarie dello Stato poiché tali sono tutti quegli atti scritti approvati dalle due Camere ai sensi degli artt. 70 ss. Cost., promulgati dal Presidente della Repubblica e pubblicati sulla Gazzetta Ufficiale; lo stesso vale per le leggi regionali, il procedimento di formazione delle quali si ricava chiaramente dalla Costituzione e dagli Statuti regionali: in ambedue i casi le figure della legge statale e della legge regionale si ricostruiscono esclusivamente sulla base di elementi formali.

Un problema può, invece, sorgere nei riguardi dell'espressione "leggi dello Stato", trattandosi di verificare se con tale espressione si siano volute indicare soltanto le leggi ordinarie oppure anche le leggi costituzionali disciplinate dall'art. 138 Cost. Sotto il profilo interpretativo va certamente accolta la soluzione estensiva sia perché l'espressione "legge", per la sua genericità, non può non comprendere tutti i tipi di legge previsti dall'ordinamento italiano, sia perché, se i Costituenti avessero voluto escludere le leggi costituzionali dal giudizio di legittimità costituzionale, avrebbero usato nell'art. 134 l'espressione "leggi ordinarie" (*ubi voluit dixit*). Da un punto di vista sostanziale, peraltro, si potrebbe dubitare della possibilità di sottoporre al giudizio di legittimità costituzionale le leggi costituzionali, dal momento che esse sono gerarchicamente pariordinate alla Costituzione ed anzi costituiscono, come testualmente recita l'art. 138 Cost., l'unico strumento mediante il quale è consentito revisionare la Costituzione: il contrasto tra una legge costituzionale e la Costituzione, quindi, non potrebbe per definizione comportare l'illegittimità costituzionale della legge costituzionale ma, all'opposto, determinerebbe l'abrogazione della norma della Costituzione nei cui confronti sussiste il contrasto. Tale soluzione, così argomentata, varrebbe, esattamente negli stessi termini, tanto nel rapporto tra Costituzione rigida e leggi costituzionali, oggi vigente nell'ordinamento repubblicano italiano, quanto nel rapporto tra Costituzione flessibile e leggi ordinarie, in passato vigente nel precedente ordinamento monarchico.

Tuttavia, gli indicati dubbi, di per sé esatti in via di principio, non lo sono più, in concreto, con riferimento a due ipotesi.

In primo luogo, nel caso di **vizio formale**, quando, cioè, una legge costituzionale, in regime di Costituzione rigida, oppure una legge ordinaria, in regime di Costituzione flessibile, sia approvata in contrasto con le norme, contenute in Costituzione, che disciplinano il rispettivo procedimento di formazione. Anche se il contrasto si verifica, in ambedue i casi, tra fonti di pari grado, non si può parlare di deroga tacita alle norme costituzionali sul procedimento: tale supposta deroga, infatti, non viene stabilita da una legge perfetta ed operante poiché essa si è, o meglio si sarebbe, verificata nel corso del procedimento di formazione della legge, in un momento, quindi, nel quale la legge non poteva dirsi ancora esistente. Ne deriva da un lato l'impossibilità di parlare di deroga tacita, data l'inesistenza di un atto idoneo a produrre tale deroga; dall'altro, la necessità di risolvere la questione in termini di illegittimità costituzionale per vizio formale della legge, nonostante il contrasto non sia tra atti di diverso grado.

In secondo luogo, la possibilità che le leggi, costituzionali in regime di Costituzione rigida ed ordinarie in regime di Costituzione flessibile, siano viziate per il loro contenuto sussiste qualora esse violino i **limiti della revisione costituzionale**, intendendosi con tale espressione i divieti di modificare talune norme o principi, divieti che possono essere **espressi**[3], secondo l'opinione che appare preferibile, o anche **taciti**, secondo l'opinione oggi prevalente accolta dalla Corte costituzionale[4]. Nelle ipotesi suddette, riproponendosi una differenziazione gerarchica tra le norme sottratte a revisione e le eventuali leggi con esse contrastanti, nulla ostacola più, neanche in via di principio, la sindacabilità di tali leggi e dunque, per quanto attiene all'attuale ordinamento italiano, la sottoponibilità delle leggi costituzionali al giudizio di legittimità costituzionale da parte della Corte costituzionale.

Un'ipotesi particolare di sindacato sulle leggi costituzionali ricorre a proposito delle **leggi costituzionali, previste dall'art. 116 Cost., che hanno adottato gli statuti delle cinque Regioni ad autonomia speciale**. È da ritenere, infatti, che il particolare e circoscritto contenuto di tali leggi costituzionali – l'adozione di statuti che prevedano forme e condizioni particolari di autonomia – limiti la loro capacità derogatoria alle sole disposizioni, contenute nel Titolo V della Parte seconda della Costituzione, che disciplinano in generale l'autonomia delle Regioni a Statuto ordinario. Pertanto, le suddette leggi costituzionali potranno essere sindacate dalla Corte non soltanto per vizi formali e per violazione di limiti alla revisione costituzionale ma anche per violazione di qualsiasi disposizione della Costituzione diversa da quelle contenute nel Titolo V della Parte seconda.

L'individuazione concreta di quali siano gli "**atti aventi forza di legge**" costituisce il maggior problema posto dall'art. 134 poiché si ritiene, in modo pressoché unanime, che tali non possano essere soltanto i due atti (i decreti legislativi ed i decreti-

---

[3] Cfr., come esempio di limite espresso, l'art. 139 Cost.: «La forma repubblicana non può essere oggetto di revisione costituzionale».

[4] Cfr. soprattutto la sent. n. 1146 del 1988 nella quale la Corte testualmente afferma: «La Costituzione italiana contiene alcuni principi supremi che non possono essere sovvertiti o modificati nel loro contenuto essenziale neppure da leggi di revisione costituzionale o da altre leggi costituzionali. Tali sono tanto i principi che la stessa Costituzione esplicitamente prevede come limiti assoluti al potere di revisione costituzionale, quale la forma repubblicana (art. 139 Cost.), quanto i principi che, pur non essendo espressamente menzionati fra quelli non assoggettabili al procedimento di revisione costituzionale, appartengono all'essenza dei valori supremi sui quali si fonda la Costituzione italiana».

legge) ai quali espressamente la Costituzione (art. 77) attribuisce la forza di legge. Quali siano gli altri atti ai quali tale forza debba riconoscersi dipende, pertanto, dalla **definizione del concetto di forza di legge**; una volta che tale definizione sia stata acquisita con ragionevoli margini di certezza, la si potrà applicare di volta in volta per stabilire se un determinato atto normativo abbia o no le caratteristiche che consentano di definirlo come atto dotato o privo di forza di legge. Tuttavia, l'elaborazione dottrinaria del concetto di forza di legge è stata in Italia talmente articolata e complessa da non poter essere esaminata con il dovuto approfondimento in questa sede. Tanto più che, diversamente dall'abbondanza della dottrina, **la giurisprudenza della Corte costituzionale è assolutamente carente in ordine alla definizione del concetto di forza di legge**, essendosi la Corte limitata ad affermare o a negare, in fattispecie specifiche e senza particolari motivazioni applicabili in via generale, se un determinato atto avesse o no forza di legge: come si vedrà tra poco, tali sono stati, rispettivamente, i casi dei decreti del Presidente della Repubblica di attuazione degli Statuti delle Regioni ad autonomia speciale e dei regolamenti amministrativi. In questa sede, pertanto, sembra sufficiente limitarsi a dar conto delle **principali teorie in tema di forza di legge**, esaminando successivamente la giurisprudenza della Corte sui decreti legislativi, sui decreti-legge e sugli altri atti normativi sui quali la Corte ha avuto occasione di pronunciarsi in un modo e nell'altro.

Secondo una prima tesi, le caratteristiche della forza di legge sarebbero due: la **primarietà**, intesa come elemento proprio di quelle fonti che non hanno al di sopra di sé alcuna altra fonte ad eccezione di quelle di grado costituzionale; la **raffrontabilità in termini di equipollenza alla legge**, intesa come capacità di un atto normativo primario di operare nell'ambito attribuito dalla Costituzione alla legge. In sintesi, per questa tesi la forza di legge è determinata dalla **capacità, propria di un atto normativo diverso dalla legge, di abrogare quest'ultima**. Tale capacità viene poi ulteriormente specificata, da altra parte della dottrina, in una duplice direzione: un atto, per essere qualificato come atto con forza di legge, deve avere, allo stesso tempo, la capacità di abrogare le leggi e gli altri atti con forza di legge (**forza di legge in senso attivo**) e la capacità di resistere ai tentativi di abrogazione compiuti da atti inferiori alla legge (**forza di legge in senso passivo**).

La prima tesi esclude per definizione dall'ambito degli atti con forza di legge tutti quegli atti i cui rapporti con la legge siano disciplinati dal principio della competenza, poiché un atto al quale sia riservata la disciplina di una determinata materia con esclusione dell'intervento della stessa legge – è il caso dei regolamenti parlamentari ai quali l'art. 64, co. 1, Cost., riserva in via esclusiva la disciplina dell'organizzazione e del funzionamento interno di ciascuna delle due Camere – non è raffrontabile in termini di equipollenza alla legge, data l'impossibilità per il primo di abrogare la seconda. La seconda tesi perviene alla medesima esclusione, anche se non, come nel caso precedente, sulla base di una sua premessa, bensì a causa dei risultati contraddittori ai quali si giunge a seguito della sua applicazione. Tornando al caso dei regolamenti parlamentari ed applicando ad essi la tesi suddetta, i risultati sono i seguenti: i regolamenti parlamentari non possono abrogare una legge poiché, se così tentassero, violerebbero l'art. 64, co. 1, Cost., che implicitamente esclude dalla loro sfera di competenza tutte le materie che non siano quelle relative all'organizzazione ed al funzionamento di ciascuna Camera; le leggi non possono abrogare norme contenute nei regolamenti parlamentari poiché, se così tentassero, violerebbero la riserva assoluta di competenza sancita dall'art. 64, co. 1, Cost., a favore dei regolamenti parlamentari. La conclusione, contraddittoria e perciò del tutto inconcludente in ordine all'attribuzione o alla negazione della forza di legge ai regolamenti parlamentari, è la seguente: i regolamenti parlamentari non hanno forza di legge in senso attivo perché non possono abrogare le leggi; hanno forza di legge in senso passivo – anzi, una forza di legge addirittura superiore a quella propria delle leggi – perché resistono non soltanto ai tentativi di abrogazione compiuti nei loro confronti da atti inferiori alla legge ma addirittura a quelli compiuti dalla stessa legge.

La contraddittorietà di risultati che si è appena messa in luce dipende da un motivo molto semplice. La definizione della forza di legge come forza attiva e passiva presuppone il **principio della gerarchia** come principio regolatore dei rapporti tra atti normativi; perciò, essa funziona quando il rapporto tra un determinato atto normativo, del quale sia ignota la forza, e la legge sia regolato da quel principio in termini, come è noto, di superiorità, parità o inferiorità; non funziona più quando quel rapporto sia regolato dal **principio della competenza**. Proprio tenendo conto della circostanza secondo la quale nell'ordinamento italiano i rapporti tra le fonti sono disciplinati talvolta dal principio della gerarchia e talvolta dal principio della competenza, alla definizione, basata sul criterio della gerarchia, della forza di legge come forza attiva e passiva si è aggiunta una ulteriore definizione basata sul criterio della competenza: **atti con forza di legge sarebbero quelli autorizzati da una norma costituzionale a disciplinare determinate materie ad essi riservate e sulle quali deve ritenersi escluso l'intervento della stessa legge**; con una espressione più semplice, potrebbe anche dirsi che gli atti autorizzati ad intervenire in via esclusiva su quelle materie "prendono il posto" della legge e dunque vanno considerati come equivalenti ad essa. Le due definizioni sono **complementari**, nel senso che la prima serve ad accertare la forza di legge quando il rapporto di un atto con la legge sia regolato dal principio della gerarchia, mentre la seconda adempie alla stessa funzione quando il suddetto rapporto sia regolato dal principio della competenza.

Non sono, tuttavia, mancate **altre tesi** in ordine alla definizione della forza di legge. La più nota ribalta il sillogismo, che ha rappresentato la premessa delle tesi fin qui illustrate, secondo cui dalla dimostrazione della forza di legge di un atto, intesa come capacità basata sul principio della gerarchia o sul principio della competenza, deriva la sindacabilità di tale atto da parte della Corte costituzionale. Partendo dalla premessa negativa della impossibilità di definire una forza di legge "tipica", a causa della esistenza di numerose leggi "atipiche", come tali dotate di forza o competenza non omogenea, si rinuncia alla premessa di cui sopra e si afferma che **la forza di legge si risolve interamente nella sindacabilità da parte della Corte costituzionale**. Il ragionamento si ribalta rispetto a quello compiuto dalla tesi precedente: alla proposizione «gli atti sindacabili da parte della Corte costituzionale sono gli atti con forza di legge» si sostituisce la proposizione «gli atti con forza di legge sono gli atti sindacabili da parte della Corte costituzionale». Tuttavia, per evitare una evidente tautologia («sindacabili dalla Corte sono gli atti sindacabili dalla Corte»), si precisa che **oggetto del sindacato di legittimità costituzionale da parte della Corte sono tutti quegli atti per i quali l'ordinamento italiano non prevede un sindacato diverso**. In questo senso, poiché gli atti di autorità giurisdizionali o amministrative sono soggetti ai controlli previsti dagli artt. 103, 111 e 113 Cost., gli atti oggetto del sindacato della Corte costituzionale sarebbero, residualmente, tutti gli atti di altri soggetti pubblici per i quali non siano previste apposite forme di controllo.

Secondo **un'altra tesi, infine, il concetto di forza di legge risulterebbe dall'integrazione delle due ultime tesi**: atti con forza di legge sarebbero, pertanto, tutti gli atti normativi primari, sotto il profilo della gerarchia o sotto quello della competenza, che siano insindacabili da parte di qualsiasi autorità all'infuori della Corte costituzionale.

Come si è già avvertito in precedenza, la Corte costituzionale non ha mai compiuto una scelta netta in ordine alle tesi fin qui illustrate, né ha tantomeno proceduto ad una autonoma elaborazione del concetto di "atto avente forza di legge", essendosi, invece, limitata, caso per caso e non sempre con motivazioni convincenti, a negare o ad ammettere singoli atti normativi come oggetto del proprio giudizio di legittimità costituzionale.

In questo senso, la Corte ha innanzitutto ammesso la sindacabilità dei due unici atti, i decreti legislativi ed i decreti-legge, ai quali la Costituzione attribuisce espressamente la forza di legge.

Nessun problema particolare si è mai posto per i **decreti legislativi**, quegli atti, cioè, che il Governo adotta, ai sensi dell'art. 76 Cost., sulla base di una legge di delegazione delle Camere. Alcuni problemi sono invece sorti, anche se oramai sono del tutto superati, a proposito delle norme alla stregua delle quali va verificata la legittimità costituzionale dei decreti legislativi; ma di tali problemi si darà conto più avanti, quando si tratterà l'argomento delle cosiddette norme parametro del giudizio di legittimità costituzionale.

Il discorso è, invece, diverso per i **decreti-legge** poiché i problemi nascono dalla precaria esistenza di tali atti, dal momento che essi, se non vengono convertiti in legge entro 60 giorni dalla pubblicazione, decadono sin dall'inizio. Essendo piuttosto improbabile, anche se non impossibile, che entro tale breve periodo la Corte arrivi a giudicare sull'atto (a quanto consta, fino ad ora, ciò si è verificato solo in rarissimi casi: cfr. sentt. nn. 184 del 1974, 302 del 1988 e, in sede di conflitto, n. 161 del 1995), occorre considerare le diverse "sorti" che può avere il decreto.

Se il decreto non viene convertito, l'atto decade retroattivamente e viene ritenuto come «mai esistito quale fonte del diritto a livello legislativo» (così sent. n. 307 del 1983), per cui la questione di costituzionalità diviene inammissibile [5]. Negli ultimi anni, tuttavia, la Corte – al fine di poter più agevolmente sindacare i decreti-legge reiterati – ha ammesso di poter trasferire la questione di costituzionalità dal decreto-legge impugnato e non convertito alla identica norma contenuta nel decreto-legge reiterato (cfr. sent. n. 84 del 1996).

Per comprendere quest'ultima affermazione, occorre ricordare che l'espediente della reiterazione dei decreti-legge nacque quando il Governo, a fronte della mancata conversione in legge del decreto nel termine di sessanta giorni da parte delle Camere, adottò un nuovo decreto-legge il cui contenuto riproduceva il contenuto del precedente decreto non convertito per di più inserendo, nel decreto stesso o nel disegno di legge di conversione, la norma che faceva salvi gli effetti prodottisi sulla base del precedente decreto. Si crearono così delle vere e proprie "catene normative", tanto più lunghe quanto maggiore era il numero di volte nelle quali l'originale decreto veniva reiterato, ed il rapporto di causa ed effetto tra abuso e reiterazione divenne di tipo circolare: da un lato il Governo, sapendo di poter reiterare, ebbe sempre meno freni nell'adottare decreti-legge; dall'altro, le Camere, ugualmente contando sulla possibilità della reiterazione, ebbero sempre meno stimoli a deliberare sulla conversione in legge dei decreti nel termine costituzionale di sessanta giorni [6].

---

[5] La giurisprudenza della Corte è stabilmente orientata in tal senso a partire dagli anni '80 (cfr., ad es., sentt. nn. 59 e 144 del 1982), mentre in precedenza si optava per la cessazione della materia del contendere (cfr. sentt. nn. 130 del 1975 e 3 del 1981).

[6] Anche senza voler risalire troppo indietro nel tempo, sono sufficienti i dati

Fortunatamente, il ricorso alla prassi della reiterazione è oggi decisamente ridimensionato (anche se non del tutto cessato) e ricondotto nell'alveo dell'art. 77 Cost. a seguito delle critiche d'illegittimità costituzionale avanzate dalla dottrina e fatte proprie dalla Corte costituzionale, dapprima in forma di semplice ammonimento al Governo con la sent. n. 302 del 1988 e successivamente con la sent. n. 360 del 1996, che dichiarò l'illegittimità costituzionale di una disposizione contenuta in un decreto-legge più volte reiterato.

Secondo la Corte, la prassi della reiterazione, in ogni sua forma e nei suoi vari aspetti, altera la natura provvisoria della decretazione d'urgenza, procrastinando di fatto il termine invalicabile di sessanta giorni previsto dalla Costituzione per la conversione in legge; toglie valore al carattere straordinario dei requisiti della necessità e dell'urgenza, giacché la reiterazione stabilizza e prolunga nel tempo il richiamo ai motivi già posti a fondamento del decreto originario; attenua la sanzione della perdita retroattiva di efficacia del decreto non convertito giacché il ricorso ripetuto alla reiterazione suscita nei soggetti dell'ordinamento un'aspettativa di fatto circa la possibilità di consolidare gli effetti determinati dalla decretazione d'urgenza mediante la sanatoria finale della disciplina reiterata; incide sugli equilibri istituzionali, alterando i caratteri della stessa forma di governo e l'attribuzione della funzione legislativa ordinaria al Parlamento; intacca la certezza del diritto nei rapporti tra i diversi soggetti, per l'impossibilità di prevedere sia la durata nel tempo delle norme reiterate che l'esito finale del processo di

---

relativi alla IX ed alla X legislatura per mostrare quanto la prassi della reiterazione, da eccezione per superare determinate situazioni atipiche (prima fra tutte l'ostruzionismo parlamentare), fosse divenuta quasi la regola nelle vicende parlamentari relative alla conversione dei decreti-legge. Nella IX legislatura, su un totale di 302 decreti-legge presentati, 136 vennero convertiti in legge, 109 decaddero, 29 vennero respinti, 102 vennero reiterati; nella X legislatura, su un totale di 134 decreti-legge presentati, 36 vennero convertiti, 80 decaddero, 5 vennero respinti, 72 vennero reiterati. Ancora più sorprendente è il dato relativo al raffronto tra la proporzione di crescita nelle varie legislature dei decreti-legge presentati e dei decreti-legge reiterati. L'esempio più clamoroso riguarda il raffronto tra la IV e la XI legislatura: mentre i decreti-legge presentati passarono da 94 a 495, con un aumento di circa cinque volte, i decreti-legge reiterati passarono, invece, da 1 a 328, con un aumento di ben 328 volte.

conversione, soprattutto quando il decreto reiterato incida nella sfera dei diritti fondamentali o nella materia penale o, comunque, produca effetti irreversibili anche nel caso di mancata conversione. La Corte aggiunge, quindi, che il Governo può legittimamente intervenire nella stessa materia con un successivo decreto-legge soltanto qualora ricorra una delle due seguenti condizioni: che il nuovo decreto risulti caratterizzato da contenuti sostanzialmente diversi, poiché in tal caso si è al di fuori della fattispecie della reiterazione; che il nuovo decreto, pur avendo un contenuto identico a quello del precedente, risulti però fondato su nuovi, autonomi e sopravvenuti motivi di straordinaria necessità ed urgenza, motivi che, in ogni caso, non potranno essere ricondotti al solo fatto del ritardo conseguente dalla mancata conversione del precedente decreto.

Se il decreto viene convertito in legge, l'impugnativa si trasferisce automaticamente alla legge di conversione, anche se occorre distinguere a seconda del tipo di vizio denunciato; mentre il trasferimento è pacifico per quel che concerne i vizi sostanziali dell'atto, la Corte ha mutato orientamento riguardo ai vizi formali del decreto-legge, vizi formali che in concreto attengono, essenzialmente anche se non esclusivamente, alla eventuale carenza dei "casi straordinari di necessità ed urgenza" di cui all'art. 77 Cost., e cioè dei presupposti che legittimano il Governo a adottare l'atto.

Inizialmente la Corte ha ritenuto che la conversione in legge assorbisse e sanasse ogni possibile vizio formale del decreto, data la sua natura di novazione dell'atto (v., ad es., sentt. nn. 108 del 1986, 243 del 1987 e 263 del 1994), mentre più di recente ha mutato indirizzo, arrivando a rilevare che «la preesistenza di una situazione di fatto comportante la necessità e l'urgenza di provvedere tramite l'utilizzazione di uno strumento eccezionale, quale il decreto-legge, costituisce un requisito di validità costituzionale dell'adozione del predetto atto, di modo che l'eventuale 'evidente mancanza' di quel presupposto configura tanto un vizio di legittimità costituzionale del decreto-legge, in ipotesi adottato al di fuori dell'ambito delle possibilità applicative costituzionalmente previste, quanto un vizio *in procedendo* della stessa legge di conversione, avendo quest'ultima, nel caso ipotizzato, valutato erroneamente l'esistenza di presupposti di validità in realtà insussistenti e, quindi, convertito in legge un atto che non poteva essere legittimo oggetto di conversione. Pertanto, non esiste alcuna preclusione affinché la Corte costituzionale proceda all'esame del decreto-legge e/o della legge di conversione sotto il profilo del rispetto dei requisiti di validità costituzionale relativi alla preesistenza dei presupposti di necessità e urgenza, dal momento che il correlativo esame delle Camere in sede di conversione comporta una valutazione del tutto diversa e, precisamente, di tipo prettamente politico sia con riguardo al contenuto della decisione, sia con riguardo agli effetti della stessa» (così sent. n. 29 del 1995). In tale ottica, la Corte ha successivamente proceduto a sindacare la "evidente mancanza" dei presupposti rispetto a decreti-legge anche convertiti, pur avendone finora sempre rilevato la sussistenza e, quindi, avendo rigettato le relative questioni di legittimità costituzionale (v. sentt. nn. 270 e 330 del 1996, 398 del 1998, 6, 179, 196 e 285 del 2004, 62 e 272 del 2005 e 116 del 2006).

Benché le sentt. nn. 419 del 2000 e 29 del 2002 siano di segno opposto, tornando ad affermare la capacità sanante, sia pure soltanto in via di principio (sent. n. 29), della legge di conversione nei confronti di qualsiasi vizio del decreto-legge, l'indirizzo attuale, come si evince dalle successive sentt. nn. 6, 179, 196 e 285 del 2004, 62 e 272 del 2005, 116 del 2006, si conferma essere quello secondo cui, nel caso di un decreto-legge convertito, il sindacato sulla sussistenza dei presupposti della straordinaria necessità ed urgenza deve limitarsi alla loro «evidente mancanza, che non può essere sanata dalla legge di conversione, in quanto costituente un vizio in procedendo della stessa» (sent. n. 341 del 2003).

Emblematica, in tale contesto, la sent. n. 171 del 2007 – seguita poi dalla sent. n. 128 del 2008 – con cui la Corte, dopo avere definito le precedenti sentt. nn. 419 del 2000 e 29 del 2002, come sentenze "prive di specifica motivazione sul punto", dichiara, per la prima volta, l'illegittimità costituzionale della norma di un decreto-legge per insussistenza del requisito della straordinaria necessità ed urgenza, derivante dalla non omogeneità del contenuto del decreto-legge. In altre parole, viene colpita la norma aggiunta in sede di conversione, perché "intrusa", vale a dire, eterogenea rispetto al contenuto del decreto-legge.

Nella successiva sent. n. 355 del 2010, il giudice costituzionale, ribadendo la necessità di verificare il collegamento tra la disposizione introdotta in sede di conversione e i presupposti del decreto-legge, per constatare se e fino a che punto i presupposti del decreto-legge originario possano giustificare anche le norme aggiunte, introduce una distinzione tra norme aggiunte eterogenee e norme aggiunte non eterogenee, rilevando che «la valutazione in termini di necessità e di urgenza deve essere indirettamente effettuata per quelle norme, aggiunte dalla legge di conversione del decreto-legge, che non siano del tutto estranee rispetto al contenuto della decretazione d'urgenza; mentre tale valutazione non è richiesta quando la norma aggiunta sia eterogenea rispetto a tale contenuto».

Ben diverso l'orientamento espresso nella sent. n. 22 del 2012, ove la Corte ritiene *tout court* illegittimo il decreto-legge qualora il suo contenuto non rispetti il vincolo della omogeneità. Vincolo che la Corte ritiene implicitamente previsto dall'art. 77 Cost. ed esplicitato dall'art. 15, co. 3, della L. 23 agosto 1988, n. 400. Quest'ultima disposizione, infatti, «là dove prescrive che il contenuto del decreto-legge "deve essere specifico, omogeneo e corrispondente al titolo" – pur non avendo, in sé e per sé, rango costituzionale, e non potendo quindi assurgere a parametro di legittimità in un giudizio davanti a questa Corte, costituisce esplicitazione della *ratio* implicita nel co. 2 dell'art. 77 Cost., il quale impone il collegamento dell'intero decreto-legge al caso straordinario di necessità e urgenza, che ha indotto il Governo ad avvalersi dell'eccezionale potere di esercitare la funzione legislativa senza previa delegazione da parte del Parlamento».

La svolta intrapresa in questa occasione in ordine al sindacato di legittimità del decreto-legge non appare convincente poiché i requisiti espressamente stabiliti dall'art. 77 sono soltanto quelli della esistenza di una situazione di straordinaria necessità ed urgenza e della provvisorietà del decreto-legge, tassativamente fissata in sessanta giorni. Ulteriori interpretazioni dell'art. 77 volte ad allargare la sfera dei suddetti requisiti sembrano una forzatura. Del resto, l'indicazione contenuta nell'art. 15 della L. n. 400, una volta negato il suo carattere di svolgimento di un principio implicitamente previsto dall'art. 77, vale soltanto a livello politico, come scelta alla quale, per motivi di opportunità e non già di legittimità, il Governo dovrebbe attenersi. Così come il riferimento ai «requisiti stabiliti dalla legislazione vigente» di cui all'art 78 del regolamento Senato ed alle «regole sulla specificità ed omogeneità e sui limiti di contenuto dei decreti legge, previsti dalla legislazione vigente» di cui all'art. 96 *bis* del regolamento Camera, rispettivamente oggetto di parere della Commissione Affari costituzionali al Senato e del Comitato per la legislazione alla Camera, valgono come criteri di merito che ciascun ramo del Parlamento può liberamente decidere o no di far valere nell'esercizio della propria funzione di controllo politico nei confronti del Governo.

Preferibile, appare pertanto, un ritorno alla soluzione inaugurata dalla precedente sent. n. 171 del 2007.

Per quanto attiene alla legge di conversione, il discorso è completamente diverso e la conclusione coincide con quella adottata dalla Corte, nel senso che tale legge può sì modificare il contenuto del decreto-legge, sopprimendo, modificando o aggiungendo disposizioni, ma a condizione di rimanere all'interno dei confini di quel contenuto originario[7]. L'inserimento sia di nuovi articoli, sia di nuovi commi, al di là della distinzione formale tra tali strumenti, costituisce motivo d'illegittimità, *pro parte*, della legge di conversione qualora non vengano rispettati i confini suddetti.

Gli argomenti a favore di tale soluzione dipendono dalla particolare funzione che l'art. 77 attribuisce in questo caso alla legge che, diversamente da quanto di solito avviene per le leggi, non è libera nel fine ma è vincolata alla conversione o alla non conversione del decreto-legge. Ovviamente, ciò non significa che la legge di conversione sia una legge meramente formale, vale a dire che le Camere possono soltanto approvare o respingere il relativo disegno di legge restando esclusa la possibilità di apportarvi modifiche: sarebbe del tutto fuori dalla realtà ignorare una prassi più che cinquantennale che tale possibilità ha sempre ammesso senza eccezioni. Significa, invece, che lo stringente collegamento posto dall'art. 77 tra decreto-legge e

---

[7] Cfr. sent. n. 22 del 2012. Poi, cfr. anche ord. n. 34 del 2013 e sent. n. 32 del 2014.

legge di conversione non consente a quest'ultima di uscire dai binari derivanti dall'oggetto – o dagli oggetti – disciplinati dal decreto-legge sulla base di una situazione – o di più situazioni – di straordinaria necessità ed urgenza.

La Corte ha, invece, ragionato in modo parzialmente diverso nel caso di conversione di decreti-legge reiterati. Nella già citata sent. n. 360 del 1996 la Corte afferma: «... va, infatti, considerato che il vizio di costituzionalità derivante dall'iterazione o dalla reiterazione attiene, in senso lato, al procedimento di formazione del decreto-legge in quanto provvedimento provvisorio fondato su presupposti straordinari di necessità ed urgenza: la conseguenza è che tale vizio può ritenersi sanato quando le Camere, attraverso la legge di conversione (o di sanatoria), abbiano assunto come propri i contenuti o gli effetti della disciplina adottata dal Governo in sede di decretazione d'urgenza». Successivamente, con la sent. n. 398 del 1998, la Corte ha operato una distinzione, peraltro non del tutto limpida, in ordine al rapporto intercorrente tra decreto-legge e legge di conversione: da una lato confermando il riconoscimento della capacità sanante di quest'ultima nei confronti di decreti-legge reiterati; dall'altro, riaffermando la propria competenza a sindacare la legge di conversione in tutti i casi (ad eccezione di quello della reiterazione) di carenza "chiara e manifesta" dei presupposti giustificativi del decreto-legge.

Tuttavia, poiché finora non vi sono state occasioni più recenti di sindacato di decreti-legge reiterati, è molto improbabile che la Corte, alla luce della consolidata giurisprudenza di cui sopra in ordine al rapporto intercorrente tra decreto-legge e legge di conversione, confermerebbe ancora oggi quel riconoscimento della capacità sanante di quest'ultima nei confronti di decreti-legge reiterati affermato negli ormai lontani anni 1996 e 1998.

La Corte ha ritenuto (sentt. nn. 20 del 1956 e 30 del 1959)[8] che possano costituire oggetto del giudizio di legittimità costituzionale anche i **decreti legislativi di attuazione degli Statuti delle cinque Regioni ad autonomia speciale**. Il nome di tali at-

---

[8] Oltre alle successive sentenze citate più avanti, 48, nota 15.

ti normativi non deve trarre in inganno poiché essi nulla hanno a che vedere con i decreti legislativi previsti dall'art. 76 Cost., all'infuori del dato formale secondo il quale anch'essi vengono approvati dal Consiglio dei ministri ed emanati dal Presidente della Repubblica. Tali decreti sono previsti da disposizioni contenute in tutti gli Statuti speciali, anche se con formulazioni non sempre identiche [9], ed hanno essenzialmente ad oggetto, oltre all'attuazione della disciplina statutaria, anche il trasferimento degli uffici e del personale statale alle Regioni per le materie di competenza di queste ultime. In tutti i casi, l'adozione dei decreti da parte del Governo, adozione che costituisce espressione di una potestà normativa permanente secondo quanto affermato dalla Corte costituzionale (sentt. nn. 22 del 1961 e 212 del 1984), è condizionata al parere preventivo o alla proposta di commissioni paritetiche formate da rappresentanti statali e da rappresentanti regionali. La eventuale illegittimità dei decreti in questione, oltre che per vizi formali, può verificarsi in due circostanze: quando un decreto, travalicando la competenza che gli è assegnata dallo Statuto, non si limiti all'attuazione di quest'ultimo o al trasferimento degli uffici e del personale; quando un decreto dia attuazione ad una disposizione statutaria di per sé illegittima, perché contrastante con una disposizione della Costituzione collocata al di fuori del Titolo V della Parte seconda [10].

Per quanto ciò non si sia mai verificato in concreto, sindacabile dalla Corte dovrebbe essere anche il **decreto con il quale il Presidente della Repubblica proclama l'avvenuta abrogazione di una legge o di alcune sue disposizioni a seguito di referendum abrogativo** *ex* art. 75 Cost. Si ritiene, infatti, che a tale controllo non osti il preventivo giudizio di ammissibilità del referendum reso dalla stessa Corte [11], in quanto quest'ultimo non copre i vizi procedimentali che possono emergere nello svolgimento delle operazioni referendarie e quelli materiali che possono collegarsi all'effetto abrogativo. Peraltro, la Corte ha ri-

---

[9] Cfr. artt. 65 F.V.G, 43 Sic., 107 T.A.A., 56 Sard., 48 *bis* V.A.

[10] Cfr. *supra*, 26, a proposito dei limiti particolari che incontrano le leggi costituzionali recanti gli Statuti delle Regioni ad autonomia speciale.

[11] Sulla competenza della Corte costituzionale a verificare l'ammissibilità delle richieste di referendum abrogativo cfr. più avanti, 123 ss.

petutamente osservato che la eventuale illegittimità della normativa risultante dall'approvazione del referendum abrogativo «non può esser presa in considerazione e vagliata al fine di pervenire ad una pronuncia di inammissibilità del quesito referendario», evidenziando, altresì, che «la conseguente situazione normativa potrebbe dar luogo, se e quando si realizzasse, ad un giudizio di legittimità costituzionale, nelle forme, alle condizioni e nei limiti prescritti» (così sent. n. 24 del 1981).

In relazione alle **fonti comunitarie (regolamenti comunitari e direttive comunitarie auto-applicative)**, la Corte costituzionale ha sempre escluso che esse – seppure immediatamente applicabili nel nostro ordinamento con prevalenza nei confronti delle leggi e capacità derogatoria nei confronti delle norme costituzionali [12] – possano essere oggetto diretto del giudizio di costituzionalità, in quanto si tratterebbe di disposizioni contenute in atti normativi non appartenenti all'ordinamento giuridico italiano ma a quello comunitario (cfr., ad es., sent. n. 509 del 1995). Ne ha invece ripetutamente ammesso un controllo indiretto, nei casi in cui gli atti comunitari contrastino con i principi fondamentali del nostro ordinamento costituzionale o con i diritti inviolabili dell'uomo (sentt. nn. 183 del 1973; 170 del 1984 e, da ultimo, 126 del 1996). In tali ipotesi – qualificate come "controlimiti" all'ingresso del diritto comunitario nell'ordinamento nazionale – le norme comunitarie si pongono come oggetto indiretto di controllo, in quanto il giudizio di legittimità verterebbe sulla legge nazionale di esecuzione dei Trattati comunitari, nella parte in cui immette nell'ordinamento nazionale una potestà normativa comunitaria, dall'esercizio della quale vengono create norme considerate illegittime. Peraltro, l'unico caso in cui la Corte ha esercitato tale sindacato è quello della sent. n. 232 del 1989, con la quale fu ritenuta ammissibile, anche se non fondata, la questione di legittimità costituzionale, per presunta violazione del principio fondamentale di difesa di cui all'art. 24 Cost., degli artt. 1 e 2 della L. 14 ottobre 1957, n. 1203, di esecuzione del Trattato di Roma, «nella parte in cui, recependo nell'ordinamento interno l'art. 177 del Trattato, at-

[12] Tale punto verrà sviluppato più avanti quando si tratterà delle norme parametro.

tribuiscono alla Corte di Giustizia della C.E.E. il potere di limitare nel tempo gli effetti delle pronunce pregiudiziali, rese sulla validità di disposizioni regolamentari impositive di prestazioni patrimoniali».

Occorre, infine, ricordare che, nel concreto svolgimento della propria giurisprudenza, la Corte ha sporadicamente sottoposto al controllo di legittimità **atti eccezionali con forza di legge, legati a peculiari contingenze storiche**, come i decreti del Capo provvisorio dello Stato emanati nel periodo transitorio tra la caduta del fascismo e l'instaurazione del regime costituzionale (cfr., ad es., sent. n. 46 del 1960), i decreti del Commissario generale per il territorio di Trieste (sent. n. 53 del 1964) e i regolamenti a competenza riservata dell'anteriore ordinamento statutario (v. sent. n. 41 del 1973, ove si dichiara l'illegittimità costituzionale del regolamento di procedura dei giudizi innanzi alla Corte dei conti).

Per contro, la Corte ha escluso la sindacabilità, in sede di giudizio di legittimità costituzionale, dei regolamenti amministrativi, del regolamento da essa stessa adottato e dei regolamenti parlamentari.

Nel caso dei **regolamenti amministrativi** la Corte, con una giurisprudenza consolidata e priva di eccezioni (v. sentt. nn. 30 e 47 del 1957 e, da ultimo, sentt. nn. 484 del 1993 e 220 del 1995), si è limitata ad affermare che i suddetti atti normativi non sono atti dotati di forza di legge. La costante mancanza di motivazione su quest'ultimo punto è probabilmente giustificata dal fatto che una disposizione positiva del nostro ordinamento – l'art. 4 delle Disposizioni sulla legge in generale premesse al Codice civile – vieta espressamente la possibilità che i regolamenti amministrativi contengano «norme contrarie alle disposizioni delle leggi». Anche nel caso del **regolamento adottato dalla stessa Corte**, ai sensi degli artt. 14 e 22 della più volte citata L. n. 87, recante «Norme integrative per i giudizi davanti alla Corte costituzionale» [13], l'inidoneità di tale atto a costituire l'oggetto del giudizio di legittimità costituzionale è stata ritenuta, peraltro in un'unica occasione (ord. n. 572 del 1990), sulla

---

[13] Le disposizioni di tale regolamento verranno d'ora in poi citate con la sigla N.I.

base della sintetica affermazione secondo cui le norme integrative suddette «non hanno valore di legge».

Nel caso dei **regolamenti parlamentari**, invece, il ragionamento della Corte – nei confronti del quale non è possibile, per motivi di spazio, riportare le critiche in altra sede avanzate – è molto complesso poiché l'inammissibilità della questione di legittimità costituzionale relativa a norme dei regolamenti parlamentari prescinde completamente dalla loro qualificazione o meno come atti con forza di legge.

L'insindacabilità dei regolamenti parlamentari va affermata, secondo la Corte, poiché l'opposta soluzione "urterebbe contro il sistema". Intendendosi con quest'ultima espressione non il sistema delle fonti, come invece si sarebbe dovuto intendere se l'insindacabilità fosse derivata da una valutazione della natura giuridica dei regolamenti parlamentari, bensì il sistema di democrazia parlamentare instaurato dalla Costituzione repubblicana nel quale il Parlamento è collocato al centro come istituto caratterizzante l'ordinamento. È nella logica di tale sistema – afferma la Corte – che alle Camere spetti una "indipendenza guarentigiata" nei confronti di qualsiasi altro potere, cui pertanto deve ritenersi precluso ogni sindacato degli atti di autonomia normativa *ex* art. 64, co. 1, Cost. Il Parlamento, in quanto espressione immediata della sovranità popolare, è diretto partecipe di tale sovranità ed i regolamenti, in quanto svolgimento diretto della Costituzione, hanno una peculiarità e dimensione che ne impedisce la sindacabilità, se non si vuole negare che la riserva costituzionale di competenza regolamentare rientra tra le guarentigie disposte dalla Costituzione per assicurare l'indipendenza dell'organo sovrano da ogni potere (sent. n. 154 del 1985).

La Corte risolve così il quesito circa la sindacabilità dei regolamenti parlamentari spostando l'asse del ragionamento dalla natura giuridica dell'atto alla posizione dell'organo che lo adotta. Il tipo di ragionamento implicitamente compiuto dalla Corte è infatti il seguente: è inutile affrontare il problema della forza di legge dei regolamenti parlamentari ai fini della loro sindacabilità, poiché questa è comunque esclusa dalla posizione di indipendenza guarentigiata che l'ordinamento attribuisce a ciascuna Camera. Perciò la Corte, mentre esclude la sindacabilità dei regolamenti parlamentari (e dunque il loro valore di legge), non esclude necessariamente che essi posseggano la forza di legge, in ordine alla capacità di produrre determinati effetti o alla possibilità ad essi riservata dalla Costituzione di disciplinare in via esclusiva determinate materie.

In conclusione, la Corte non afferma ma neanche nega che possano esistere atti con forza di legge privi del relativo valore. Nega però sicuramente un altro concetto fondamentale: che dalla sola dimostrazione della forza di legge di un atto normativo scaturisca necessariamente la possibilità di sottoporre quest'ultimo al giudizio di legittimità costituzionale. Non sembra perciò azzardato affermare che la sent. n. 154 scardina completamente tutti i meccanismi finora elaborati in tema di sindacabilità dei regolamenti parlamentari. In particolare i due seguenti e contrapposti principi: quello secondo cui la forza di legge di un atto si risolve nel suo valore e quello secondo cui il valore di legge di un atto deriva dalla sua forza.

Nel 1993 la Corte, nuovamente investita di una questione di legittimità costituzionale relativa ad una disposizione del regolamento della Camera, dichiara manifestamente inammissibile la questione ritenendo che «come già affermato da questa Corte nella sent. n. 154 del 1985, il problema dell'ammissibilità del sindacato di costituzionalità sui regolamenti parlamentari va risolto, alla stregua dell'art. 134 Cost., in senso negativo, giacché nella competenza del giudice delle leggi, quale stabilita dal richiamato articolo, non possono comprendersi i regolamenti parlamentari, né espressamente né in via d'interpretazione».

Nel 2014, infine, la Corte, con la sent. n. 120, conferma l'inammissibilità della questione di legittimità costituzionale dei regolamenti parlamentari ma, sia pure richiamandosi ancora al principio di indipendenza guarentigiata delle Camere, tenta di motivarla sulla base della impossibilità per i regolamenti parlamentari di disciplinare materie che fuoriescano dalla sfera di competenza ad essi riservata dall'art. 64 Cost.

La Corte, infatti, molto sinteticamente afferma che «I regolamenti parlamentari non rientrano espressamente tra le fonti-atto indicate nell'art. 134, primo alinea, Cost. – vale a dire tra le "leggi" e "gli atti aventi forza di legge" – che possono costituire oggetto del sindacato di legittimità rimesso a questa Corte. Nel sistema delle fonti delineato dalla stessa Costituzione, il regolamento parlamentare è espressamente previsto dall'art. 64 come fonte dotata di una sfera di competenza riservata e distinta rispetto a quella della legge ordinaria e nella quale, pertanto, neppure questa è abilitata ad intervenire. L'art. 134 Cost., indicando come sindacabili la legge e gli atti che, in quanto ad essa equiparati, possono regolare ciò che rientra nella competenza della stessa legge, non consente di includere tra gli stessi i regolamenti parlamentari. Risiede dunque in ciò, e non in motivazioni storiche o in risalenti tradizioni interpretative, la ragion d'essere attuale e di diritto positivo dell'insindacabilità degli stessi regolamenti in sede di giudizio di legittimità costituzionale».

In altre parole, il fondamento dell'insindacabilità dei regolamenti parlamentari risiederebbe, diversamente da quanto avviene per gli atti aventi forza di legge di cui all'art. 134, nella loro carenza di forza attiva nei confronti delle leggi, derivante dalla ripartizione di competenza stabilita dall'art. 64.

Sia come sia sul piano della ricostruzione dommatica della sent. n. 120, essa introduce sotto un altro aspetto un importante elemento di novità giurisprudenziale. A far quasi da contrappeso alla conferma della insindacabilità dei regolamenti parlamentari in sede di giudizio di legittimità costituzionale, la Corte afferma esplicitamente tale sindacabilità in sede di conflitto tra poteri dello Stato laddove, evidentemente, ne ricorrano i presupposti. Ma tale punto verrà trattato più avanti quando si esaminerà la competenza della Corte costituzionale a giudicare i conflitti tra poteri dello Stato [14].

b) *Il parametro del giudizio: le norme formalmente costituzionali; le norme interposte; l'art. 10, co. 1, Cost. e la sent., Corte cost. n. 238 del 2014; i cosiddetti parametri "eventuali"; la situazione particolare delle fonti comunitarie; l'esclusione della parametricità dei regolamenti parlamentari; tipologia, funzione, grado e forza delle norme interposte.*

Il giudizio di legittimità costituzionale, come qualsiasi altro

---

[14] Cfr. cap. III, § 3.

giudizio di legittimità, implica un raffronto tra le norme (o disposizioni o atti) oggetto del giudizio e le norme alla stregua delle quali viene verificata la legittimità (in caso di conformità) o la illegittimità (in caso di difformità): le norme di raffronto vengono comunemente definite come "**norme parametro**" del giudizio di legittimità costituzionale.

Per individuare quali siano tali norme il ragionamento sembrerebbe, a prima vista, molto semplice ed esauriente. Trattandosi di un giudizio di legittimità "costituzionale", norme parametro sono tutte le **norme formalmente costituzionali**, ricavabili, cioè, da disposizioni contenute nella Costituzione o in leggi costituzionali. Se così fosse, tuttavia, non si capirebbe l'uso della generica espressione "norme parametro" invece della specifica espressione "norme costituzionali". In realtà, **oltre alle norme formalmente costituzionali, sono norme parametro del giudizio di legittimità costituzionale anche altre norme che non rientrano nella categoria delle norme suddette**. Per capire quali esse siano e perché lo siano, sembra utile ricordare il ragionamento compiuto al riguardo dalla Corte costituzionale in una delle sue prime sentenze (sent. n. 3 del 1957).

La Corte, investita della questione di legittimità costituzionale di un decreto legislativo che si assumeva illegittimo in quanto contrastante con alcuni dei limiti contenuti nella legge di delega ai sensi dell'art. 76 Cost., esaminò preliminarmente l'ammissibilità della questione in relazione alla propria competenza, poiché nella fattispecie il decreto legislativo non contrastava in modo diretto con alcuna norma formalmente costituzionale ma soltanto con una legge ordinaria, qual è la legge di delega. La Corte affermò la propria competenza, precisando che la violazione di una norma costituzionale può avvenire sia in modo diretto che in modo indiretto: questo secondo caso ricorre, per l'appunto, nella fattispecie comunemente definita come "eccesso di delega legislativa", poiché il decreto legislativo, violando i limiti contenuti nella legge di delega, viola indirettamente anche l'art. 76 Cost., che impone esplicitamente alla legge di delega di fissare determinati limiti ed implicitamente al decreto legislativo di rispettare quanto da essa stabilito.

Il concetto di **violazione indiretta della Costituzione** è stato poi ulteriormente elaborato dalla dottrina, poiché si trattava di spiegare, con maggiore precisione e con maggiore ampiezza di respiro rispetto alle prime affermazioni della Corte, per quale motivo il contrasto tra due atti – la legge di delega ed il decreto legislativo – aventi lo stesso grado gerarchico e dunque la stessa forza si dovesse risolvere in termini di illegittimità costituzionale e non invece in termini di abrogazione o di deroga. Era infatti certo che la legge di delega non avesse un grado gerarchico superiore alle altre leggi, come era dimostrato dalla incontestabile ed incontestata possibilità di abrogazione della suddetta legge da parte di una qualsiasi altra legge ordinaria successiva; così come era egualmente certo che il decreto legislativo non avesse una forza inferiore alla legge per la incontestabile ed incontestata capacità di abrogare leggi ordinarie. Si arrivò, pertanto, alla definizione del concetto di "**norma interposta**", concetto che ricorre quando **una norma formalmente costituzionale affida ad una norma non formalmente costituzionale il compito di fissare i criteri di validità di successive leggi ed atti con forza di legge**. Tale definizione consentì non soltanto di spiegare ed approfondire le ragioni del vincolo esistente tra decreto legislativo e legge di delega ma anche d'individuare nella nostra Costituzione altri casi di norme interposte.

Quanto all'eccesso di delega legislativa, la Corte costituzionale, respingendo taluni dubbi sorti in dottrina, precisò che norme interposte devono considerarsi *tutte* le norme contenute nella legge di delega e dunque non soltanto quelle concretizzanti i tre limiti previsti dall'art. 76 (termine, oggetto definito, principi e criteri direttivi) ma anche quelle, eventuali, tendenti a stabilire **limiti "ulteriori"** rispetto a questi ultimi [15]. Secondo la Corte, infatti, da un lato l'art. 76 attribuisce *in generale* alla legge di delega il compito di fissare i criteri di validità del decreto legislativo; dall'altro, i tre limiti previsti dalla suddetta disposizione costituzionale vanno considerati come un "**minimo**" obbligatorio per la legge di delega e non come un "**massimo**" tassativo ed insuperabile. Conseguentemente, la Corte affermò la

---

[15] Un esempio di limite ulteriore, oramai tipico data la frequenza con la quale è stato previsto dalle varie leggi di delega, è costituito dall'obbligo per il Governo di sottoporre lo schema di decreto legislativo al parere di commissioni parlamentari, talvolta integrate da componenti estranee alle Camere.

legittimità dei limiti "ulteriori" e la propria competenza a sindacarne la violazione da parte del decreto legislativo.

Altri esempi di norme interposte ricavabili dalle disposizioni della Costituzione ricorrono nei casi seguenti: l'**art. 117, co. 3**, subordina la legittimità delle leggi regionali volte a disciplinare le materie di competenza della Regione, indicate nello stesso co. 3, al rispetto dei principi fondamentali stabiliti dalle leggi dello Stato (le cosiddette leggi-cornice); l'**art. 10, co. 2**, subordina la legittimità delle leggi tendenti a regolare la condizione giuridica dello straniero al rispetto di quanto al riguardo stabilito dalle norme internazionali, sia consuetudinarie che pattizie; l'**art. 7, co. 2**, consente di modificare le leggi di esecuzione dei Patti Lateranensi con legge ordinaria, invece che con legge di revisione costituzionale, a condizione che la suddetta legge ordinaria si limiti ad introdurre le modifiche preventivamente accettate dallo Stato e dalla Chiesa cattolica; l'**art. 8, co. 3**, condiziona la legittimità delle leggi regolatrici dei rapporti tra lo Stato e le confessioni religiose diverse dalla cattolica al rispetto delle previe intese intervenute tra lo Stato e le rappresentanze delle confessioni religiose; **l'art. 78** condiziona la legittimità dei poteri esercitabili dal Governo in caso di guerra alla conformità agli stessi poteri ad esso previamente conferiti con legge dalle Camere.

In tutti i casi indicati, l'accertamento della violazione indiretta della norma costituzionale avviene necessariamente attraverso l'accertamento della violazione diretta di un diverso parametro fissato dalla stessa norma costituzionale, parametro che può esso stesso avere di per sé natura di norma giuridica (i principi contenuti nelle leggi-cornici; le norme internazionali; i poteri conferiti con legge dalle Camere al Governo a seguito della deliberazione dello stato di guerra) o che viene elevato a norma giuridica dalla norma costituzionale che lo prevede (gli accordi e le intese *ex* artt. 7 e 8), per il fatto di essere istituito come condizione di validità di un successivo atto normativo.

L'art. 117, co. 1, Cost., prevede, nell'attuale formulazione, che la potestà legislativa sia esercitata dallo Stato e dalle Regioni nel rispetto dei vincoli derivanti dagli obblighi internazionali. Sembrerebbe, pertanto, che **il diritto internazionale pattizio debba acquistare rilievo, come possibile norma interposta,**

in sede di giudizio sulle leggi. Sul punto l'art. 1 della L. n. 131 del 2003 (c.d. legge La Loggia) ha precisato che vincoli alle potestà legislative statali e regionali possono derivare solo dalle norme del diritto internazionale generalmente riconosciute (art. 10 Cost.), da accordi di reciproca limitazione della sovranità (art. 11 Cost.) e dai trattati internazionali, escludendo pertanto dall'ambito di operatività della previsione costituzionale gli "obblighi internazionali" contratti in forma diversa dai "trattati" (come, ad es., gli "accordi in forma semplificata").

La Corte costituzionale (sentt. nn. 348 e 349 del 2007, 39 del 2008, 311 e 317 del 2009) ha confermato la parametricità del diritto pattizio con riferimento alle disposizioni contenute nella Convenzione europea dei diritti dell'uomo (CEDU), affermando allo stesso tempo due principi: a) la parametricità delle disposizioni CEDU è subordinata alla previa verifica della loro legittimità nei confronti delle norme costituzionali italiane; b) la loro applicazione all'interno dell'ordinamento italiano deve essere compiuta nell'interpretazione ad esse data dalla Corte europea dei diritti dell'uomo.

Nella sent. n. 348 la Corte ha inoltre attribuito, per la prima volta, grado sub-costituzionale alle norme interposte. L'affermazione di cui alla citata sent. n. 348 non si ritrova nelle successive sentt. nn. 349 del 2007, 39 del 2008 e 311 del 2009 ma riappare, più o meno esplicitamente, nella sent. n. 317 del 2009 e nella sent. n. 93 del 2010 [16]. Su questo punto si ritornerà ampiamente più avanti nel corso di questo stesso paragrafo.

---

[16] Qualche riferimento, anche se molto criptico, a quanto affermato nella sent. n. 348 è presente nella sent. n. 317 del 2009. Nel punto 7 del considerato in diritto si afferma, infatti, che «Questa Corte ha già chiarito che l'integrazione del parametro costituzionale rappresentato dal co. 1 dell'art. 117 Cost. non deve intendersi come una sovraordinazione gerarchica delle norme CEDU – in sé e per sé e quindi a prescindere dalla loro funzione di fonti interposte – rispetto alle leggi ordinarie e, tanto meno, rispetto alla Costituzione». Più oltre, *ibidem*, si afferma che «La norma CEDU, nel momento in cui va ad integrare il co. 1 dell'art. 117 Cost., da questo ripete il suo rango nel sistema delle fonti, con tutto ciò che segue, in termini di interpretazione e bilanciamento, che sono le ordinarie operazioni cui questa Corte è chiamata in tutti i giudizi di sua competenza». Nella sent. n. 93 del 2010 ritorna, sia pure in modo del tutto incidentale, l'affermazione del grado sub-costituzionale delle norme CEDU, Cfr. il punto 4 del considerato in diritto («norma che si colloca pur sempre ad un livello sub-costituzionale»).

Con una giurisprudenza consolidata [17], la Corte ha inoltre ritenuto che i **decreti di attuazione degli Statuti delle Regioni ad autonomia speciale** prevalgano sulle leggi ordinarie dello Stato e che quindi essi siano non soltanto sindacabili dalla Corte stessa [18] ma costituiscano anche il parametro del giudizio di legittimità costituzionale. In un caso (sent. n. 180 del 1980) la Corte ha motivato tali conclusioni affermando che l'adozione dei suddetti decreti legislativi costituisce l'espressione di una **competenza "separata e riservata"** rispetto a quella relativa alla funzione legislativa ordinaria, sia statale che regionale. Successivamente, tuttavia, la Corte ha mutato indirizzo affermando che i suddetti decreti sono espressione di una **"competenza legislativa atipica"** diretta a specificare le disposizioni statutarie (sentt. nn. 224 del 1990, 483 del 1991 e 260 del 1993): la prevalenza dei decreti di attuazione degli Statuti speciali risiederebbe, pertanto, non nella riserva di competenza stabilita in loro favore dalle disposizioni statutarie bensì nella atipicità di tale competenza, così come disciplinata dalle disposizioni suddette, rispetto alla funzione legislativa ordinaria.

Comunque sia, la Corte riconosce alle disposizioni contenute nei decreti di attuazione il carattere di norme interposte, affermando testualmente (sent. n. 483 del 1991) che «le norme di attuazione, in quanto espressione di una competenza legislativa atipica diretta a specificare le norme statutarie, esigono il rispetto da parte del legislatore ordinario in virtù del carattere di norme interposte che in tal modo assumono». A questo proposito si può osservare come la **Corte dilati in maniera molto ampia il concetto di norma interposta rispetto a quello definito dalla dottrina** e secondo il quale norme interposte sarebbero quelle norme non formalmente costituzionali che, in virtù di quanto stabilito da una norma formalmente costituzionale, rappresentano altrettante condizioni di validità di un successivo atto normativo. Norme interposte, secondo la citata sent. n. 483, sarebbero anche tutte quelle norme dirette a specificare le norme degli Statuti speciali; ma siccome le norme suddette so-

---

[17] Cfr., tra le tante, le sentt. nn. 20 del 1956, 30 del 1959, 151 del 1972, 180 del 1980, 224 del 1990, 483 del 1991, 38 del 1992 e 260 del 1993.

[18] Cfr. *supra*, p. 37 s.

no norme formalmente costituzionali – ed è per questo motivo che le relative norme di attuazione prevarrebbero sulle leggi ordinarie – l'affermazione della Corte potrebbe significare che si deve parlare di norme interposte tutte le volte in cui una norma costituzionale demandi la propria attuazione a norme non formalmente costituzionali, siano esse contenute in leggi, atti con forza di legge o fonti atipiche. Tuttavia, come spesso accade per molte decisioni della Corte, non è affatto detto che un'argomentazione, impiegata con riferimento ad un problema specifico, abbia necessariamente, nelle intenzioni della Corte, una valenza generale.

Un problema particolare sorge a proposito della **parametricità delle disposizioni contenute negli Statuti delle Regioni ad autonomia ordinaria**, approvati secondo il procedimento aggravato previsto dal vigente testo dell'art. 123 Cost., nei confronti delle leggi regionali espressione della nuova potestà esclusiva, "residuale generale", prevista dal co. 4 dell'art. 117 Cost., nel testo modificato dalla L. cost. n. 3 del 2001.

Poiché l'art. 123 individua un contenuto necessario dello Statuto (determinazione della forma di governo regionale e dei principi fondamentali di organizzazione e funzionamento; disciplina della pubblicazione delle leggi e dei regolamenti regionali, nonché dell'esercizio del diritto d'iniziativa e del referendum su leggi e provvedimenti amministrativi della Regione) ma non esclude la possibilità di contenuti eventuali (vale a dire l'inserimento di disposizioni riguardanti argomenti diversi da quelli espressamente previsti dallo stesso art. 123), mentre nel caso di leggi regionali, espressione della potestà esclusiva, contrastanti con disposizioni statutarie, espressione del contenuto necessario, è certa la competenza della Corte costituzionale poiché queste ultime assumono la veste di norme interposte nei confronti dell'art. 123, tale competenza è più dubbia nel caso di contrasto con disposizioni statutarie espressione del contenuto eventuale, che non sembrano configurabili come norme interposte in senso stretto.

A meno che, partendo dalla premessa della superiorità gerarchica dello Statuto (in quanto atto globalmente considerato e non per la qualificazione come necessarie o eventuali delle singole disposizioni in esso contenute) nei confronti delle leggi regionali, superiorità derivante dalla rispettiva diversità procedimentale (così come avviene nel rapporto Costituzione – leggi ordinarie), non si voglia ritenere che lo Statuto, proprio in forza di tale superiorità gerarchica, condizioni comunque la validità di atti gerarchicamente inferiori quali sono le leggi regionali.

La questione rimane aperta in attesa che la Corte costituzionale abbia l'occasione di pronunziarsi in modo specifico al riguardo.

Un ultimo caso di norme parametro è rinvenibile nell'**art. 10, co. 1, Cost.** che prevede la creazione indiretta di norme interne sulla base di un meccanismo automatico di adattamento dell'ordinamento giuridico italiano alle norme del diritto internazionale generalmente riconosciute. È tuttavia incerto, essendo oscillante la giurisprudenza della Corte costituzionale al riguardo, se la parametricità delle norme suddette dipenda dalla loro qualificazione come norme interposte (cfr. indirettamente in questo senso le sentt. nn. 278 e 329 del 1992 e 131 del 2001) oppure dal loro valore di norme costituzionali, aventi il solo limite del rispetto dei principi fondamentali dell'ordinamento (sentt. nn. 48 del 1979 e 15 del 1996).

A mio giudizio, **l'attribuzione del valore di norme costituzionali alle norme in questione si scontra con il principio della rigidità della Costituzione** fissato dall'art. 138, secondo il quale ogni modifica di (o deroga a) disposizioni formalmente costituzionali deve avvenire secondo il procedimento aggravato previsto dallo stesso art. 138 e ciò a prescindere dal considerare o meno il principio della rigidità costituzionale un principio fondamentale del nostro ordinamento. Non è realisticamente pensabile, infatti, che i costituenti abbiano voluto costruire una Costituzione di tipo rigido ed allo stesso tempo abbiano consapevolmente inserito in tale Costituzione un meccanismo automatico di creazione indiretta di norme parificate alle norme costituzionali, meccanismo che esclude, diversamente da quanto previsto dall'art. 138, qualsiasi intervento del Parlamento e del popolo. Una deroga al principio ricavabile dall'art. 138 è possibile soltanto quando essa sia prevista espressamente da un'altra norma costituzionale: è questo il caso – ben diverso da quello di cui all'art. 10, co. 1 – dell'art. 11 Cost. nella parte in cui sancisce che l'Italia «consente, in condizioni di parità con gli altri Stati, alle limitazioni di sovranità necessarie ad un ordinamento che assicuri la pace e la giustizia fra le Nazioni». Sembra pertanto **preferibile la qualificazione delle norme create sulla base dell'art. 10, co. 1, come norme interposte**, poiché tale qualificazione presenta il vantaggio di non intaccare la particolare valenza delle norme formalmente costituzionali, a queste ultime garantita dal principio della rigidità costituzionale.

Diversamente da quanto appena sostenuto, una esplicita dichiarazione del grado costituzionale delle norme in oggetto, con il solo limite del rispetto dei principi supremi dell'ordinamento italiano e dei diritti inviolabili, è attualmente contenuta nella sent., Corte cost., n. 238 del 2014. Tale sentenza ha importanti ripercussioni sul meccanismo previsto dall'art. 10, co. 1, Cost., poiché sembra ignorare (o negare) la teoria della creazione indiretta del diritto con rilevanti conseguenze in tema sia di norme parametro, sia di norme oggetto, del giudizio di legittimità costituzionale. Vale pertanto la pena di soffermarsi in modo particolareggiato sulla suddetta sentenza.

La Corte era sta investita, con alcune ordinanze del Tribunale di Firenze, di varie questioni di legittimità costituzionale tra le quali – per quanto qui interessa – quella relativa alla norma «prodotta nel nostro ordinamento mediante il recepimento, ai sensi dell'art. 10, primo comma, Cost.», della norma consuetudinaria di diritto internazionale sull'immunità degli Stati dalla giurisdizione civile degli altri Stati, ... nella parte in cui comprende tra gli atti *iure imperii* sottratti alla giurisdizione di cognizione anche i crimini di guerra e contro l'umanità, lesivi di diritti inviolabili della persona, commessi in Italia e in Germania nei confronti di cittadini italiani nel periodo 1943-1945 dalle truppe del Terzo Reich. In sintesi, il Tribunale riteneva sussistere un contrasto tra la norma così prodotta dall'art. 10, co. 1, e gli artt. 2 e 24 Cost. e pertanto ragionevolmente supponeva che la Corte, ove avesse condiviso tale situazione di contrasto, avrebbe emesso una sentenza di accoglimento con la quale dichiarava l'illegittimità costituzionale della norma interna prodotta dall'art. 10, co. 1.

La Corte afferma innanzitutto che «... la norma internazionale da immettere ed applicare nell'ordinamento interno, così come interpretata nell'ordinamento internazionale, ... ha rango equivalente a quello costituzionale, in virtù del rinvio di cui all'art. 10, primo comma, Cost.», con il limite del rispetto dei principi supremi dell'ordinamento italiano.

Nel merito la Corte, pur convenendo sulla sostanza della questione trasmessa dal giudice *a quo* – vale a dire la violazione dei principi fondamentali e dei diritti inviolabili affermati dagli artt. 2 e 24 Cost. – si muove secondo una logica diversa che la porta ad adottare non già – come ci si sarebbe aspettati - una sentenza di accoglimento bensì a dichiarare l'infondatezza della questione [19]. Secondo la Corte, infatti, «... l'art. 10, primo comma, Cost., ... impone ... di accertare se la norma del diritto internazionale generalmente riconosciuta sull'immunità dalla giurisdizione degli Stati stranieri, come interpretata nell'ordinamento internazionale, possa entrare nell'ordinamento costituzionale, in quanto non contrastante con principi fondamentali e diritti inviolabili. Il verificarsi di tale ultima ipotesi, infatti, esclude l'operatività del rinvio alla norma internazionale, con la conseguenza inevitabile che la norma internazionale, per la parte confliggente con i principi ed i diritti inviolabili, non entra nell'ordinamento italiano e non può essere quindi applicata».

La parte finale di tale affermazione è veramente ambigua nella sua genericità perché non si capisce che cosa significhi dire che la «norma internazionale non entra» nell'ordinamento italiano. Certamente il significato non può essere quello letterale perché, se ciò che entra o non entra fosse la norma internazionale in senso stretto, la Corte non potrebbe mai svolgere il proprio giudizio trattandosi di norma appartenente ad un ordinamento diverso dall'ordinamento italiano, nonché di norna non scritta prodotta da una fonte-fatto qual è la consuetudine internazionale. E allora, per evitare tale conseguenza, sembrerebbe inevitabile, almeno a chi scrive, interpretare quell'affermazione in maniera del tutto diversa.

Comunque, la Corte, oltre a liquidare senza una parola di motivazione tutta la teoria della creazione indiretta del diritto,

---

[19] Successivamente, nei confronti della seconda ordinanza del Tribunale di Firenze, uguale alla precedente per l'aspetto che qui interessa, la Corte, con l'ord. n. 30 del 2015, dichiara più correttamente non più l'infondatezza bensì l'inammissibilità della questione per mancanza della norma oggetto del giudizio.

nella fattispecie oggetto del suo giudizio, invece di procedere sulla strada lineare tracciata dal giudice *a quo* (adozione di una sentenza di accoglimento nel caso di riconosciuta incostituzionalità della norma oppure rigetto della questione nel caso opposto) segue un percorso a dir poco tortuoso che, diversamente da quanto avviene di solito, la porta nella sostanza a dare ragione al giudice rimettente sotto il profilo della violazione delle norme parametro invocate (gli artt. 2 e 24 Cost.) ma allo stesso tempo a dargli torto sotto il profilo formale dichiarando l'infondatezza (e, successivamente correggendosi, l'inammissibilità) della questione prospettata per mancanza della norma oggetto.

In sintesi, la Corte nega correttamente che una norma prodotta sulla base dell'art. 10, co. 1, possa costituire il parametro di un giudizio di legittimità costituzionale qualora contrasti con i principi supremi dell'ordinamento o i diritti inviolabili. In modo assolutamente non convincente, tuttavia, nega altresì che una tale norma possa costituire l'oggetto di un giudizio di legittimità costituzionale poiché essa, a causa della sua illegittimità, non entra nell'ordinamento italiano e quindi risulta inesistente.

Una conseguenza abbastanza paradossale del ragionamento della Corte fin qui illustrato si riflette, più in generale, sul ruolo del giudice *a quo* a fronte di questioni di legittimità costituzionale che investano l'art. 10, co. 1. Come si vedrà più avanti, i due requisiti necessari per inviare una questione di legittimità costituzionale alla Corte sono la sua rilevanza e la sua non manifesta infondatezza. Fermandosi al primo requisito, il giudice *a quo* deve accertare l'applicabilità della norma al giudizio in corso ma, nel caso ritenga la questione non manifestamente infondata per violazione di un principio supremo, dovrebbe negare la rilevanza della questione poiché la suddetta violazione, come affermato dalla stessa Corte, esclude l'operatività del rinvio *ex* art. 10 «con la conseguenza inevitabile che la norma internazionale, per la parte confliggente con i principi ed i diritti inviolabili, non entra nell'ordinamento italiano e non può essere quindi applicata» D'altra parte, siccome il controllo di costituzionalità è riservato alla Corte, è prevedibile che in futuro il giudice *a quo*, malgrado l'indicata anomalia della situazione in cui è stato messo dalla sent. n. 238 del 2014, rinvierà comunque alla Corte le questioni relative all'art. 10, co. 1, comportandosi esattamente come si è comportato il Tribunale di Firenze: vale a dire affermando l'automatica creazione di una norma interna non scritta, corrispondente alla norma consuetudinaria internazionale, della cui costituzionalità dubita per violazione dei principi supremi dell'ordinamento italiano. Implicitamente rassegnandosi ad una ordinanza d'inammissibilità da parte della Corte qualora quest'ultima gli dia ragione nella sostanza!

Più in generale, quando la Corte afferma che il rinvio alla consuetudine internazionale di cui all'art. 10, co. 1, non opera nel caso di consuetudini contrastanti con i principi supremi ed i diritti fondamentali, dovrebbe anche porsi il problema di definire che cosa s'intende con la parola "rinvio" riferita all'art 10, o meglio qual è la conseguenza di tale rinvio all'interno dell'ordinamento italiano. E tale conseguenza non può essere diversa a seconda della qualificazione – legittima o illegittima – della norma consuetudinaria internazionale oggetto del rinvio: nel primo caso dando luogo ad una norma interna corrispondente e nel secondo caso non producendo alcun effetto. Insomma, come già accennato si tratta di chiarire se l'art. 10, co. 1, è o non è una norma di produzione sia pure automatica: nel primo caso, come ogni altra norma di produzione, esso crea norme a prescindere dalla loro legittimità; nel secondo caso non si spiegherebbe come possano sorgere norme sulla base di una norma – l'art. 10 – che non ne disciplini la creazione.

In conclusione su questo punto, sarebbe auspicabile un deciso mutamento di rotta da parte della Corte costituzionale rispetto alla sent. n. 238 del 2014.

In due sole occasioni (sentt. nn. 129 del 1981 e 7 del 1996), peraltro relative non al giudizio delle leggi ma a giudizi su conflitti tra poteri dello Stato[20], la Corte ha incluso tra le norme

---

[20] Nel primo caso la Corte ritenne non spettante alla Corte dei conti il potere di sottoporre a giudizio di conto i tesorieri della Presidenza della Repubblica, della Camera dei deputati e del Senato della Repubblica, giustificando tale esenzione con l'esistenza di una norma consuetudinaria costituzionale in tal senso, formatasi sotto lo Statuto albertino e non interrotta dall'instaurazione dell'ordinamento repubblicano; consuetudine che, prosegue la Corte, si richiama, integrandolo e specificandolo, al principio costituzionale dell'autonomia di cui godono i suddetti organi costituzionali. Nel secondo caso, la Corte ritenne legittima la mozione di sfiducia individuale votata dal Senato il 19 ottobre 1995 nei confronti del Ministro di grazia e giustizia, Mancuso, e la successiva

parametro anche le norme desumibili da **consuetudini costituzionali**, intendendosi con tale termine «principi e regole non scritti, manifestatisi e consolidatisi attraverso la ripetizione costante di comportamenti uniformi (o comunque retti da comuni criteri, in situazioni identiche o analoghe)», tendenti, «in armonia con il sistema costituzionale», a contribuire «ad integrare le norme costituzionali scritte» (così sent. n. 7 del 1996). Pur tralasciando le notevoli incertezze che tuttora permangono nei confronti delle consuetudini costituzionali[21], le due condizioni poste dalla Corte riducono la parametricità di tali norme in modo abbastanza consistente. Queste ultime, innanzitutto, possono intervenire soltanto laddove la disciplina di una norma costituzionale sia incompleta, generica o poco chiara (funzione di integrazione e di interpretazione); in secondo luogo, esse non soltanto non possono – com'è ovvio – contrastare con norme costituzionali ma devono, altresì, essere riconducibili in positivo a norme o a principi costituzionali nei confronti dei quali svolgono la loro funzione d'integrazione o d'interpretazione. Perciò, ammesso che siano rinvenibili consuetudini costituzionali idonee a costituire il parametro della legittimità delle leggi e degli atti con forza di legge, **la Corte non potrà mai dichiarare la illegittimità costituzionale di una legge contrastante con una consuetudine costituzionale, qualora non sia contestualmente citata la norma o il principio costituzionale al quale la suddetta consuetudine si riferisce**.

A differenza delle norme interposte fin qui esaminate, nelle

---

rimozione dello stesso dalla carica di ministro con decreto del Presidente della Repubblica su proposta del Presidente del Consiglio; anche in questo secondo caso sulla base di una norma costituzionale consuetudinaria, secondo la Corte formatasi al Senato e ritenuta integrativa della normativa costituzionale al riguardo (artt. 92, 94 e 95 Cost.), oltre che delle disposizioni contenute nel nuovo testo dell'art. 115 reg. Camera.

[21] A titolo di esempio: l'elemento costitutivo di tali consuetudini è soltanto l'elemento materiale o è anche necessario il cosiddetto elemento spirituale? Quale durata deve avere la ripetizione di un comportamento perché si possa ritenere sorta una consuetudine costituzionale? Tale durata, se definibile, è uguale o diversa da quella necessaria per il sorgere di consuetudini non aventi carattere costituzionale? Il contenuto di una consuetudine costituzionale può consistere soltanto nella fissazione di obblighi oppure anche nell'attribuzione di facoltà o di poteri?

quali un determinato atto costituisce *stabilmente* il parametro della legittimità di un atto successivo (ad es., la legge di delega nei confronti del decreto legislativo), nella giurisprudenza costituzionale più recente sono riscontrabili casi nei quali vengono utilizzati come parametro taluni atti – definiti dalla dottrina come "**parametri eventuali**" – la cui idoneità ad assumere la veste di norme interposte sussiste soltanto in presenza di determinate condizioni. Ciò si verifica nel controllo dei decreti-legge reiterati, delle leggi di interpretazione autentica, delle leggi tendenti al ripristino di norme abrogate mediante referendum abrogativo e nel sindacato di eguaglianza *ex* art. 3 Cost. In tali ipotesi la Corte utilizza elementi di integrazione del parametro che svolgono funzione parametrica soltanto in quel singolo giudizio di costituzionalità (rispettivamente, il decreto legge riprodotto dal decreto oggetto del giudizio, la legge interpretata dall'atto di interpretazione autentica, il risultato abrogativo eluso dalla legge successiva, l'atto normativo invocato come *tertium comparationis* per verificare la violazione o il rispetto del principio di eguaglianza). Una breve analisi di questi casi sembra utile al fine di una migliore comprensione del fenomeno.

Nel caso della **reiterazione dei decreti-legge**, per poter sindacare la violazione dell'art. 77 Cost., determinata dalla riproduzione, a presupposti invariati, di disposizioni di precedenti decreti non convertiti, la Corte deve necessariamente integrare il parametro costituzionale con il decreto-legge non convertito, al fine di verificare se il nuovo decreto abbia reiterato disposizioni contenute nel precedente decreto non convertito. Tale idoneità parametrica è *meramente eventuale*, in quanto il singolo decreto-legge soltanto ove "riprodotto" può divenire "parametro" di legittimità del decreto reiterato, per cui al momento dell'emanazione di un decreto-legge non si può stabilire *a priori* se esso assurgerà mai ad elemento di integrazione del parametro di legittimità; a differenza di quel che avviene, invece, richiamando l'esempio precedente, per la legge di delega, che – per così dire – "nasce" con la sua attitudine ad essere parametro dei relativi decreti legislativi e, quindi, presenta *originariamente* idoneità parametrica.

Quanto all'**esito del referendum abrogativo** (art. 75 Cost.), esso può essere utilizzato quale elemento di integrazione del parametro nella valutazione della legge che tenda a ripristinare le norme abrogate per volontà popolare, come adombrato dalla stessa Corte costituzionale nella sent. n. 468 del 1990, ponendo in rilievo «la peculiare natura del *referendum*, quale atto-fonte dell'ordinamento», che «a differenza del legislatore che può correggere o addirittura disvolere quanto ha in precedenza statuito, [...] manifesta una volontà definitiva ed irripetibile», tale da non consentire al medesimo legislatore, sia pur «a titolo transitorio», «la scelta politica di far rivivere la normativa» abrogata dal corpo elettorale, oltreché da interdire «all'interprete l'operazione logica di una sua ultrattività». Seppure con qualche perplessità da parte di chi scrive, si è sostenuto in dottrina che anche l'ipotesi speculare della legge uscita indenne da un referendum abrogativo – e, come tale, voluta dal popolo che si è espresso per il mantenimento in vigore – potrebbe forse configurare una ipotesi eventuale di integrazione del parametro: la legge "non abrogata", definita anche legge "referendata", diverrebbe idonea ad integrare il parametro rappresentato dal principio di sovranità popolare di cui agli artt. 1 e 75 Cost., al fine di sindacare una ulteriore legge che volesse eliminare l'atto "rinforzato" dalla volontà popolare.

Il controllo sulle **leggi di interpretazione autentica** – che la Corte ha esercitato in base all'art. 3 Cost. – comporta la valutazione della norma di interpretazione rispetto alla disposizione interpretata per valutare se il legislatore-interprete abbia realmente scelto ed imposto una delle norme già presenti nella disposizione preesistente, oppure abbia "approfittato" della automatica retroattività dell'interpretazione autentica al fine di introdurre *ex tunc* norme nuove; anche qui la legge interpretata costituisce elemento eventuale di integrazione del parametro, nel senso che soltanto ove interpretata autenticamente una legge può assumere tale idoneità parametrica.

In ragione della natura essenzialmente relativa della **nozione di eguaglianza**, il sindacato delle leggi condotto alla stregua dell'art. 3, co. 1, Cost., comporta inevitabilmente che la disparità di trattamento denunciata con riferimento alla disciplina di certe fattispecie o di certe categorie di soggetti possa essere apprezzata soltanto in rapporto alla disciplina che l'ordinamento riserva ad altre categorie o ad altre fattispecie del tutto o in parte distinte da quella che forma l'oggetto della norma impugnata; ecco allora che il parametro costituzionale viene ad essere integrato da altre norme usate come termine di raffronto (c.d. *tertium comparationis*), le quali assumono idoneità parametrica limitatamente a quel singolo giudizio.

Quanto alle fonti comunitarie (**regolamenti comunitari e direttive auto-applicative**), la giurisprudenza della Corte costituzionale ha subito mutamenti importanti in ordine alla loro eventuale parametricità nei confronti delle leggi e degli atti con forza di legge dello Stato italiano. **In una prima fase**, la Corte, avendo riconosciuto alle suddette norme comunitarie la capacità di derogare alle norme costituzionali dell'ordinamento italiano, ha affermato la loro parametricità, in quanto norme interposte in riferimento all'art 11 Cost., e, conseguentemente, la propria competenza a dichiarare l'illegittimità costituzionale delle leggi e degli atti con forza di legge con esse confliggenti (cfr. sentt. nn. 230 del 1975, 205 del 1976 e 163 del 1977). Tale orientamento della Corte costituzionale italiana venne tuttavia contestato dalla Corte di giustizia europea, partendo dalla premessa della immediata e diretta applicabilità delle norme comunitarie negli ordinamenti degli Stati membri dell'Unione europea; immediata e diretta applicabilità che evidentemente non si realizza compiutamente qualora, nel caso di conflitto tra norma comunitaria e norma interna, il giudice italiano debba sospendere il proprio giudizio e rimettere la questione di legittimità costituzionale della norma interna alla Corte costituzionale.

A partire dalla sent. n. 170 del 1984, **la Corte costituzionale modifica la precedente giurisprudenza al fine di adeguarsi ai rilievi della Corte di giustizia europea**, osservando che l'effetto derivante dal contrasto tra norme interne e norme contenute in regolamenti comunitari è «quello non già di caducare, nell'accezione propria del termine, la norma interna incompatibile, bensì di impedire che tale norma venga in rilievo per la definizione della controversia innanzi al giudice nazionale». Pertanto, nei casi in cui la Corte costituzionale venga adita in via incidentale, al fine di valutare l'esistenza di un contrasto tra norme comunitarie e norme interne, la questione viene dichiarata inammissibile, demandandosi a tutti i soggetti competenti a dare esecuzione alle leggi – ed in primo luogo al giudice *a quo* – il compito di valutare il contrasto e, qualora questo sussista, di **disapplicare la norma interna ed applicare la norma comunitaria**[22]. Si realizza, pertanto, limitatamente alla fattispecie in questione, un **caso di controllo di costituzionalità di tipo diffuso**, attribuito ad ogni giudice nell'esercizio dei poteri ad esso istituzionalmente spettanti; inoltre, essendo la disapplicazione un istituto ad effetti singolari, la norma disapplicata da un giudice continua a far parte dell'ordinamento e pertanto potrà trovare applicazione in un altro processo qualora il nuovo giudice, a differenza del precedente, non ritenga sussistente il contrasto tra la norma interna e la norma comunitaria.

Tuttavia, la Corte costituzionale si è ritenuta competente ad accertare la violazione di norme comunitarie sia quando il Governo impugni leggi regionali contrastanti con il diritto comunitario[23], sia quando le Regioni impugnino in via di azione leggi dello Stato le quali, contravvenendo al diritto comunitario, allo stesso tempo ledano o invadano le competenze della Regione[24]. In linea di principio, la giustificazione della competenza della Corte in tali casi è determinata dal fatto che, trattandosi di giudizi di legittimità costituzionale promossi in via diretta me-

---

[22] Tale orientamento è stato successivamente ribadito e rafforzato, ampliandosi l'area del "diritto comunitario direttamente applicabile" e quindi prevalente sul diritto interno: con sent. n. 113 del 1985 tale diretta applicabilità è stata estesa – non senza dar luogo a perplessità per la sostanziale equiparazione di provvedimenti giurisdizionali a fonti normative – alle statuizioni risultanti dalle *sentenze interpretative della Corte di Giustizia delle Comunità europee*, emanate in via pregiudiziale *ex* art. 177 Trattato C.E.E. (si utilizza la numerazione tradizionale degli articoli del Trattato comunitario, precedente all'entrata in vigore del Trattato di Amsterdam); con sent. n. 389 del 1989 alle *sentenze di condanna della Corte comunitaria* rese ai sensi dell'art. 169 del Trattato C.E.E.; con sent. n. 168 del 1991 alle cosiddette *direttive dettagliate* o *autoapplicative* (*self-executing*), cioè alle direttive cui, nonostante il mancato recepimento negli ordinamenti nazionali, viene comunque riconosciuta – in forza delle elaborazioni della giurisprudenza comunitaria – immediata applicabilità negli stessi, in presenza di determinate condizioni.

[23] Per la verità, la giurisprudenza della Corte costituzionale si riferiva al ricorso di tipo preventivo dello Stato nei confronti delle delibere legislative delle Regioni; ricorso non più previsto dal nuovo testo dell'art. 127 Cost., introdotto dalla L. cost. n. 3 del 2001, che ha parificato il ricorso dello Stato, ora di tipo successivo, a quello delle Regioni. Cfr. sentt. nn. 384 del 1994 e 85 e 424 del 1999.

[24] Cfr. sentt. nn. 94, 482, 520 del 1995 e 85 del 1999.

diante ricorso dello Stato o di una Regione, l'intervento della Corte non ritarda l'immediata applicabilità della norma comunitaria, come invece avviene nel giudizio in via incidentale. Tale indirizzo giurisprudenziale, che considera la norma comunitaria come parametro interposto ai soli fini del giudizio di costituzionalità in via diretta, risulta rafforzato dalla esplicita previsione dei «vincoli derivanti dall'ordinamento comunitario» come limite alla potestà legislativa statale e regionale, contenuta nell'art. 117, co. 1, Cost. (v. sentt. nn. 404 del 2005 e 129 del 2006).

Nella stessa logica, la Corte (sent. n. 28 del 2010) si è ritenuta competente a sindacare il contrasto tra una direttiva comunitaria non auto-applicativa e la legge, o l'atto con forza di legge, che ad essa dia attuazione in modo errato o incompleto, anche quando la relativa questione di costituzionalità le venga rimessa dal giudice *a quo*. In tal caso, infatti, l'esigenza della diretta ed immediata applicabilità del diritto comunitario non può essere soddisfatta da quest'ultimo, trattandosi di diritto comunitario che per definizione necessita di un ulteriore atto normativo interno che gli dia attuazione: l'ipotetica disapplicazione da parte del giudice *a quo* dell'atto normativo interno non determinerebbe, comunque, l'applicazione della direttiva. Inoltre, nella fattispecie in oggetto la direttiva comunitaria, pur non essendo auto-applicativa, assume la veste di parametro del giudizio della Corte.

Infine, la Corte costituzionale ha escluso (sent. n. 9 del 1959) che le norme dei regolamenti parlamentari siano norme parametro ai fini della valutazione della legittimità costituzionale delle leggi approvate dal Parlamento; in altre parole, il non rispetto da parte delle Camere di norme contenute nei rispettivi regolamenti non determina un vizio formale di legittimità della legge in tal modo approvata. La Corte ha addotto tre argomenti a sostegno della propria decisione: in primo luogo perché la propria competenza è limitata, in relazione al procedimento di formazione delle leggi, al controllo dell'osservanza delle sole norme formalmente costituzionali; in secondo luogo, perché l'art. 72 Cost., per la parte in cui attribuisce ai regolamenti parlamentari il potere di stabilire in quali casi e forme un disegno di legge può essere assegnato a commissioni in sede legislativa, non può considerarsi una norma in bianco in conseguenza della quale le disposizioni al riguardo inserite da ciascuna Camera nel regolamento assumano il valore di norme costituzionali; in terzo luogo, perché, essendo decisivo l'apprezzamento della Camera in ordine all'interpretazione di una disposizione del proprio regolamento, anche l'osservanza di quest'ultima è rimessa alla Camera stessa.

La negazione di tale riconoscimento è da condividere, se non altro perché la sua affermazione produrrebbe conseguenze troppo drastiche. Infatti, stante il rinvio generico compiuto dall'art. 72 Cost., la violazione di *qualsiasi* norma dei regolamenti parlamentari relativa al procedimento legislativo determinerebbe la incostituzionalità della legge. A fronte delle numerose norme regolamentari, che sotto i più vari aspetti concorrono alla disciplina del procedimento legislativo, non sarebbe possibile distinguere tra norma e norma, in relazione al loro diverso grado di incidenza sulla formazione della legge; con la conseguenza pratica di un aumento verticale dei casi di leggi dichiarate incostituzionali per vizi di forma.

Tuttavia, al di là dell'esattezza degli argomenti addotti dalla Corte (non tutti ugualmente convincenti), il vero motivo della non parametricità delle disposizioni dei regolamenti parlamentari risiede nella loro potenziale cedevolezza. È, infatti, principio fondamentale della prassi parlamentare italiana quello secondo cui la deroga ad una norma del regolamento – la disapplicazione di quest'ultima nel caso concreto – è possibile all'unanimità, vale a dire qualora non vi sia opposizione da parte di alcuno (*nemine opponente*).

La sent. n. 348 del 2007 della Corte costituzionale, alla quale si è in precedenza accennato nel corso di questo paragrafo, obbliga a riprendere in modo più approfondito l'argomento delle norme interposte per quanto attiene alla loro tipologia, funzione, grado e forza nel nostro ordinamento.

La Corte costituzionale, giudicando sul contrasto tra una norma CEDU ed una disposizione legislativa successiva, qualifica come norme interposte le norme suddette alla luce dell'art. 117, co. 1, Cost., nella parte in cui impone a tutte le leggi – statali e regionali – il rispetto dei «vincoli derivanti ... dagli obblighi internazionali», vale a dire il rispetto del diritto internazionale pattizio.

La Corte spiega, infatti, che la struttura dell'art. 117, co. 1, «si presenta simile a quella di altre norme costituzionali, che sviluppano la loro concreta operatività solo se poste in stretto collegamento con altre norme, di rango sub-costituzionale, destinate a dare contenuti ad un parametro che si limita ad enunciare in via generale una qualità che le leggi in esso richiamate devono possedere. Le norme necessarie a tale scopo sono di rango subordinato alla Costituzione, ma intermedio tra questa e la legge ordinaria. A prescindere dall'utilizzazione, per indicare tale tipo di norme, dell'espressione "fonti interposte", ricorrente in dottrina ed in una nutrita serie di pronunce di questa Corte (*ex plurimis*, sentt. nn. 101 del 1989, 85 del 1990, 4 del 2000, 533 del 2002, 108 del 2005, 12 del 2006, 269 del 2007), ma di cui viene talvolta contestata l'idoneità a designare una categoria unitaria, si deve riconoscere che il parametro costituito dall'art. 117, co. 1, Cost., diventa concretamente operativo solo se vengono determinati quali siano gli "obblighi internazionali" che vincolano la potestà legislativa dello Stato e delle Regioni. Nel caso specifico sottoposto alla valutazione di questa Corte, il parametro viene integrato e reso operativo dalle norme della CEDU, la cui funzione è quindi di concretizzare nella fattispecie la consistenza degli obblighi internazionali dello Stato» [25].

Da tali brani della sentenza si evince senza possibilità di dubbio che il carattere parametrico delle norme CEDU non de-

---

[25] La parametricità *ex* art. 117 del diritto pattizio con riferimento alle norme CEDU è stata successivamente confermata da altre sentenze della Corte (cfr. sentt. nn. 349 del 2007, 39 del 2008, 311 e 317 del 2009, 93 del 2010). Tuttavia, qualche accenno al grado sub-costituzionale delle norme CEDU, in quanto norme interposte, si ritrova soltanto nelle sentt. nn. 317 e 93. Nella prima, al punto 7 del considerato in diritto, si afferma che «Questa Corte ha già chiarito che l'integrazione del parametro costituzionale rappresentato dal co. 1 dell'art. 117 Cost. non deve intendersi come una sovraordinazione gerarchica delle norme CEDU – in sé e per sé e quindi a prescindere dalla loro funzione di fonti interposte – rispetto alle leggi ordinarie e, tanto meno, rispetto alla Costituzione». Più oltre, *ibidem*, si afferma che «La norma CEDU, nel momento in cui va ad integrare il co. 1 dell'art. 117 Cost., da questo ripete il suo rango nel sistema delle fonti, con tutto ciò che segue, in termini di interpretazione e bilanciamento, che sono le ordinarie operazioni cui questa Corte è chiamata in tutti i giudizi di sua competenza». Nella sent. n. 93 del 2010 ritorna, sia pure in modo del tutto incidentale, l'affermazione del grado sub-costituzionale delle norme CEDU. Cfr. il punto 4 del considerato in diritto («norma che si colloca pur sempre ad un livello sub-costituzionale»).

riva, secondo la Corte, da un particolare valore del trattato che le contiene rispetto alla generalità degli altri trattati, bensì deriva dalla qualificazione delle norme suddette come norme interposte. Conseguentemente, anche la loro ulteriore qualificazione come norme di rango sub-costituzionale deriva dal riconoscimento di tale grado gerarchico come carattere tipico delle norme interposte[26]. In conclusione, la sent. n. 348, al di là della specifica fattispecie che ne costituisce l'oggetto e diversamente dalle precedenti decisioni dalla stessa Corte ricordate, contiene per la prima volta **l'affermazione generale di una particolare forza della categoria, ancorché non unitaria, delle norme interposte, derivante dal loro grado gerarchico sub-costituzionale, intermedio tra le norme costituzionali e le norme legislative**.

Contro tale conclusione è facile osservare che un grado sub-costituzionale non sussiste proprio nei confronti degli esempi tipici di fonti contenenti norme interposte, quali le leggi di delegazione *ex* art. 76; le cosiddette leggi-cornice *ex* art. 117, co. 3; la legge, *ex* art. 78, con la quale le Camere, dopo avere deliberato lo stato di guerra, conferiscono al Governo i poteri necessari.

Se fosse vero che la legge di delegazione, in quanto contenente norme interposte, ha un grado sub-costituzionale, tale grado dovrebbe operare anche nei confronti di leggi successive che, pertanto, non potrebbero abrogare una legge di delegazione pena la loro illegittimità. Tuttavia, la realtà è completamente diversa perché, in pendenza di una delega conferita al Governo dal Parlamento, niente impedisce a quest'ultimo di abrogare la legge di delega vigente per disciplinare esso stesso con una nuova legge l'oggetto della precedente delega; ovvero, per rinunciare a disciplinare con legge la materia in questione ritenendo più opportuno il ricorso ad altre fonti, sia superiori sia inferiori; ovvero, ancora, per non ritenere più necessario, per i motivi più vari, modificare le disposizioni vigenti in materia, astenendosi, pertanto, da qualsiasi nuovo intervento normativo diretto o indiretto. Lo stesso ragionamento può compiersi nei riguardi delle leggi-cornice, che possono essere modificate da successive

---

[26] Come esplicitamente riconosciuto dalla stessa Corte con la sent. n. 317 del 2009.

leggi statali che stabiliscano nuovi principi fondamentali per la disciplina delle materie di legislazione concorrente. Così come la legge *ex* art. 78 può essere modificata da una legge successiva, qualora le Camere ritengano opportuno ampliare, restringere o comunque modificare i poteri inizialmente attribuiti al Governo.

Da tali casi scaturisce la conclusione secondo cui il vincolo derivante dalle norme interposte nei confronti delle fonti successive da esse disciplinate – i decreti legislativi, le leggi regionali espressione della potestà concorrente, gli atti con i quali il Governo esercita i poteri conferitigli dalle Camere in caso di guerra – deriva dalla loro parametricità, determinata dal particolare rapporto che intercorre tra esse ed una norma costituzionale, in base al quale il contrasto con una norma interposta costituisce automaticamente violazione della norma costituzionale. **Tale rapporto ha una valenza esclusivamente funzionale – quella di attribuire alle norme interposte il carattere di norme parametro della legittimità costituzionale di eventuali norme successive – senza bisogno di determinare alcuna variazione in termini di gerarchia.**

Le fonti che contengono norme qualificabili come interposte, pertanto, non si distinguono dalle altre fonti previste dall'ordinamento giuridico né in termini di gerarchia né in termini di competenza: la loro caratteristica risiede nel fatto di prevedere norme che assolvono la funzione di parametro del giudizio di legittimità costituzionale. Del resto, a riprova del fatto che disposizioni o norme, contenute in (o ricavabili da) fonti non formalmente costituzionali, possono assurgere in determinati casi al ruolo di norme parametro del giudizio di legittimità costituzionale è dimostrato da quei casi che sono stati definiti come "parametri eventuali" e che sono stati illustrati in precedenza.

Tuttavia, la conclusione raggiunta per i tre casi di norme interposte di cui agli artt. 76, 78 e 117, co. 3, Cost., non può essere meccanicamente applicata nei confronti degli altri casi di norme interposte.

Se è corretto negare che tutte le norme interposte, in quanto tali, hanno un grado gerarchico sub-costituzionale, perché così ragionando ci si scontra con il contrario ed insuperabile dato di fatto rappresentato dai tre casi fin qui esaminati, tale dato di fatto non può essere invocato per spiegare come mai gli altri casi di norme interposte costituiscano allo stesso tempo parametro di costituzionalità e vincolo nei confronti delle leggi e degli atti con forza di legge successivi. Anche perché – e questo è un secondo dato di fatto incontrovertibile – è certo che le norme contenute in un trattato internazionale ratificato ed eseguito non possono essere modificate da leggi o da atti con forza di legge. Lo stesso vale per le norme internazionali *ex* art. 10, commi 1 e 2; per le norme dei Patti lateranensi *ex* art. 7, co. 2; per le norme che concretizzano il contenuto necessario degli Statuti delle Regioni ad autonomia ordinaria *ex* art. 123, co. 1; per la legge che abbia recepito le intese previste dall'art. 8, co. 3. Altrimenti, tali disposizioni costituzionali non avrebbero più alcun significato pratico se alla parametricità delle norme o regole da esse previste non si accoppiasse, come elemento intrinseco ed inscindibile, il loro carattere vincolante nei confronti degli atti normativi successivi: una norma potenzialmente "cedevole" non può per definizione valere come parametro di validità di altre norme.

Insomma, si tratta di capire per quale ragione le norme qualificabili nel nostro ordinamento come norme interposte, pur essendo tutte accomunate sotto il profilo funzionale in quanto parametri del giudizio di legittimità costituzionale, abbiano una forza passiva differenziata nei confronti di fonti successive: alcune modificabili da parte di leggi o atti con forza di legge; altre in grado di resistere ai suddetti tentativi di modifica, determinando l'illegittimità costituzionale delle fonti che tali tentativi compissero.

La risposta a tale quesito dipende dalla diversa struttura delle disposizioni costituzionali che prevedono fonti contenenti norme qualificabili come interposte e dunque dalla conseguente diversa tipologia di tali norme.

Nei primi tre casi esaminati, la disposizione costituzionale rinvia ad una fonte successiva il compito di creare determinate norme interposte nel rispetto di alcune indicazioni più o meno generali (artt. 76 e 117, co. 3) o addirittura senza alcuna indicazione (art. 78). **Il rapporto tra la disposizione costituzionale e le successive norme interposte è, pertanto, un rapporto indiretto che si sviluppa e si concretizza attraverso il necessario intervento di una fonte successiva.** Ne consegue che il vincolo posto dalla fonte che concretamente stabilisce le norme interposte opera soltanto nei confronti degli specifici atti normativi oggetto dell'interposizione (decreti legislativi, leggi regionali, atti di esercizio dei poteri conferiti al Governo in caso di guerra), ferma restando la normale forza di legge passiva di tale fonte nei confronti di tutti gli altri atti normativi successivi.

Negli altri casi, la disposizione costituzionale rinvia a fonti[27] **che già contengono norme destinate ad operare come interposte e dunque il rapporto che intercorre tra di esse, diversamente da quanto avviene nei casi precedenti, non è indiretto bensì diretto**. Ne consegue che il vincolo posto da tali norme opera necessariamente nei confronti di tutte le norme successive, se non si vuole vanificare – come già spiegato in precedenza – la funzione ed il significato delle disposizioni costituzionali che ad esse rinviano. Ciò spiega perché in questi casi le norme interposte, senza bisogno di attribuire loro un grado gerarchico superiore a quello originario, hanno una forza passiva superiore rispetto alle norme interposte di cui ai primi tre casi esaminati più sopra.

In conclusione, la tipologia delle norme interposte è diversificata non soltanto in relazione ai noti criteri fin qui considerati dalla dottrina, ma anche e soprattutto sotto il profilo della forza passiva delle fonti che le contengono. Forza passiva che è diversa a seconda del carattere diretto o indiretto del rinvio compiuto dalle disposizioni costituzionali che tali fonti prevedono.

3. *Gli aspetti processuali del giudizio di legittimità costituzionale. I meccanismi adottati dal legislatore per assicurare la funzionalità della Corte costituzionale*

Nella discussione della prima legge di attuazione delle disposizioni della Costituzione relative alla Corte costituzionale – la L. cost. 9 febbraio 1948, n. 1 – emerse decisamente l'**esigenza di**

---

[27] Oppure a testi scritti che fonti del diritto non sono, come nel caso delle intese *ex* art. 8 Cost.

salvaguardare la funzionalità della Corte, evitando che essa venisse soffocata da miriadi di ricorsi, spesso del tutto infondati, e comunque sintomatici, nella loro quantità abnorme rispetto a quella riscontrabile in altri paesi, dell'inarrestabile e deprecabile spirito causidico della maggior parte degli italiani. In altre parole, si volle evitare che l'attività del giudice delle leggi fosse costretta a svolgersi in tempi così lunghi da risultare inaccettabili per un paese civile; si volle impedire la quasi paralisi quantomeno della giustizia costituzionale, quella stessa quasi paralisi che attanaglia, oggi ancor più di ieri, tanto la giustizia civile che quella penale.

Le scelte adottate per scongiurare quel rischio si mossero nella **logica del "collo di bottiglia"**, mediante l'istituzione di meccanismi processuali di accesso alla Corte che consentissero di limitare, sotto il profilo quantitativo e sotto il profilo qualitativo, le questioni di legittimità costituzionale proponibili alla Corte stessa.

Sotto il profilo quantitativo, la scelta fondamentale fu quella di consentire soltanto a due soggetti, lo Stato e le Regioni, la possibilità di ricorrere in via diretta alla Corte. Tale scelta non fu indolore perché implicò la rinuncia ad istituire il ricorso diretto, esperibile da qualsiasi cittadino, per la tutela dei propri diritti fondamentali garantiti dalla Costituzione, ricorso esistente in altri paesi (il *Recurso de Amparo* spagnolo ed il *Verfassungsbeschwerde* tedesco, ad es.) con buoni risultati. La via di accesso alla Corte **aperta a tutti, ivi compresi lo Stato e le Regioni**, fu pertanto quella, molto più restrittiva rispetto a quella del ricorso diretto, del cosiddetto giudizio in via incidentale o in via di eccezione. Come si vedrà più approfonditamente tra poche righe, la premessa di tale seconda via di accesso alla Corte è l'esistenza di un giudizio, nel corso del quale ciascuna delle parti o lo stesso giudice, d'ufficio, possono porre una questione di legittimità costituzionale che, a determinate condizioni, potrà essere trasmessa alla Corte costituzionale. È evidente come tale meccanismo freni gli stimoli ad arrivare di fronte alla Corte poiché, salvo casi limite, è abbastanza difficile, anche per prosaici motivi economici, che un soggetto volontariamente metta in piedi una causa soltanto per avere la possibilità, nell'ambito del giudizio così instaurato, di sollevare una eccezione di legittimità costituzionale che gli consenta – per di più soltanto forse, come si vedrà tra breve – di arrivare alla Corte costituzionale.

Sotto il profilo qualitativo, una prima limitazione deriva, nell'ambito del giudizio in via di azione, dalla circostanza secondo cui la Regione può ricorrere alla Corte contro una legge dello Stato o di un'altra Regione non per qualsiasi vizio di legittimità costituzionale ma **soltanto per vizio d'incompetenza**, quando, cioè, la Regione sostenga che è stata violata una norma costituzionale regolatrice della propria competenza e lamenti quindi un'invasione di quest'ultima da parte dello Stato o di un'altra Regione. Una seconda limitazione, nell'ambito del giudizio in via incidentale, riguarda la **non automatica operatività della eccezione di legittimità costituzionale sollevata dalla parte**: il giudice non è una mera cinghia di trasmissione passiva ma, al contrario, deve esercitare due importanti controlli sulla eccezione sollevata per decidere se respingerla oppure trasmettere la relativa questione di legittimità costituzionale alla Corte. Non c'è bisogno di particolari commenti per capire quanto le indicate limitazioni costituiscano un argine al possibile intasamento funzionale della Corte.

Si esamineranno adesso, in modo separato, le due "vie" processuali per adire la Corte costituzionale, alle quali si è fin qui accennato soltanto per linee generali: il giudizio in via incidentale o in via di eccezione ed il giudizio in via principale o in via di azione.

a) *Il giudizio in via incidentale o in via di eccezione: il giudice* a quo, *la rilevanza e la non manifesta infondatezza della questione di legittimità costituzionale, l'ordinanza di rimessione alla Corte*

Il **giudizio in via incidentale o in via di eccezione** ha come suo presupposto l'esistenza di un giudizio che si svolga «dinanzi ad una autorità giurisdizionale» (art. 23, L. n. 87); tale giudizio viene comunemente definito come "**giudizio *a quo***", come giudizio, cioè, "dal quale" può partire verso la Corte costituzionale la questione di legittimità costituzionale.

Al fine di riconoscere la legittimazione ad instaurare il giudizio costituzionale, non è necessario fare riferimento – come potrebbe desumersi da una prima lettura dei testi normativi – ai soli giudici appartenenti all'autorità giudiziaria ordinaria o speciale (civile, penale ed amministrativa), ma, più estensivamente, si ammette che possa trattarsi di organi rispetto ai quali ricorrano congiuntamente i requisiti oggettivi e soggettivi della giurisdizione (sent. n. 6 del 2008 e, soprattutto, da ultimo, sent. n. 164 del 2008). Soltanto in casi eccezionali è stata ritenuta sufficiente la ricorrenza alternativa della qualità di giudice o dell'esercizio soggettivo della giurisdizione (cfr., ad es., sent. n. 83 del 1966). Pertanto, può essere ritenuto "giudice *a quo*", ogni organo, anche non incardinato in un ordine giudiziario, che risulti legittimato a decidere definitivamente sull'applicazione di una norma, in posizione di radicale terzietà rispetto alle parti ed in contraddittorio con esse. L'esercizio della giurisdizione deve inoltre essere attuale, non potendo essere sollevata questione in ordine a norme che dovranno essere applicate in fasi successive del giudizio o che sono già state applicate in fasi precedenti: così, ad esempio, non potrà essere sollevata dal giudice del dibattimento penale questione in ordine ad una norma applicata nell'udienza preliminare ed i cui effetti si sono esauriti in tale fase (cfr. ord. n. 34 del 1992).

Dal canto suo, la Corte, soprattutto nei primi anni di attività, ha interpretato in maniera estensiva tali concetti di "giudice" e di "giudizio", al fine di ampliare le possibilità di accesso e, quindi, di eliminare leggi incostituzionali: è così stata riconosciuta la legittimazione a sollevare questione di legittimità costituzionale da parte del giudice nell'esercizio di funzioni rientranti nell'esercizio della c.d. volontaria giurisdizione (cfr. sent. n. 129 del 1957), del giudice istruttore civile (sent. n. 62 del 1966), del pretore quale giudice dell'esecuzione esattoriale (sent. n. 83 del 1966), della Corte dei conti nel corso di un giudizio di parificazione sul rendiconto generale dello Stato (sent. n. 121 del 1966). È inoltre legittimato, in quanto esercita una funzione oggettivamente giurisdizionale, l'arbitro di un arbitrato rituale (sentt. nn. 376 del 2001 e 207 del 2004).

Particolarmente interessanti sono le ipotesi nelle quali la Corte ha ammesso la questione di legittimità costituzionale proveniente da determinati organi soltanto allo scopo di dichiarare incostituzionale la funzione giurisdizionale da essi esercitata per mancanza dei requisiti tipici della suddetta funzione (di solito per difetto di indipendenza e neutralità): ciò è avvenuto, ad esempio, a proposito della giurisdizione dei comandanti di porto (sent. n. 121 del 1970), degli intendenti di finanza (sent. n. 60 del 1969), dei consigli di prefettura e delle giunte provinciali amministrative (sentt. nn. 55 del 1966 e 30 del 1967).

Nella sent. n. 254 del 2004 la Corte ha negato la legittimazione del Consiglio di Stato in sede di ricorso straordinario al Presidente della Repubblica, considerandolo "organo non giurisdizionale", poiché il ricorso straordinario, nel cui ambito si inserisce l'attività dell'organo consultivo che ha sollevato la questione, rappresenta un istituto di natura amministrativa (v. già sent. n. 78 del 1966). Sul punto è però di recente intervenuta la L. n. 69 del 2009, il cui art. 69, co. 1, ha modificato l'art. 13 del D.P.R. 24 novembre 1971, n. 1199, prevedendo che, ove la Sezione del Consiglio di Stato chiamata a fornire un parere sul ricorso straordinario al Presidente della Repubblica ritenga che «il ricorso non possa essere deciso indipendentemente dalla risoluzione di una questione di legittimità costituzionale che non risulti manifestamente infondata, sospende l'espressione del parere e, riferendo i termini e i motivi della questione, ordina alla segreteria l'immediata trasmissione degli atti alla Corte costituzionale, ai sensi e per gli effetti di cui agli artt. 23 ss. della L. 11 marzo 1953, n. 87, nonché la notifica del provvedimento ai soggetti indicati».

Si può pertanto concludere che i concetti di giudice e di giurisdizione utilizzati al fine di promuovere eccezioni di legittimità costituzionale assumono una valenza eminentemente relativa, nel senso che trovano applicazione *ai limitati fini* della sollevazione della questione stessa. Esempio particolarissimo ma emblematico è rilevabile rispetto alla **stessa Corte costituzionale**, che costantemente ha riconosciuto la propria legittimazione a sollevare davanti a se stessa questioni di costituzionalità nell'esercizio di ognuna delle sue competenze, salvo – quanto meno fino ad ora – nel corso di giudizi sull'ammissibilità del referendum abrogativo [28].

---

[28] Cfr. per i giudizi di legittimità costituzionale in via incidentale ord. n. 73

Nel corso del giudizio **ciascuna delle parti**, ivi compreso il pubblico ministero in quanto parte pubblica, può sollevare, mediante un'**eccezione**, una questione di legittimità costituzionale indicando: le disposizioni della legge o dell'atto con forza di legge dello Stato o di una Regione che si assumono viziate da illegittimità costituzionale; le disposizioni della Costituzione o delle leggi costituzionali che si assumono violate. Tali indicazioni, relative all'oggetto ed al parametro, individuano la questione di legittimità costituzionale e ne costituiscono requisiti di ammissibilità. In mancanza di un'eccezione di parte, la **questione di legittimità costituzionale** può essere sollevata **d'ufficio** dallo stesso giudice *a quo*, con l'obbligo, anche in questo caso, d'indicare le disposizioni oggetto e le disposizioni parametro.

Il giudice *a quo* deve compiere due importanti accertamenti in relazione alla questione di legittimità costituzionale sollevata dalla parte: il giudizio sulla rilevanza ed il giudizio sulla non manifesta infondatezza della questione.

Il **giudizio sulla rilevanza** consiste nella verifica della applicabilità nel giudizio in corso della norma la cui incostituzionalità viene affermata dalla parte: il giudice *a quo* giudicherà rilevante la questione se riterrà la norma applicabile nel giudizio pendente di fronte a lui; in caso contrario, la giudicherà irrilevante e pertanto respingerà l'eccezione sollevata. Va precisato che il concetto di applicabilità va inteso nel **significato più ampio possibile**, dovendosi ritenere che il requisito della rilevanza sussista quando la norma è applicabile non soltanto per risolvere la **controversia che costituisce l'oggetto principale del giudizio**, ma anche per risolvere **questioni accessorie** rispetto alla controversia suddetta oppure **questioni attinenti ad aspetti processuali** del giudizio (ad es., una questione riguardante le norme che individuano quale sia il giudice competente, per materia, valore o territorio, rispetto a quella determinata controversia). È evidente come il requisito della rilevanza costituisca uno degli **strumenti di filtro, a tutela della funzionalità della**

---

del 1965; per i conflitti di attribuzione tra Stato e Regioni ord. n. 22 del 1960; per i conflitti tra poteri dello Stato ord. n. 44 del 1978; in sede penale ord. 7 maggio 1977, non numerata; e, in sede di "sorteggio" dei giudici aggregati per l'esercizio della giurisdizione penale costituzionale, sent. n. 259 del 1974.

Corte nel senso in precedenza illustrato, dal momento che l'essere parte in un giudizio è requisito sufficiente a sollevare eccezioni di legittimità costituzionale non nei confronti di una qualsiasi norma dell'ordinamento ma soltanto nei confronti di una norma applicabile in quel giudizio.

Il particolare significato della rilevanza emerge chiaramente ove si pensi che la Corte conosce abitualmente **questioni di legittimità costituzionale che vertono su norme abrogate al momento della sua pronuncia**, in quanto ai fini della rilevanza della questione quello che importa è che – come stabilisce l'art. 23 della L. n. 87 – «il giudizio non possa essere definito indipendentemente dalla risoluzione della questione di legittimità costituzionale» e, cioè, che esso abbia ad oggetto disposizioni o norme delle quali si debba fare applicazione in quel giudizio, senza contare minimamente che esse siano o non siano ancora vigenti al momento della decisione.

La disposizione abrogata, infatti, di regola (**salvo ove si tratti di abrogazione retroattiva**) conserva la propria efficacia sia pure soltanto per il periodo anteriore all'intervento dell'abrogazione, in quanto «l'abrogazione non tanto estingue le norme, quanto piuttosto ne delimita la sfera materiale di efficacia, e quindi l'applicabilità ai fatti verificatisi sino ad un certo momento del tempo, che coincide, per solito e salvo sia diversamente disposto dalla nuova legge, con l'entrata in vigore di quest'ultima» (così sent. n. 49 del 1970). La Corte, quindi, ritiene senz'altro ammissibili questioni aventi ad oggetto disposizioni che, pur essendo state abrogate, siano comunque rilevanti ai fini della definizione del giudizio *a quo* in forza del principio *tempus regit actum*, che fa permanere nell'ordinamento la norma abrogata, sia pure con efficacia cronologicamente depotenziata. Si veda, ad es., la sent. n. 63 del 1970, secondo cui «l'abrogazione *ex nunc* di una legge non fa venir meno la rilevanza della questione di legittimità costituzionale, tutte le volte che il giudice sia chiamato a decidere controversie su fatti che, in base alle regole della successione delle leggi nel tempo, continuano a cadere sotto il regime della norma abrogata». Conseguentemente, all'inverso, sono ritenute inammissibili sia le questioni di legittimità costituzionale relative a fatti verificatisi successivamente alla data in cui la norma ha cessato di vivere, sia le questioni relative a norme abrogate retroattivamente.

Il giudizio sulla non manifesta infondatezza della questione nasce sulla base di **due premesse implicite**: la necessità che il giudice *a quo* eserciti una funzione di filtro sulle questioni sollevate dalle parti, al fine d'impedire che alla Corte costituzionale giungano questioni, prive di qualsiasi fondamento, che ne intasino il lavoro; il **rispetto** del principio secondo cui tale controllo del giudice *a quo* non può risolversi in un controllo sulla costituzionalità della norma poiché il sistema di controllo di costituzionalità vigente in Italia è di tipo accentrato e dunque riservato in via esclusiva alla sola Corte costituzionale. **L'ambito dei poteri spettanti al giudice *a quo***, quando verifica che la questione sottopostagli non sia manifestamente infondata, va dunque determinato tenendo conto di tali premesse. I **risultati** sono i seguenti: il giudice *a quo* deve respingere l'eccezione quando, senza bisogno di particolari approfondimenti, si convince che la questione è destituita da ogni fondamento (è "manifestamente infondata"); il giudice *a quo* deve trasmettere la questione alla Corte costituzionale, ritenendola "non manifestamente infondata", quando abbia dei dubbi sulla costituzionalità della norma.

Il punto importante riguarda, dunque, il **grado di convinzione** che il giudice *a quo* deve acquisire per poter rimettere la questione alla Corte costituzionale. Come si è appena visto, è sufficiente un **dubbio** sulla costituzionalità della norma e non è, invece, necessario, il **convincimento** della incostituzionalità della norma stessa. Ciò non soltanto sulla base del principio della esclusività del giudizio di legittimità costituzionale ma anche sulla base della espressione "non manifesta infondatezza", che è ben diversa, non solo nella forma ma anche nella sostanza, dalla espressione "fondatezza". Nella realtà, tuttavia, forse per un malinteso senso del prestigio, taluni giudici, appartenenti soprattutto alle giurisdizioni superiori, tendono a compiere sulla questione di legittimità costituzionale controlli ben più approfonditi di quelli sufficienti per l'accertamento della sola "non manifesta infondatezza", pretendendo dalla parte argomenti concludenti in ordine alla dimostrazione della incostituzionalità della norma e dunque ritenendosi tacitamente competenti all'accertamento della "fondatezza" della questione. L'unico rimedio a disposizione della parte, qualora il giudice *a quo*, con ordinanza motivata, respinga l'eccezione per difetto di rilevanza o per manifesta infondatezza della questione, consiste nella possibilità (art. 24, co. 2, L. n. 87) di riproporre l'eccezione all'inizio di ogni grado ulteriore del processo. Tuttavia, come è ovvio, tale possibilità non sussiste e l'inconveniente suaccennato rimane senza rimedio se l'eccezione viene respinta da un giudice di ultimo grado (Corte di cassazione, Consiglio di Stato).

La Corte costituzionale richiede, con sempre maggiore insistenza, che i giudici esercitino il potere-dovere di ricostruire il contenuto delle disposizioni di legge ordinaria alla stregua dei principi della Costituzione: «di fronte a più possibili interpretazioni di un sistema normativo, essi sono tenuti a scegliere quella che risulti conforme a Costituzione» (ord. n. 121 del 1994; sentt. nn. 356 del 1996 e 301 del 2003). Anche perché, come più volte affermato dalla Corte, «in linea di principio, le leggi non si dichiarano costituzionalmente illegittime perché è possibile darne interpretazioni incostituzionali (e qualche giudice ritenga di darne), ma perché è impossibile darne interpretazioni costituzionali» (sentt. nn. 356 del 1996 e 301 del 2003; ord. n. 57 del 2008; sent. n. 147 del 2008; ord. n. 117 del 2009).

Tale orientamento si riflette, condizionandola, sulla stessa valutazione che il giudice è chiamato a compiere circa la rilevanza e la non manifesta infondatezza della questione: «il giudice rimettente deve deliberare la rilevanza e la non manifesta infondatezza della questione di incostituzionalità delle norme sulla base della interpretazione che egli è tenuto a dare alle stesse, in modo da verificare se le eventuali lacune dell'ordinamento possano essere colmate secondo i vari criteri ermeneutici previsti dalle norme vigenti e privilegiando l'interpretazione conforme a Costituzione» (ord. n. 333 del 1999). Qualora il giudice non abbia profuso un adeguato sforzo interpretativo nella ricerca dell'interpretazione conforme a Costituzione, la questione è ritenuta manifestamente inammissibile dalla Corte.

L'onere di motivazione (consistente nella dimostrazione di aver ricercato le possibili interpretazioni che consentano di adeguare la disposizione di legge alla Costituzione) appare attenuato solo in presenza di un orientamento giurisprudenziale così consolidato da poter essere definito come "diritto vivente" (sentt. nn.

91 del 2004 e 41 del 2006), anche se la Corte ritiene che al giudice non sia «precluso, nell'esercizio dei poteri interpretativi che gli sono propri e che non richiedono alcun avallo costituzionale, pervenire ad una lettura della norma *secundum constitutionem* anche in presenza di un orientamento giurisprudenziale univoco» (ordd. nn. 158 del 2000, 367 del 2001 e 3 del 2002).

Sembra, dunque, che al giudice sia ormai richiesto qualcosa in più del mero dubbio sulla costituzionalità della norma (non manifesta infondatezza), se è vero che per poter sollevare la questione di legittimità costituzionale deve ritenere (e dimostrare) che non sia possibile una interpretazione conforme a Costituzione.

Inoltre, qualora il giudice *a quo* dubiti della conformità della norma oggetto della questione nei confronti di una possibile interpretazione di una disposizione dell'Unione europea direttamente applicabile all'interno dell'ordinamento (ad esempio, una disposizione dei trattati istitutivi, di un regolamento comunitario o di una direttiva *self executing*), egli è tenuto in via preliminare a sciogliere tale dubbio. In tal caso, ritenendo necessario un chiarimento circa il significato della disposizione di riferimento, egli dovrà previamente **sollevare la questione pregiudiziale interpretativa di cui all'art. 267 TFUE (già art. 234 TCE) alla Corte di giustizia dell'Unione europea.** La Corte costituzionale ha, infatti, ritenuto che la questione di legittimità costituzionale su cui penda un dubbio di conformità al diritto dell'Unione europea dotato di effetti diretti sia viziata da *irrilevanza*, poiché, ove tale difformità venga accertata, il giudice comune deve disapplicare la norma interna e questa *perde ogni rilievo* ai fini della decisione del processo *a quo* (così, da ultimo, ord. n. 207 del 2013, ove peraltro è stata proprio la Corte a sollevare, per la prima volta, in un giudizio in via incidentale, questione pregiudiziale, riconoscendo la propria natura di «giurisdizione nazionale», ai sensi dell'art. 267 TFUE; nel giudizio in via principale, si vedano, invece, la sent. n. 102 del 2008 e l'ord. n. 103 del 2008).

Diverso è, invece, il caso in cui si dubiti della conformità della norma oggetto a disposizioni dell'Unione europea prive di efficacia diretta (come, ad es., in caso di direttive non *self executing* ed ancora in attesa di attuazione da parte dello Stato). In questo caso, la Corte costituzionale ha ammesso il permanere della sua competenza a verificare l'eventuale contrasto, quale violazione indiretta dell'art. 117, co. 1, Cost. (così, sent. n. 28 del 2010).

Qualora il giudice *a quo* respinga l'eccezione, il processo continua regolarmente sino alla sua conclusione; qualora, invece, il giudice *a quo* ritenga la questione di legittimità costituzionale rilevante e non manifestamente infondata, emette una **ordinanza** con la quale, riferiti i termini ed i motivi dell'eccezione con cui fu sollevata la questione, dispone l'immediata trasmissione degli atti alla Corte costituzionale e sospende il giudizio in corso. Comunque, sia nel caso di questione sollevata in via di eccezione da una delle parti, che nel caso di questione sollevata d'ufficio dal giudice *a quo*, l'ordinanza di rimessione alla Corte costituzionale deve dar conto dell'effettuazione del giudizio sulla rilevanza e sulla non manifesta infondatezza e deve contenere l'indicazione delle disposizioni della legge o dell'atto avente forza di legge dello Stato o di una Regione, viziate da illegittimità costituzionale, nonché l'indicazione delle disposizioni della Costituzione o delle leggi costituzionali che si assumono violate.

b) *Il giudizio in via principale o in via di azione: i soggetti legittimati al ricorso, i motivi del ricorso e la diversa posizione dello Stato e delle Regioni. Ulteriori differenze tra il giudizio in via incidentale ed il giudizio in via principale*

Il **giudizio in via principale o in via di azione** costituisce l'unica strada attraverso la quale si può ricorrere direttamente alla Corte costituzionale come giudice della legittimità costituzionale delle leggi, dello Stato e delle Regioni, e degli atti con forza di legge. I soggetti legittimati a proporre ricorso alla Corte sono, come si è già visto in precedenza, soltanto lo **Stato e le Regioni** [29]

[29] Ivi comprese le due Province autonome di Trento e Bolzano. Si avverte che taluni ricorsi presentati dalle suddette Province sono disciplinati da disposizioni particolari, così come disposizioni particolari sussistono per l'impugnazione da parte dello Stato delle leggi della Regione Sicilia e, in taluni casi specifici, anche delle leggi delle suddette Province autonome e della stessa Regione T.A.A. (cfr., ad es., l'art. 2 del decreto n. 266 del 1992 di attuazione dello Statuto della Regione T.A.A.). Di tali disposizioni, proprio in ragione della loro

nei loro rapporti reciproci. Pertanto, si potranno avere le seguenti ipotesi: ricorso dello Stato contro una legge regionale (non contro un atto regionale con forza di legge poiché si ritiene che le Regioni non abbiano il potere di adottare atti di tale natura); ricorso dello Stato contro la particolare legge regionale di approvazione dello Statuto ordinario, prevista dall'art. 123 Cost. nel testo modificato dall'art. 3 della L. cost. n. 1 del 1999; ricorso di una Regione contro una legge o un atto con forza di legge dello Stato; ricorso di una Regione contro una legge di un'altra Regione.

Anteriormente alla L. cost. n. 3 del 2001, il ricorso dello Stato ed il ricorso delle Regioni erano diversi sia sul piano sostanziale, sia sul piano processuale.

Sotto il primo aspetto, la Corte costituzionale ha affermato (sentt. nn. 38 del 1957, 11 e 30 del 1959) che, mentre la Regione, ai sensi dell'art. 2 della L. cost. n. 1 del 1948 e degli artt. 32 e 33 della L. n. 87, può ricorrere nei confronti dello Stato o di un'altra Regione soltanto nell'ipotesi di **"invasione" della propria competenza**, lo Stato, invece, ai sensi del precedente testo dell'art. 127, co. 3, Cost., può ricorrere contro le leggi regionali per **qualsiasi vizio di legittimità costituzionale**. La **gamma dei motivi di ricorso** disponibile per lo Stato è dunque più ampia di quella disponibile per le Regioni: **mentre il primo può ricorrere a fronte della violazione di una qualsiasi norma parametro, le seconde possono ricorrere soltanto a fronte della violazione delle norme parametro che individuano le sfere di competenza dello Stato e delle Regioni**. La Corte ha motivato tale diversità argomentando, abbastanza formalisticamente, dalle diverse espressioni contenute per il ricorso statale nel precedente testo dell'art. 127, co. 3, Cost. (quando una legge regionale "**ecceda**" la competenza della Regione) e per il ricorso delle Regioni nelle altre disposizioni costituzionali sopra citate (quando una legge statale "**invada**" la competenza della Regione). Comunque sia, dal suddetto orientamento consegue l'attribuzione allo Stato, in quanto ente sovrano unitario, di un generale potere di controllo sulla legittimità delle leggi delle Regioni.

---

particolarità, non è possibile dar conto, dato il carattere prevalentemente didattico del presente lavoro.

Tuttavia, la **successiva giurisprudenza della Corte ha in parte ristretto la forbice tra il ricorso statale ed il ricorso regionale, mediante il riconoscimento dell'ammissibilità del ricorso delle Regioni contro leggi statali che, seppure non lesive in senso stretto di una competenza regionale, incidano negativamente sull'autonomia delle Regioni**. Per capire tale concetto – di per sé poco chiaro, considerato che le competenze delle Regioni rappresentano la specificazione concreta della loro autonomia e che dunque la violazione di quest'ultima sembrerebbe dover passare necessariamente attraverso la violazione delle prime – è opportuno ricorrere ad un esempio. S'immagini una legge statale che, disponendo la concessione di determinati benefici finanziari, discrimini tuttavia in modo ingiustificato determinate categorie di cittadini, negando, cioè, ad esse quei benefici che, invece, vengono riconosciuti a tutti gli altri cittadini. Senza alcun dubbio tale legge sarebbe incostituzionale per violazione del principio di uguaglianza sancito dall'art. 3 Cost. ma le Regioni non potrebbero impugnarla in via di azione, sussistendo nella fattispecie la violazione di una norma costituzionale che non disciplina un'ipotesi di riparto di competenza tra Stato e Regione. S'immagini adesso la stessa legge ma con una variante, nel senso che essa abbia come destinatari dei benefici finanziari non i cittadini ma le Regioni; s'immagini ancora che essa, come nell'esempio precedente, discrimini determinate Regioni, escludendole ingiustificatamente dai benefici che invece vengono concessi a tutte le altre Regioni. Anche in questo caso sussiste violazione del principio di uguaglianza sancito dall'art. 3 Cost. ma, diversamente dal caso precedente, le Regioni potrebbero ricorrere alla Corte costituzionale poiché l'ingiustificata discriminazione compiuta dalla legge statale, pur non violando alcuna competenza specifica della Regione, lede, tuttavia, l'autonomia regionale, dal momento che i benefici finanziari rappresentano uno degli strumenti per l'attuazione concreta della suddetta autonomia.

Sotto l'aspetto processuale, la precedente normativa relativa al ricorso dello Stato era diversa dalla normativa relativa al ricorso delle Regioni poiché mentre quest'ultimo era (ed è rimasto) un **ricorso di tipo successivo**, il primo era (ma adesso non più) un **ricorso di tipo preventivo**.

Il ricorso della Regione contro una legge statale o un atto con forza di legge doveva essere deliberato dalla Giunta regionale e notificato allo Stato, nella persona del Presidente del Consiglio, entro trenta giorni dalla pubblicazione della legge o dell'atto con forza di legge. Il termine era, invece, di sessanta giorni nel caso di ricorso da parte di una Regione nei confronti di una legge di un'altra Regione.

Il **ricorso dello Stato** contro le leggi regionali era qualificabile come ricorso preventivo perché esso veniva proposto contro leggi regionali non ancora promulgate, né pubblicate. Secondo il precedente testo dell'art. 127 Cost., infatti, la legge regionale, una volta approvata dal Consiglio regionale, doveva essere comunicata al Commissario del Governo – organo statale di controllo, residente nel capoluogo di ogni Regione, previsto dall'art. 124 Cost. – il quale doveva vistarla nel termine di trenta giorni dalla comunicazione; la legge, munita del visto commissariale, veniva quindi promulgata dal Presidente della Giunta e successivamente pubblicata sul Bollettino ufficiale della Regione. Tuttavia, qualora il Commissario ritenesse talune disposizioni della legge **viziate da illegittimità costituzionale**, oppure **viziate nel merito per contrasto con gli interessi nazionali o con quelli di altre Regioni**, non apponeva il visto e rinviava la legge al Consiglio per una nuova deliberazione. Se il Consiglio riapprovava la legge modificandola in senso conforme ai rilievi mossi dal Commissario, quest'ultimo apponeva il visto e la legge veniva promulgata e pubblicata come nel caso precedente. Se, invece, il Consiglio insisteva sul mantenimento del testo originario e lo riapprovava senza modifiche – in questo caso necessariamente a maggioranza assoluta dei suoi componenti, come stabiliva l'art. 127 – il Commissario trasmetteva la legge al Presidente del Consiglio che, previa deliberazione del Consiglio dei ministri, poteva, entro quindici giorni dalla comunicazione, proporre **ricorso alla Corte costituzionale**, se si trattava di vizio di legittimità, oppure **ricorso alle Camere** se si trattava di questione di merito per contrasto con gli interessi nazionali o con gli interessi di un'altra Regione.

A seguito dell'entrata in vigore della L. cost. n. 3 del 2001, il testo dell'art. 127 Cost. è stato interamente sostituito dal seguente: «Il Governo, quando ritenga che una legge regionale **ec-**

ceda la competenza della Regione, può promuovere la questione di legittimità costituzionale dinanzi alla Corte costituzionale entro sessanta giorni dalla sua pubblicazione. La Regione, quando ritenga che una legge o un atto avente valore di legge dello Stato o di un'altra Regione **leda** la sua sfera di competenza, può promuovere la questione di legittimità costituzionale dinanzi alla Corte costituzionale entro sessanta giorni dalla pubblicazione della legge o dell'atto avente valore di legge». Da tale disposizione consegue:

a) **la parificazione sul piano processuale del ricorso dello Stato e del ricorso della Regione**: entrambi sono di tipo successivo e devono essere esercitati entro il medesimo termine di sessanta giorni; tale termine vale anche, diversamente dalla precedente disciplina, per il ricorso di una Regione nei confronti di un'altra Regione;

b) **l'eliminazione del controllo sulle leggi regionali da parte del Commissario del Governo**;

c) **l'eliminazione del vizio di merito delle leggi regionali per contrasto con gli interessi nazionali o con quelli di altre Regioni** e, conseguentemente, l'eliminazione della possibilità di ricorso per tali motivi da parte del Governo e della relativa competenza a decidere su tale ricorso da parte delle Camere (competenza, peraltro, mai esercitata in passato).

La nuova disciplina introdotta dalla L. cost. n. 3 del 2001, che ha soppresso la fase del controllo preventivo sulle leggi regionali deliberate ma non ancora promulgate, si applica, ai sensi dell'art. 10 della stessa L. cost. n. 3, anche al procedimento d'impugnazione in via principale delle leggi della Regioni a Statuto speciale. Tale disciplina, infatti, costituisce una forma di autonomia più ampia rispetto a quella di volta in volta attribuita dai singoli Statuti speciali (v., ad es., ord. n. 377 del 2002). Permane soltanto l'eccezione della Regione siciliana, avendo la Corte ritenuto di non poter comparare, ai fini dell'eventuale applicazione della clausola della maggiore autonomia, il sistema previsto dall'art. 127 Cost. rispetto al sistema vigente d'impugnazione delle leggi siciliane: «si tratta di sistemi essenzialmente diversi, che non si prestano a essere graduati alla stregua del criterio di prevalenza adottato dal menzionato art. 10» (sent. n.

314 del 2004). Ne consegue che il sistema d'impugnativa delle leggi siciliane previsto dallo Statuto speciale resta tuttora applicabile, come del resto riconosciuto anche dall'art. 9 della L. n. 131 del 2003, fino all'eventuale adeguamento dello Statuto medesimo alle norme del nuovo Titolo V della Costituzione.

Quanto ai motivi del ricorso, finora ritenuti, come si è appena visto, più ampi per lo Stato rispetto alle Regioni, si deve rilevare che la precedente diversità di espressioni rinvenibile nei testi normativi a proposito del ricorso dello Stato contro la Regione (**eccedenza** della competenza regionale) e di quello delle Regioni contro lo Stato o altre Regioni (**invasione** della competenza regionale) è oggi meno netta ai sensi del nuovo testo dell'art. 127 che, mentre conferma la precedente espressione nei confronti del ricorso dello Stato, non parla più d'invasione di competenza a proposito del ricorso delle Regioni bensì di **lesione** della sfera di competenza regionale. Tuttavia, come per il passato la diversità terminologica non sembrava elemento sufficiente a giustificare di per sé la diversa gamma di motivi di ricorso a disposizione dello Stato e delle Regioni, lo stesso dubbio permane anche oggi alla luce del nuovo testo dell'art. 127. La questione, infatti, va affrontata sul piano sostanziale, decidendo se il ruolo dello Stato e delle Regioni in ordine al controllo di legittimità costituzionale delle leggi e degli atti con forza di legge debba essere ricostruito in modo paritario o diversificato. In questo senso, mentre allo Stato, in quanto ente sovrano, sembra giustificato riconoscere un generale potere di controllo di legittimità costituzionale per qualsiasi vizio delle leggi regionali, alle Regioni, in quanto enti autonomi, il potere di ricorso contro le leggi e gli atti con forza di legge dello Stato sembra piuttosto attribuito come strumento finalizzato alla specifica tutela della propria autonomia costituzionale, sia pure intesa nell'ampia accezione finora affermata dalla Corte costituzionale ed illustrata in precedenza.

La Corte, confermando quanto fin qui sostenuto, ha ritenuto ammissibile, pur dopo la modifica del Titolo V della parte seconda della Costituzione, il ricorso proposto dallo Stato in via principale contro la legge regionale deducendo la violazione di un qualsiasi parametro costituzionale e non solo di quelli concernenti il riparto delle reciproche competenze legislative. Nel nuovo assetto costituzionale scaturito dalla riforma, infatti, allo Stato è pur sempre riservata, nell'ordinamento generale della Repubblica, una posizione peculiare, variamente desumibile, senza che, in particolare, dall'art. 114 Cost. possa ricavarsi una totale equiparazione tra gli enti in esso indicati, che dispongono di poteri profondamente diversi fra loro (sent. n. 274 del 2003). La Corte aggiunge, nella stessa sentenza, che «è decisivo rilevare come, nel nuovo assetto costituzionale scaturito dalla riforma, allo Stato sia pur sempre riservata, nell'ordinamento generale della Repubblica, una posizione peculiare desumibile non solo dalla proclamazione di principio di cui all'art. 5 Cost., ma anche dalla ripetuta evocazione di un'istanza unitaria, manifestata dal richiamo al rispetto della Costituzione, nonché dei vincoli derivanti dall'ordinamento comunitario e dagli obblighi internazionali, come limiti di tutte le potestà legislative (art. 117, co. 1) e dal riconoscimento dell'esigenza di tutelare l'unità giuridica ed economica dell'ordinamento stesso (art. 120, co. 2). E tale istanza postula necessariamente che nel sistema esista un soggetto – lo Stato, appunto – avente il compito di assicurarne il pieno soddisfacimento».

Il mancato ricorso alla Corte costituzionale, sia da parte dello Stato che della Regione, non preclude a tali soggetti la possibilità d'impugnare la legge, regionale o statale a seconda del caso, in via incidentale, qualora essi siano parti in un giudizio e la legge o l'atto con forza di legge contengano norme applicabili al suddetto giudizio. A differenza di tutti gli altri soggetti, pubblici e privati, che possono adire la Corte soltanto ricorrendo al giudizio in via incidentale, **lo Stato e le Regioni hanno dunque una duplice possibilità di accesso alla Corte**.

Un'ulteriore innovazione costituzionale, sia pure meno recente rispetto a quelle fin qui illustrate, è stata introdotta dall'art. 3 della L. cost. n. 1 del 1999 che ha completamente modificato il procedimento di formazione degli Statuti delle Regioni ad autonomia ordinaria disciplinato dall'art. 123 Cost. Mentre in precedenza lo Statuto era deliberato dal Consiglio regionale a maggioranza assoluta dei suoi componenti ed approvato con legge ordinaria dello Stato, il testo attuale dell'art. 123, commi 2 e 3, stabilisce che lo Statuto è approvato e modificato dal Consiglio regionale con legge approvata a maggioranza assoluta dei suoi componenti con due deliberazioni successive adottate ad intervallo non minore di due mesi. Lo Statuto è sottoposto a referendum popolare qualora entro tre mesi dalla sua pubblicazione ne faccia richiesta un cinquantesimo degli elettori della Regione o un quinto dei componenti il Consiglio regionale; lo Statuto sottoposto a referendum non è promulgato se non è approvato dalla maggioranza dei voti validi.

Lo Statuto diviene, pertanto, una fonte di esclusiva competenza delle Regioni ad autonomia ordinaria, che si distingue, altresì, nei confronti delle altre leggi regionali per il suo procedimento di formazione aggravato – per certi versi analogo al procedimento di formazione delle leggi costituzionali disciplinato dall'art. 138 – rispetto al procedimento legislativo regionale ordinario. L'art. 123 esclude la necessità dell'apposizione del visto da parte del Commissario del Governo – visto che oramai non è più previsto, come evidenziato in precedenza, per alcuna legge regionale ai sensi della L. cost. n. 3 del 2001 – ma consente al Governo di «promuovere la questione di legittimità costituzionale sugli statuti regionali dinanzi alla Corte costituzionale entro trenta giorni dalla loro pubblicazione».

Il successivo co. 3, come già sottolineato, prevede che lo Statuto «è sottoposto a referendum popolare qualora entro tre mesi dalla sua pubblicazione ne faccia richiesta un cinquantesimo degli elettori della Regione o un quinto dei componenti il Consiglio regionale» e stabilisce che «lo Statuto sottoposto a referendum non è promulgato se non è approvato dalla maggioranza dei voti validi». A fronte di tali disposizioni si è posto il problema d'individuare il *dies a quo* dal quale decorrono i trenta giorni per l'impugnazione governativa, vale a dire se esso debba individuarsi nella data della pubblicazione *notiziale* dello Statuto ovvero nella data della pubblicazione definitiva, successiva alla promulgazione. La Corte, dopo aver sottolincato chc la parola "pubblicazione", utilizzata nel co. 3, indica un evento che è anteriore alla promulgazione dello Statuto (e quindi anche alla pubblicazione cosiddetta necessaria che ne determina l'entrata in vigore) e che funge da momento iniziale per il decorso del termine per richiedere il referendum, ha ritenuto «assai arduo immaginare, in assenza di una esplicita indicazione in tal senso da parte del legislatore costituzionale, che quella stessa parola 'pubblicazione', che compare nel comma precedente e che ha, anch'essa, la funzione di scandire l'iniziale decorso di un termine (quello entro il quale il Governo della Repubblica può promuovere la questione di legittimità costituzionale sugli statuti regionali), abbia un significato totalmente disomogeneo e stia ad indicare non una pubblicazione a fini notiziali, ma la pubblicazione successiva alla promulgazione, la cui funzione, di per sé, non è quella di provocare l'apertura di termini, ma l'entrata in vigore degli atti normativi» (sent. n. 304 del 2002).

La "architettura logica" dell'art. 123 Cost., pertanto, impone – secondo la Corte – «di considerare il controllo di costituzionalità sugli statuti come preventivo: ad accogliere la diversa tesi secondo cui il giudizio della Corte dovrebbe avvenire su deliberazioni statutarie già entrate in vigore, la sequenza procedimentale, che nell'art. 123 ha un andamento logicamente coerente, ne risulterebbe (inammissibilmente) rovesciata: sarebbe infatti disciplinato prima, nel co. 2, un controllo di legittimità temporalmente successivo, e quindi, nel co. 3, una consultazione popolare avente ad oggetto quello stesso atto la cui validità potrebbe essere, in tutto o in parte, negata dalla Corte costituzionale» (sent. n. 304 del 2002).

Viene così istituito un nuovo tipo di ricorso diretto alla Corte costituzionale, esperibile da parte dello Stato, che si differenzia da quello in precedenza illustrato:

a) per l'oggetto, che non è più l'ordinaria legge regionale ma la particolare legge disciplinata dall'art. 123;

b) per il termine, che non è più di sessanta giorni ma di trenta;

c) per il suo carattere preventivo;

d) per la formulazione dell'art. 123, co. 2, che, non facendo alcun accenno alla competenza (diversamente dall'art. 127) ma riferendosi testualmente alla promozione della "questione di legittimità costituzionale", certamente attribuisce allo Stato la possibilità di ricorrere contro lo Statuto regionale per qualsiasi vizio di legittimità costituzionale. Tale conclusione, che per il ricorso da parte dello Stato nei confronti delle leggi regionali poteva ricavarsi soltanto implicitamente dalla diversa posizione (sovranità-autonomia) attribuita dall'ordinamento allo Stato ed alle Regioni, è qui affermata esplicitamente dall'art. 123.

La distinzione tra il giudizio in via incidentale ed il giudizio in via principale non si basa soltanto sul diverso modo di accesso alla Corte, indiretto o diretto, che ciascuno di essi comporta. Infatti, il giudizio in via incidentale non è un giudizio tra parti, dal momento che la questione di legittimità costituzionale giunge formalmente alla Corte non sulla base della eccezione sollevata nel corso del giudizio *a quo* – tanto più in quanto l'eccezione può non sussistere affatto nel caso in cui la questione sia stata sollevata dal giudice d'ufficio – bensì sulla base dell'ordinanza di rimessione del giudice *a quo*. La riprova di ciò si rinviene nella norma, di cui all'art. 26, co. 2, della L. n. 87 ed all'art. 9, co. 1, N.I., che prevede l'ipotesi in cui nessuna delle parti si costituisca nel successivo giudizio di fronte alla Corte, adita in via incidentale: anche in tal caso il giudizio della Corte si svolge regolarmente, risultando irrilevante la mancata costituzione delle parti.

Il giudizio in via principale, invece, è per definizione un giudizio tra parti, poiché il proponente del ricorso diviene parte del giudizio dal momento del deposito di quest'ultimo presso la cancelleria della Corte; la facoltà di scegliere se costituirsi o no, entro venti giorni dal deposito suddetto, è infatti prevista soltanto per la parte convenuta (art. 23 N.I.). Da ciò consegue la possibilità, inesistente nel giudizio in via incidentale, che il giudizio della Corte si estingua per rinuncia al ricorso da parte del ricorrente, qualora essa sia accettata da tutte le parti (art. 25 N.I.). Inoltre, proprio perché si tratta di un giudizio di tipo contenzioso, vi deve essere un interesse a ricorrere: la controversia, cioè, non deve essere puramente astratta ma concreta ed attuale, anche se ciò vale tassativamente per il ricorso delle Regioni ma in misura minore per il ricorso dello Stato, data la possibilità per quest'ultimo di ricorrere non soltanto in caso d'invasione della propria competenza – e qui certamente sussiste un interesse concreto ed attuale – ma anche, più in generale, per qualsiasi vizio di legittimità costituzionale delle leggi regionali. Infine, da tali caratteristiche scaturisce la possibilità, inesistente nel giudizio in via incidentale, che la Corte concluda il proprio giudizio emettendo una sentenza di rigetto del ricorso per "cessazione della materia del contendere", qualora l'attualità della violazione addotta sia venuta meno nel corso del giudizio (ad es., a seguito della intervenuta abrogazione con efficacia retroattiva della legge statale impugnata[30]).

L'art. 9, co. 4, della L. n. 131 del 2003 (la c.d. legge La Loggia) ha introdotto – attraverso la modifica dell'art. 35 della L. n. 87 del 1953 – importanti novità con riferimento ai giudizi in via principale, prevedendo, anzitutto, che la Corte debba fissare l'udienza di discussione del ricorso entro novanta giorni dal deposito dello stesso. Per la prima volta è inoltre prevista la possibilità che la Corte, qualora «ritenga che l'esecuzione dell'atto impugnato o di parti di esso possa comportare il rischio di un irreparabile pregiudizio all'interesse pubblico o all'ordinamento giuridico della Repubblica, ovvero il rischio di un pregiudizio grave e irreparabile per i diritti dei cittadini», sospenda d'ufficio l'esecuzione della legge (o dell'atto avente forza di legge) impugnata. L'art. 21 N.I. prevede, inoltre, la possibilità che la sospensione sia richiesta da una delle parti, nel qual caso, quando sia ravvisata l'urgenza di provvedere, la Corte è convocata in camera di consiglio.

Nel caso in cui la Corte decida per la sospensione dell'atto impugnato, è prevista una ulteriore "riduzione" dei termini per la discussione e la decisione del ricorso: l'udienza pubblica è fissata entro i successivi trenta giorni e il dispositivo della sentenza è depositato entro quindici giorni dall'udienza di discussione.

Occorre infine ricordare che, alla luce del più recente indirizzo giurisprudenziale, inaugurato con la sent. n. 102 del 2008 e con l'ord. n. 103 del 2008, la Corte costituzionale si è ritenuta legittimata a sollevare, nel corso di un giudizio di legittimità costituzionale in via principale, la questione pregiudiziale interpretativa alla Corte di giustizia dell'Unione europea. Pertanto, ove essa dubiti della conformità della norma oggetto ad una disposizione comunitaria direttamente applicabile e le occorra un chiarimento in ordine al significato di quest'ultima, può adire il giudice europeo affinché sciolga il dubbio interpretativo. Non ricorre, infatti, in questa sede, la causa ostativa ravvisata dal

---

[30] Sulla necessità del carattere retroattivo che in questo caso deve avere l'abrogazione per determinare la cessazione della materia del contendere, cfr. sentt. nn. 24 del 1968 e 215 del 1985.

giudice costituzionale per il caso in cui la questione le pervenga in via incidentale: non essendo un giudice a sollevare la questione, bensì lo Stato o le Regioni, la questione non risulta viziata da «necessaria irrilevanza». Anzi, essendo la Corte costituzionale l'unico organo ad intervenire su di essa, non esisterebbe altro soggetto che potrebbe sciogliere il dubbio interpretativo indispensabile per verificare l'esistenza dell'antinomia tra la norma interna e quella europea. La Corte costituzionale è pertanto soggetta all'obbligo di sollevare la questione pregiudiziale comunitaria che l'art. 267 TFUE (già art. 234 TCE) prevede in capo ai giudici di unica o di ultima istanza.

4. *Il giudizio di fronte alla Corte: cenni sulla procedura, ordinanze e sentenze. Tipi di ordinanze. Tipi di sentenze: di rigetto, di accoglimento, monitorie, interpretative, manipolative (additive, sostitutive, additive di principio)*

Una volta che la questione di legittimità costituzionale sia giunta, in via incidentale o in via principale, di fronte alla Corte, il giudizio di quest'ultima si svolge con una procedura abbastanza agile alla quale è sufficiente dedicare in questa sede soltanto alcuni cenni molto sommari.

Dopo la eventuale costituzione delle parti e la nomina di un giudice relatore, il giudizio può proseguire in **camera di consiglio** o in **udienza pubblica**. Il primo caso si verifica soltanto qualora nessuna delle parti si sia costituita oppure qualora la Corte ritenga di poter decidere adottando una ordinanza di manifesta infondatezza o di manifesta inammissibilità. La prima ipotesi può verificarsi soltanto nel giudizio in via incidentale, dal momento che, come si è visto in precedenza, nel giudizio in via principale la possibilità di non costituirsi spetta al convenuto ma non al ricorrente. Quanto alla seconda ipotesi, occorre ricordare che, mentre l'art. 26 della L. n. 87 del 1953 si riferisce soltanto alla non manifesta infondatezza, l'art. 9, co. 2, N.I., estende tale possibilità anche ai casi di manifesta inammissibilità, estinzione ovvero restituzione degli atti al giudice remittente. Tuttavia, qualora nel corso della camera di consiglio la Corte si renda conto che la questione non può essere decisa con le ordinanze suddette, la causa viene rinviata alla pubblica udienza (art. 9, co. 4, N.I.). Nel corso di quest'ultima – sia che ad essa si sia arrivati direttamente o per rinvio – vengono ascoltate le parti che si sono costituite (il Governo è sempre difeso dall'Avvocatura dello Stato); successivamente la Corte si ritira in camera di consiglio per deliberare, nominando, dopo la votazione, un giudice per la redazione della sentenza.

Le decisioni della Corte possono assumere la forma della sentenza o dell'ordinanza; in ambedue i casi non è ammessa alcuna impugnazione, secondo quanto sancisce l'art. 137, co. 4, Cost. Diversamente dalla norma contenuta nell'art. 18, co. 1, L. n. 87 («La Corte giudica in via definitiva con sentenza. Tutti gli altri provvedimenti di sua competenza sono adottati con ordinanza»), la prassi della Corte è oramai decisamente orientata nel senso che anche alcune ordinanze possano concludere il giudizio in via definitiva: come si vedrà subito, tali sono le ordinanze di manifesta infondatezza e le ordinanze d'inammissibilità.

Le ordinanze possono essere dei seguenti tipi:

a) **Ordinanze di manifesta infondatezza** della questione: esse vengono adottate quando, senza bisogno di verifiche particolarmente approfondite, la Corte non ravvisa alcun argomento a sostegno della incostituzionalità della norma; l'esempio più comune è quello relativo ad una questione, già ripetutamente dichiarata manifestamente infondata in passato, che venga riproposta negli stessi termini, senza cioè addurre argomenti nuovi a sostegno della incostituzionalità della norma. Un caso che in passato ha dato luogo a critiche per la sua intrinseca contraddittorietà riguarda l'adozione dell'ordinanza di manifesta infondatezza quando alla Corte viene sottoposta una questione di legittimità costituzionale relativa ad una norma già dichiarata illegittima con sentenza di accoglimento. Attualmente la Corte, in casi di questo genere, adotta, correttamente, una ordinanza d'inammissibilità per insussistenza della norma oggetto del proprio giudizio.

b) **Ordinanze d'inammissibilità**: tali sono le ordinanze che individuano l'esistenza di una causa che impedisce una decisione nel merito della questione. Più di tante parole, valgono in questo caso i seguenti esempi: norma oggetto contenuta in atto privo di forza di legge; insufficiente motivazione da parte del giudice *a quo* in ordine all'accertamento della rilevanza o della non manifesta infondatezza; mancata indicazione dell'esperimento del tentativo d'interpretazione conforme; mancata indicazione delle norme parametro che si assumono violate; carenza di legittimazione al ricorso (ad es., ricorso proposto da un Comune invece che da una Regione) oppure all'adozione della ordinanza di rimessione (ad es., ordinanza adottata da un'autorità non qualificabile come giurisdizionale), manifesta irrilevanza della questione, ecc. Occorre osservare che l'ordinanza d'inammissibilità individua in taluni casi **motivi di preclusione insanabili** (tra quelli citati, i casi di mancanza di forza di legge, di carenza di legittimazione, di manifesta irrilevanza) ed in altri motivi di preclusione **sanabili** (il giudice *a quo* potrà successivamente riproporre la questione integrando la motivazione in ordine all'accertamento della rilevanza o della non manifesta infondatezza oppure provvedendo all'indicazione, a suo tempo omessa, delle norme parametro). I casi sanabili, proprio in ragione di tale loro caratteristica, potrebbero sembrare in contrasto con l'affermazione secondo la quale tutte le ordinanze d'inammissibilità, al pari delle ordinanze di manifesta infondatezza e delle sentenze, chiudono il giudizio della Corte sulla questione in modo definitivo. Così non è, tuttavia, perché la questione eventualmente riproposta dal giudice *a quo*, dopo aver sanato i precedenti motivi di preclusione, va considerata come **questione del tutto nuova e non come una continuazione o una ripresa della precedente**; ne consegue che anche il successivo giudizio che si instaura dinanzi alla Corte è un giudizio nuovo, nell'ambito del quale dovranno espletarsi i consueti adempimenti procedurali (ad es., costituzione delle parti, nomina del giudice relatore, ecc.) non potendosi considerare ancora validi quelli compiuti in precedenza.

c) **Ordinanze di restituzione degli atti al giudice *a quo***: in passato tali ordinanze venivano adottate dalla Corte soprattutto in quei casi nei quali, essendovi dei dubbi circa la rilevanza della questione, si rendeva necessario un nuovo e più approfondito esame da parte del giudice *a quo* circa la sussistenza del requisito suddetto. Attualmente la Corte preferisce adottare, nel caso in questione, un'ordinanza d'inammissibilità, **ricorrendo all'ordinanza di restituzione soltanto in caso di *ius superveniens*.** Tale ipotesi ricorre quando la fattispecie che ha dato origine alla causa pendente di fronte al giudice *a quo* viene disciplinata, nelle more del giudizio della Corte, da una norma nuova rispetto a quella originaria che ha costituito l'oggetto dell'ordinanza di rimessione del giudice *a quo*. La restituzione degli atti a quest'ultimo ha lo scopo di consentirgli di stabilire se la norma originaria è ancora applicabile al giudizio in corso, ad esempio in caso di abrogazione non retroattiva, oppure se non lo è più, ad esempio in caso di abrogazione retroattiva. Tuttavia, la Corte rimette al giudice *a quo* la decisione sulla rilevanza, a seguito di *ius superveniens*, soltanto quando vi siano dubbi circa l'applicabilità o la non applicabilità della norma originaria; quando, invece, tali dubbi non vi siano, la Corte procede autonomamente adottando, a seconda del caso, una ordinanza di manifesta irrilevanza oppure una decisione nel merito della questione sottopostale.

d) **Ordinanze istruttorie**: tali ordinanze sono previste dall'art. 12 N.I. secondo il quale «la Corte dispone con ordinanza i mezzi di prova che ritenga opportuni»; l'esecuzione di questi ultimi «ha luogo a cura del giudice per l'istruzione con l'assistenza del cancelliere che redige il verbale» (art. 13 N.I.). Le ordinanze in questione servono, nella pratica, ad acquisire notizie, documenti o quant'altro necessario per consentire la decisione della Corte sulla questione sottopostale. L'esempio più noto è costituito dalla ordinanza con la quale la Corte, nell'ambito del giudizio conclusosi con la sent. n. 9 del 1959 ed al fine di accertare le modalità di approvazione della L. n. 168 del 1956, richiese alla Presidenza della Camera dei deputati il rilascio – peraltro negato – di copia conforme dei processi verbali di alcune sedute delle commissioni che avevano discusso ed approvato la legge suddetta, nonché informazioni – queste ultime fornite – in ordine alla prassi seguita in tema di coordinamento finale del testo approvato.

I due tipi principali di sentenze della Corte costituzionale sono le sentenze di rigetto e le sentenze di accoglimento; come si vedrà più avanti, tuttavia, la Corte con la sua giurisprudenza ha creato una ulteriore serie di sentenze che costituiscono dei sottotipi rispetto ai due tipi principali suddetti.

Le **sentenze di rigetto** hanno assunto nella prassi tale denominazione perché rigettano la questione di legittimità costituzionale sottoposta alla Corte in via incidentale o in via principale. Il rigetto può avvenire per infondatezza della questione, per inammissibilità o, limitatamente al giudizio in via principale, per cessazione della materia del contendere. Quello che deve essere chiaro è il fatto che l'**oggetto delle sentenze di rigetto è sempre negativo e mai positivo**: esso non consiste nella dichiarazione della legittimità della norma ma soltanto nel rigetto della questione così come sottoposta alla Corte. Da tale circostanza derivano i limitati effetti delle sentenze di rigetto: *a*) la Corte non è vincolata dalle proprie sentenze di rigetto, ben potendo in futuro accogliere quella stessa questione che in passato aveva rigettato (ad es., perché nel frattempo è mutata la composizione della Corte ed i nuovi giudici hanno opinioni diverse rispetto a quelle dei loro predecessori); *b*) le stesse parti che avevano sollevato l'eccezione di legittimità costituzionale possono riproporla non soltanto in un nuovo giudizio ma anche in un grado diverso dello stesso giudizio; *c*) qualsiasi altro soggetto che sia parte in un diverso giudizio può sollevare la stessa eccezione a suo tempo sollevata nell'originario giudizio *a quo* da una delle parti di quest'ultimo; *d*) la **questione di legittimità costituzionale rigettata dalla Corte non può essere nuovamente riproposta negli stessi termini**[31] **nel medesimo giudizio *a quo*, né lo Stato o la Regione possono ripresentare il medesimo ricorso**. Quest'ultimo è dunque l'unico effetto preclusivo derivante dalle sentenze di rigetto.

Le **sentenze di accoglimento** sono quelle sentenze che, ac-

[31] Questo punto è evidentemente problematico, trattandosi di stabilire quando una questione possa dirsi nuova nel senso sinteticamente indicato nel testo: sono necessari nuovi termini e profili in senso stretto oppure è sufficiente addurre nuovi argomenti a sostegno della incostituzionalità della norma? La giurisprudenza della Corte è al riguardo oscillante.

cogliendo la questione sottoposta alla Corte in via incidentale o in via principale, dichiarano la illegittimità costituzionale della disposizione o delle disposizioni **nei limiti dell'impugnazione**; tuttavia, la Corte dichiara, altresì, quali sono le altre disposizioni legislative, la cui illegittimità deriva, **come conseguenza**, dalla decisione adottata (art. 27, L. n. 87).

Le sentenze di accoglimento sono, nella sostanza, delle **sentenze di annullamento**: il loro effetto, diversamente da quello derivante dall'abrogazione, consiste nella **definitiva eliminazione** dall'ordinamento della norma dichiarata incostituzionale. Inoltre, essendosi superata, in termini di significato sostanziale, la diversità di formulazione tra la disposizione contenuta nell'art. 136 Cost. («la norma *cessa di avere efficacia* dal giorno successivo alla pubblicazione della decisione») e la disposizione contenuta nell'art. 30, co. 3, L. n. 87 («le norme dichiarate incostituzionali *non possono avere applicazione* dal giorno successivo alla pubblicazione della decisione»), è oramai pacifico che le **sentenze di accoglimento hanno effetti retroattivi**: la dichiarazione di illegittimità della norma opera dal momento in cui si è determinata la incostituzionalità di quest'ultima (incostituzionalità originaria o incostituzionalità sopravvenuta) e dunque travolge tutti i rapporti *medio tempore* sorti sulla base della norma successivamente dichiarata incostituzionale.

Fanno eccezione i rapporti cosiddetti esauriti, in parole povere quei rapporti definitivamente chiusi dal punto di vista giuridico; meno facile è l'elencazione completa di tutti i casi nei quali un rapporto giuridico può dirsi definitivamente chiuso. Tale è, certamente, un rapporto deciso con **sentenza passata in giudicato**, ricorrendo tale concetto quando, una volta che siano stati percorsi tutti i gradi di giudizio, la sentenza sia stata adottata da un giudice di ultimo grado (Corte di cassazione; Consiglio di Stato); oppure quando la sentenza di un giudice non di ultimo grado sia divenuta definitiva per scadenza dei termini di appello o di ricorso. Ancora, un rapporto esaurito sussiste nei casi in cui l'esercizio di un diritto o di una facoltà sia sottoposto **ad un termine di decadenza o di prescrizione** ed il termine suddetto sia scaduto. Un'**eccezione all'eccezione** è costituita, **in materia penale**, dalle sentenze di accoglimento che, dichiarando l'illegittimità costituzionale di una norma penale, determinano un trattamento più favorevole per il reo rispetto a quello previsto dalla norma suddetta. In applicazione del principio del *favor rei*, sancito dall'art. 25, co. 2, Cost., l'art. 30, co. 4, L. n. 87 dispone, infatti, che: «Quando in applicazione della norma dichiarata incostituzionale è stata pronunciata sentenza irrevocabile di condanna, ne cessano l'esecuzione e tutti gli effetti penali». In questo caso, pertanto, la sentenza passata in giudicato non costituisce più un limite all'efficacia retroattiva della sentenza di accoglimento.

Occorre ancora ricordare che, nei primi anni '80, la dottrina ha cominciato a sentire un certo disagio verso l'automatica retroattività delle sentenze di accoglimento, osservando come la possibilità di graduare l'efficacia nel tempo delle pronunce costituzionali non si risolva in un depotenziamento della giustizia costituzionale ma, al contrario, ne rappresenti un perfezionamento, perché consente alla Corte una libertà di manovra che rende in concreto più agevole il rispetto della Costituzione. In mancanza di modifiche normative che – in linea con l'esperienza di altri ordinamenti (Austria, Germania, Portogallo) – dotassero il giudice costituzionale di strumenti decisori idonei a modulare gli effetti nel tempo delle pronunce di incostituzionalità, è stata la stessa Corte a provvedere, alla fine degli anni '80, al **contenimento degli effetti retroattivi** delle proprie sentenze. A tale scopo è stata utilizzata la categoria della "incostituzionalità sopravvenuta", accomunandovi due ipotesi notevolmente differenti sia dal punto di vista concettuale sia da quello pratico: l'**illegittimità costituzionale sopravvenuta in senso stretto ed il cosiddetto bilanciamento di valori**.

Rifacendosi alla classica ipotesi di sopravvenienza del parametro rispetto all'atto controllato (delineata già nella prima sentenza: cfr. sent. n. 1 del 1956), la Corte ha affermato che una determinata disciplina, conforme alla Costituzione al momento della sua entrata in vigore, può essere diventata incostituzionale successivamente, al sopravvenire di fatti nuovi (ad es., un mutamento normativo), per cui è soltanto da tale momento che l'effetto della dichiarazione di incostituzionalità deve decorrere.

Alla seconda categoria vanno ricondotte le ipotesi in cui la Corte – rilevato che la dichiarazione di incostituzionalità di un atto normativo, nel tutelare e garantire certi valori, al tempo stesso produrrebbe effetti negativi rispetto ad altri valori, anch'essi costituzionalmente tutelati – tempera l'efficacia retroattiva della propria pronuncia indicando, non senza dar luogo a perplessità in ragione dei più ampi margini valutativi che ricorrono, un termine dal quale cominciano a decorrere gli effetti dell'illegittimità costituzionale, in maniera da ridurre o eliminare gli effetti negativi, o, se si vuole, al fine d'individuare il "punto di minore sofferenza" per entrambi i valori costituzionali in contrapposizione [32].

Negli ultimi anni, tuttavia, la Corte, anche in ragione delle critiche abbastanza diffuse che hanno accompagnato questa innovazione giurisprudenziale, ha cercato di perseguire **nuove strade** al fine di limitare l'efficacia retroattiva delle proprie sentenze. In particolare, ha cercato di **recuperare e sviluppare un rapporto collaborativo con il Parlamento**, in maniera da salvaguardare più adeguatamente gli ambiti di discrezionalità del legislatore. Emblematico è quanto accaduto nella sent. n. 131 del 1996, con la quale la Corte ha provveduto ad ampliare le cause di incompatibilità alla funzione di giudizio del giudice penale, **senza auto-limitare l'efficacia retroattiva della pronuncia, pur mostrandosi consapevole dei rilevanti problemi applicativi da essa derivanti per i giudizi già in corso**. La Corte ha invece preferito concludere la pronuncia rilevando: «Nell'assumere la sua decisione, questa Corte è pienamente consapevole delle difficoltà di ordine pratico che, come conseguenza della propria giurisprudenza, possono derivare alla formazione concreta degli organi giudicanti. Ciò, tuttavia, non la esime dalla propria essenziale funzione di garanzia, quando se ne richieda l'intervento in presenza di norme costituzionalmente illegittime. *Alle anzidette difficoltà, con appropriati interventi e riforme di ordine normativo e organizzativo, devono porre rimedio altre istanze costituzionali alle quali appartengono i relativi doveri e le relative responsabilità*. Per questo, nel pervenire alla presente,

[32] Cfr., ad es., i casi di decisione ad effetto praticamente abrogativo (cioè senza retroattività) della sent. n. 266 del 1988, che ritiene incostituzionale che i provvedimenti di nomina, trasferimento e conferimento di funzioni ai magistrati militari siano *ulteriormente* adottati con una data procedura; e sent. n. 50 del 1989, che giunge alle medesime conclusioni, anche dal punto di vista della decorrenza temporale, circa il divieto di pubblicità delle udienze davanti alle commissioni tributarie.

ulteriore pronuncia d'incostituzionalità in difesa del principio del giusto processo e dell'imparzialità e della terzietà del giudice, questa Corte deve rivolgere, anzi rinnovare (v. sent. n. 496 del 1990), *un pressante invito agli organi competenti affinché pongano mano con urgenza a quegli interventi e a quelle riforme che gli indispensabili principi della Costituzione richiedono in ordine al buon funzionamento della giurisdizione penale*». A questo "invito" ha dato seguito dopo soli 15 giorni il Governo, provvedendo, con il D.L. 10 maggio 1996, n. 250, ad eliminare la retroattività della sentenza costituzionale, così da renderla inapplicabile a tutti i processi in cui il dibattimento era già stato dichiarato aperto.

L'ampia citazione della sent. n. 131 del 1996 offre l'occasione di menzionare un primo sottotipo di sentenze della Corte costituzionale, le cosiddette **sentenze monitorie**. Tali sentenze possono essere tanto di accoglimento, come nel caso della sent. n. 131 del 1996, quanto di rigetto; in ambedue i casi esse sono caratterizzate dal fatto di contenere, in motivazione, un "ammonimento" al Governo o al Parlamento a provvedere, con atti con forza di legge o con leggi, in ordine alla situazione determinatasi a seguito di una sentenza di accoglimento oppure in ordine alla modifica di norme che la Corte, pur adottando per il momento una sentenza di rigetto, fa capire di considerare incostituzionali. Esempi di questa seconda ipotesi sono costituiti dalle sentenze di rigetto relative a disposizioni in materia pensionistica, con le quali la Corte ripetutamente ammonì Governo e Parlamento ad intervenire per rimuovere determinate sperequazioni tra diverse categorie di pensionati, rimozione che, se determinata *tout court* da una dichiarazione di illegittimità, avrebbe comportato notevoli aggravi finanziari per il bilancio dello Stato; a fronte dell'inerzia del Governo e del Parlamento, la Corte dichiarò successivamente incostituzionali le disposizioni suddette. Un altro esempio, su materia diversa, è costituito dalla sent. n. 302 del 1988 con la quale la Corte, in termini molto decisi, ammonì il Governo a cessare dalla prassi della reiterazione dei decreti-legge in quanto ritenuta incostituzionale; a fronte del persistere di tale prassi, la Corte la dichiarò successivamente incostituzionale con la sent. n. 360 del 1996.

Un secondo e più importante sottotipo di sentenze della Corte costituzionale è rappresentato dalle **sentenze interpretative**. Esse sono state create dalla Corte con la propria giurisprudenza a fronte di **disposizioni cosiddette *polisense***; disposizioni, cioè, che, diversamente dalle disposizioni cosiddette univoche, sono suscettibili di più interpretazioni e dunque contengono potenzialmente in sé norme diverse a seconda dell'interpretazione che si ritenga di adottare. In un caso del genere, la Corte si trovò a suo tempo di fronte ad una disposizione che avrebbe dovuto essere giudicata incostituzionale se interpretata in un certo modo e costituzionale se interpretata in un modo diverso; in altre parole, delle due norme potenzialmente contenute nella disposizione una era illegittima, l'altra legittima. La Corte tenne presenti, nella fattispecie, due esigenze: da un lato evitare, laddove possibile, di creare lacune nell'ordinamento, come sarebbe avvenuto se la dichiarazione d'illegittimità costituzionale avesse avuto ad oggetto la disposizione nella sua letteralità; dall'altro, come è suo dovere istituzionale, non consentire la permanenza in vita di norme incostituzionali.

Il soddisfacimento delle due esigenze suddette venne assicurato ricorrendosi ad un **sentenza interpretativa di rigetto**: la questione di legittimità costituzionale veniva rigettata "in quanto" la disposizione non era incostituzionale se interpretata in un certo modo. La **struttura** di tali sentenze è pertanto la seguente: nel dispositivo si rigetta la questione «nel senso e nei limiti di cui in motivazione»; in quest'ultima viene indicata quale interpretazione non rende incostituzionale la disposizione, sottintendendosi implicitamente che una diversa interpretazione comporterebbe, invece, la incostituzionalità della disposizione stessa.

Le sentenze interpretative di rigetto, in un primo tempo, non vennero accolte affatto bene dai giudici. La Cassazione, soprattutto, contestò alla Corte costituzionale il potere d'interpretare le disposizioni sottoposte al suo giudizio in modo diverso da quello indicato dal giudice *a quo*, in quanto tale potere sarebbe riservato ai giudici (e la Corte non è un giudice in senso tecnico) come corollario del potere di applicare il diritto. La conseguenza di tale affermazione – posto che, in fatto, non era evidentemente possibile impedire alla Corte costituzionale d'interpretare autonomamente le disposizioni oggetto del proprio giudizio – fu la convinzione, sorta in molti giudici, della **non vincolatività delle interpretazioni accolte dalla Corte con le sentenze interpretative di rigetto**. Tale conseguenza dette luogo a situazioni anomale, data la libertà per ogni giudice – eccezion fatta per il giudice *a quo*, secondo la tesi che appare preferibile – a fronte di una sentenza interpretativa di rigetto, di continuare ad applicare la disposizione in modo diverso da quello indicato dalla Corte e dunque secondo una interpretazione che la rendeva incostituzionale.

La Corte costituzionale replicò innanzitutto alla Corte di cassazione, ribadendo il proprio potere d'interpretare le disposizioni, in quanto potere strumentale alla definizione dell'oggetto del proprio giudizio. In secondo luogo, di fronte ad una situazione di fatto che pregiudicava fortemente l'efficacia delle sentenze interpretative di rigetto, la Corte tagliò la testa al toro ed inaugurò un nuovo modello di sentenze interpretative, le **sentenze interpretative di accoglimento**. La struttura di tali sentenze risulta ribaltata rispetto a quella delle sentenze interpretative di rigetto poiché la Corte, accogliendo la questione di legittimità costituzionale sottopostale, dichiara la illegittimità costituzionale della disposizione in quanto la si interpreti in un certo modo, indicato in motivazione; ciò equivale a dire che **la Corte dichiara la illegittimità costituzionale non della disposizione ma di una delle norme in essa contenute**. Tale norma viene annullata e, conseguentemente, la disposizione non può più essere applicata in una determinata interpretazione. Inoltre, poiché le sentenze di accoglimento hanno, per loro natura, efficacia *erga omnes*, la polemica, nata nei confronti delle sentenze interpretative di rigetto, non era riproponibile, dal momento che tutti i giudici, come qualunque altro soggetto, sono vincolati al rispetto della dichiarazione d'illegittimità costituzionale della norma compiuta con una sentenza interpretativa di accoglimento. La polemica cessò, quindi, del tutto e le sentenze interpretative, sia di rigetto che di accoglimento, acquistarono piena cittadinanza nell'ordinamento italiano.

A partire dalla fine degli anni '60 sono comparse, nella giurisprudenza della Corte, le cosiddette **sentenze additive (o "aggiuntive"), che dichiarano l'incostituzionalità dell'omessa previsione di qualcosa, che avrebbe dovuto essere previsto dalla**

legge. Si tratta, quindi, di sentenze di accoglimento nelle quali l'annullamento opera "nella parte in cui" la disposizione non dice alcunché e, conseguentemente, **elimina l'ostacolo all'espandersi di una norma già contenuta implicitamente nella disposizione stessa**. Ad esempio, l'art. 7 della L. n. 903 del 1977, in caso di maternità, prevedeva il diritto all'astensione dal lavoro e il diritto al godimento dei riposi giornalieri per la sola madre lavoratrice; la sent. n. 1 del 1987 ne ha dichiarato l'illegittimità costituzionale nella parte in cui tale disposizione non prevede che il diritto all'astensione dal lavoro e il diritto al godimento dei riposi giornalieri siano riconosciuti anche al padre lavoratore, ove l'assistenza della madre del minore sia divenuta impossibile per decesso o grave infermità. L'intervento della Corte, quindi, elimina una omissione della disposizione e ne estende la portata normativa.

Forma analoga di decisione manipolativa, peraltro meno frequente nella prassi, è rappresentata dalle cosiddette **sentenze sostitutive**, utilizzate quando la legge prevede una determinata cosa, mentre – costituzionalmente – dovrebbe prevederne un'altra. La decisione di incostituzionalità colpisce, cioè, un frammento testuale della disposizione denunciata, sostituendo al tempo stesso quest'ultimo – con l'uso in dispositivo della locuzione "anziché" – con altro frammento di norma che rende la disposizione conforme a Costituzione. In fondo, potrebbe dirsi che le decisioni sostitutive contengono sia una decisione di incostituzionalità parziale, per quello che la disposizione dice, sia una decisione additiva, per quello che la disposizione non dice. Esempio classico è quello della sent. n. 15 del 1969, in cui l'art. 313 c.p., relativo all'autorizzazione a procedere per i reati di vilipendio della Corte costituzionale, è stato dichiarato costituzionalmente illegittimo «nei limiti in cui attribuisce il potere di dare l'autorizzazione a procedere per il delitto di vilipendio della Corte costituzionale al Ministro di grazia e giustizia anziché alla Corte stessa». L'intervento della Corte, quindi, elimina una parte del testo e ad essa sostituisce un ulteriore frammento di norma.

Le sentenze suddette vengono comunemente definite, per evidenti motivi, come **sentenze manipolative** e la loro ammissibilità è stata assai dibattuta, soprattutto in quanto con esse la

Corte si distacca dalla funzione negativo-eliminativa che le spetta in forza del dettato costituzionale ed assume una funzione positivo-integrativa, per certi versi assimilabile a quella del legislatore: non a caso si è molto discusso, altresì, della possibilità di classificare le sentenze manipolative tra le fonti del diritto, anche se la dottrina dominante tende ad escludere questa possibilità che sarebbe foriera di equivoci ed incertezze. La problematica viene in genere affrontata e risolta ponendo in rilievo che la funzione innovativa che assume la Corte con le sentenze manipolative non opera in maniera pienamente discrezionale, come accade per il legislatore, ma entro limiti ristretti.

In primo luogo deve essere il giudice *a quo*, nell'ordinanza di rimessione, ad indicare in modo preciso ed a pena di inammissibilità sia la disposizione cui dovrebbe inerire la valenza normativa mancante, sia il "verso" dell'addizione richiesta. La Corte, inoltre, esclude l'ammissibilità di interventi additivi quando l'aggiunta non risulti imposta dalla "logica" del sistema costituzionale o legislativo: **l'addizione, cioè, non consiste in una creazione in forma libera della norma – come farebbe il legislatore – ma si limita ad individuare la norma, già implicita nel sistema** e addirittura desumibile dalle disposizioni costituzionali da applicare, mediante la quale colmare immediatamente la lacuna che altrimenti resterebbe aperta nella disciplina della materia. Ciò allo scopo di conferire alla sentenza capacità autoapplicativa.

I limiti di intervento delle decisioni manipolative diventano ancor più stringenti in alcuni ambiti particolari: è questo il caso, ad esempio, della materia penale, non ritenendosi possibile "aggiungere" frammenti di norme che prevedano fattispecie di reato o la relativa pena, dato il carattere particolarmente stringente della riserva di legge prevista sul punto in Costituzione (art. 25, co. 2, Cost.); nello stesso senso, sono da ritenersi inammissibili sentenze con valenza additiva che comportino nuove o maggiori spese, in forza del principio della necessaria copertura delle spese di cui all'art. 81, co. 4, Cost.

Negli ultimi anni è emerso e si è consolidato nella giurisprudenza costituzionale un nuovo tipo di decisione manipolativa: le cosiddette **sentenze "additive di principio", dette anche "additive di meccanismo" o "additive a dispositivo generico"**. Tali sentenze sono nate da una duplice esigenza: garantire i diritti costituzionalmente tutelati anche nelle ipotesi in cui appare necessario imporre nuovi oneri a carico del bilancio dello Stato (si pensi al caso in cui occorre estendere l'applicazione di un beneficio previdenziale al fine di garantire l'eguaglianza tra varie categorie di pensionati); rispettare gli ambiti di discrezionalità del legislatore, soprattutto in fattispecie assai articolate e complesse. Nelle sentenze suddette, alla dichiarazione di incostituzionalità di una omissione fa seguito **non l'addizione di una regola compiuta immediatamente applicabile (come nelle additive tradizionali), ma soltanto di un principio generalissimo**: in tal modo si lascia al legislatore il potere di ridisciplinare compiutamente la materia, sviluppando le linee indicate nella sentenza, ma, nel frattempo, si abilita il giudice comune a reperire la regola del caso concreto nel principio espresso dalla Corte (così sent. n. 295 del 1991).

Particolari perplessità hanno accompagnato i casi in cui la Corte costituzionale si è distaccata da questo modello ed ha cercato di rendere non autoapplicativa, nei confronti dei giudici, la propria decisione di incostituzionalità a valenza additiva di principio. **In alcune ipotesi, infatti, la Corte ha esplicitamente specificato che la sentenza si indirizzava esclusivamente al legislatore, imponendo così ai giudici comuni di continuare, nel frattempo, ad applicare la disciplina dichiarata incostituzionale**: si veda, ad esempio, la sent. n. 277 del 1991, relativa all'adeguamento del trattamento economico dei sottufficiali dell'Arma dei carabinieri, in cui viene espressamente fatta salva «la possibilità di continuare in via provvisoria ad erogare agli interessati il trattamento economico risultante dalla tabella dichiarata illegittima fino alle determinazioni conseguenti alla presente pronuncia» (v. anche sentt. nn. 243 del 1993 e 417 del 1998). Sentenze del genere – alle quali, peraltro, non sempre si sono conformati i giudici comuni – sembrano porsi in aperto contrasto con il disposto dell'art. 136, co. 1, Cost., secondo il quale la norma dichiarata incostituzionale «cessa di avere efficacia dal giorno successivo alla pubblicazione della decisione».

CAPITOLO III

IL GIUDIZIO SUI CONFLITTI DI ATTRIBUZIONE

SOMMARIO. 1. Cenni introduttivi sul concetto di conflitto di attribuzioni. – 2. I conflitti tra lo Stato e le Regioni e tra le Regioni: analogie e differenze rispetto al giudizio di legittimità costituzionale in via di azione; gli atti sindacabili; i motivi ed i termini del ricorso; le caratteristiche della lesione di competenza; le norme parametro; cenni sugli aspetti processualistici del giudizio. – 3. I conflitti tra poteri dello Stato. Individuazione del concetto di potere dello Stato ai fini della legittimazione al ricorso: i tentativi della dottrina e la giurisprudenza della Corte. Gli atti sindacabili ed il problema della sindacabilità o meno delle leggi e degli atti aventi forza di legge. L'autodichia e la sent., Corte cost. n. 262 del 2017. Le norme parametro. Le differenze sul piano processuale tra il giudizio sui conflitti tra poteri dello Stato ed il giudizio sui conflitti tra lo Stato e le Regioni e tra le Regioni. – 4. Le sentenze conclusive tanto dei giudizi sui conflitti tra lo Stato e le Regioni e tra le Regioni, quanto dei giudizi sui conflitti tra i poteri dello Stato. Tipi di sentenze. Il problema relativo all'individuazione dell'oggetto principale del giudizio: l'atto o la competenza? Irrilevanza pratica del problema.

1. *Cenni introduttivi sul concetto di conflitto di attribuzioni*

L'art. 134, cpv. 2, Cost., disciplina la seconda competenza della Corte costituzionale, stabilendo che essa giudica «sui conflitti di attribuzione tra i poteri dello Stato e su quelli tra lo Stato e le Regioni, e tra le Regioni». Il conflitto di attribuzioni può definirsi, in termini molto generali, come una **controversia che attiene ad una lesione della competenza, costituzionalmente garantita, di un soggetto da parte di un altro soggetto**. La lesione suddetta può manifestarsi in tipi diversi a seconda della sua graduazione in termini di maggiore o minore gravità.

L'"**invasione di competenza**" in senso stretto, che costituisce la lesione di maggiore gravità, si verifica in presenza di un atto adottato da un soggetto nell'esercizio di una competenza spettante ad un altro soggetto ma rivendicata dal primo: è questo il caso, meno frequente nella realtà, caratterizzato dalla cosiddetta **rivendicazione della competenza** (*vindicatio potestatis*), nel quale ambedue i soggetti affermano di essere competenti a adottare un determinato atto.

Tuttavia, lesione della competenza può aversi, anche in mancanza dell'elemento della *vindicatio potestatis*, in presenza di **atti che, seppure rientranti nella competenza di un determinato soggetto, sono adottati da quest'ultimo in modo illegittimo; oppure, ancora, a seguito di comportamenti omissivi**. Un esempio del primo caso (cfr. sent. n. 40 del 1977) era (adesso non più) quello della promulgazione di una legge regionale, riapprovata dal Consiglio regionale in seconda deliberazione a maggioranza assoluta e con modifiche, a seguito di rinvio governativo, senza attendere il decorso del termine di trenta giorni per un eventuale nuovo rinvio da parte del Commissario del Governo: nella fattispecie il conflitto non riguardava la competenza del Presidente della Giunta regionale a promulgare la legge regionale, bensì la lesione di competenza nei confronti dello Stato determinata dall'illegittimo esercizio del suddetto potere di promulgazione. Un esempio del secondo caso potrebbe essere – per rimanere in tema – quello della mancata promulgazione di una legge da parte del Presidente della Repubblica nel termine di trenta giorni previsto dalla Costituzione: anche in questo caso l'eventuale conflitto sollevato dalle Camere non verterebbe sulla spettanza del potere di promulgazione bensì sulla lesione di competenza nei confronti di queste ultime determinata dalla omessa promulgazione, consistente nel blocco dell'entrata in vigore della legge e dunque nell'impedire che le deliberazioni camerali che avevano dato luogo all'approvazione della legge producano effetti in concreto.

Se, come si vedrà tra poco, la giurisprudenza della Corte costituzionale ha fortemente ravvicinato, sotto il profilo delle possibili lesioni di competenza, i conflitti tra poteri dello Stato ai conflitti tra Stato e Regioni e Regioni, sussistono, tuttavia, altri elementi, oltre a quello soggettivo, che distinguono tra di loro i due tipi di conflitti e che consigliano, pertanto, una trattazione separata.

2. *I conflitti tra lo Stato e le Regioni e tra le Regioni: analogie e differenze rispetto al giudizio di legittimità costituzionale in via di azione; gli atti sindacabili; i motivi ed i termini del ricorso; le caratteristiche della lesione di competenza; le norme parametro; cenni sugli aspetti processualistici del giudizio*

Il giudizio della Corte costituzionale sui conflitti tra lo Stato e le Regioni e tra le Regioni [1] presenta notevoli **analogie**, ad un primo approccio, rispetto ad un'altra competenza della Corte, in precedenza esaminata, e cioè il giudizio di legittimità costituzionale cosiddetto in via di azione o in via principale. In ambedue i casi, infatti, si è di fronte ad un giudizio: a) azionato su **ricorso**; b) proposto dagli **stessi soggetti** (lo Stato e le Regioni); c) per motivi attinenti ad una lesione di **competenza**. Tuttavia, poiché sarebbe insensato non riuscire a distinguere tra di loro due competenze della Corte che la stessa Costituzione elenca disgiuntamente (art. 134, cpv. 1 e 2), occorre procedere ad un esame più approfondito per individuare gli elementi di differenziazione.

Il primo elemento riguarda la **natura giuridica degli atti oggetto del giudizio** di legittimità costituzionale e del giudizio sui conflitti di attribuzione tra lo Stato e le Regioni e tra le Regioni. Mentre l'art. 134 Cost. specifica che oggetto del giudizio di legittimità costituzionale possono essere soltanto le leggi e gli atti aventi forza di legge, nulla dice a proposito degli atti suscettibili di dar luogo ad un conflitto di attribuzioni, sia che esso intervenga tra poteri dello Stato, sia che esso intervenga tra lo Stato e le Regioni o tra le Regioni. Né alcun elemento utile in tal senso può ricavarsi dall'art. 39 della L. n. 87, che si limita a parlare di atti invasivi della competenza dello Stato o delle Regioni senza nulla aggiungere in ordine alla natura giuridica di tali atti.

Il ragionamento per giungere ad una differenziazione non può, quindi, che essere un **ragionamento di tipo residuale**: dal momento che lo Stato e le Regioni devono ricorrere alla Corte

---

[1] Ivi comprese, come per i giudizi di legittimità costituzionale in via di azione, le Province autonome di Trento e Bolzano (sent. n. 443 del 2008).

costituzionale in sede di giudizio di legittimità costituzionale, qualora la lesione di competenza sia stata determinata da una legge o da un atto con forza di legge, ne deriva, residualmente, che lo Stato e le Regioni possono ricorrere alla Corte in sede di conflitto di attribuzioni **soltanto qualora la lesione di competenza sia stata determinata da un atto che non sia una legge o un atto con forza di legge**. Esplicitando in positivo tale conclusione, il ricorso è ammissibile nei confronti di **regolamenti amministrativi, atti amministrativi e decisioni giurisdizionali** (in quest'ultimo caso la possibilità di ricorso è soltanto a favore delle Regioni, essendo riservata allo Stato la competenza in materia di giurisdizione). Un elenco completo e molto dettagliato degli atti suddetti è contenuto nella sent. n. 40 del 1977: «Atti idonei a provocarne l'insorgere (del conflitto n.d.a.) sono stati, infatti, ritenuti così concreti provvedimenti amministrativi, come regolamenti ed altri atti generali; così atti di controllo, come pronunce giurisdizionali od atti connessi con l'esercizio della funzione giurisdizionale; e poi ancora, tra gli atti amministrativi: sia atti definitivi, sia atti preparatori; sia atti formali ed esterni, sia atti interni, purché esplicanti effetti per i terzi, ed anche comportamenti concludenti non estrinsecantisi in atti formali».

Il secondo elemento di differenziazione deriva dalla **diversa posizione reciproca dello Stato e delle Regioni, quanto ai motivi del ricorso, a seconda che quest'ultimo tenda ad introdurre un giudizio di legittimità costituzionale oppure un giudizio su un conflitto di attribuzioni tra Stato e Regione**. Nel primo caso, come già visto in precedenza[2], lo Stato può ricorrere alla Corte contro una legge regionale non soltanto per violazione di norme parametro sulla competenza (lesione di competenza), ma anche per violazione di qualsiasi altra norma parametro, anche se non relativa alla competenza (illegittimità costituzionale in senso lato); la Regione, invece, può ricorrere contro una legge o un atto con forza di legge dello Stato soltanto per lesione della propria competenza. Pertanto, lo Stato ha a propria disposizione una gamma di motivi di ricorso più ampia rispetto a

[2] Cfr. cap. 2, § 2, pp. 75 ss., 79.

quella della Regione e dunque ne deriva che la posizione dello Stato e delle Regioni, sotto questo profilo, non è paritaria bensì squilibrata a favore dello Stato. Nello secondo caso, invece, tanto lo Stato quanto la Regione possono ricorrere alla Corte soltanto per lesioni di competenza; in altre parole, i motivi del ricorso sono gli stessi per i due soggetti che, pertanto, si trovano in una posizione di perfetta parità.

L'art. 39 della L. n. 87 contiene le norme fondamentali relative al ricorso per conflitto di attribuzioni tra lo Stato e le Regioni e tra le Regioni, **norme che, tuttavia, sono state in qualche misura interpretate in senso estensivo dalla giurisprudenza della Corte**.

Ciò vale innanzitutto per il **principio secondo cui l'esistenza di un atto, che si assume lesivo di una competenza, costituisce il presupposto indispensabile per l'ammissibilità del conflitto**. Tale principio si ricava chiaramente dal citato art. 39: al co. 1, che si riferisce ad "atti" che invadano la competenza dello Stato o della Regione; al co. 2, secondo il quale il termine per proporre ricorso è di sessanta giorni a decorrere dalla notificazione o pubblicazione oppure dall'avvenuta conoscenza dell'"atto" impugnato; al co. 4, secondo cui il ricorso per regolamento di competenza deve indicare come sorge il conflitto di attribuzione e specificare l'"atto" dal quale sarebbe stata invasa la sfera di competenza, nonché le disposizioni della Costituzione e delle leggi costituzionali che si ritengono violate. Tuttavia, nell'intento di allargare il più possibile la capacità di reazione contro qualsiasi lesione di competenza subita dalla Stato o dalla Regione, **tale principio è stato superato dalla Corte**, come si evince dalla citata sent. n. 40 del 1977, nella parte in cui si afferma l'ammissibilità del conflitto anche a fronte di «comportamenti concludenti non estrinsecantisi in atti formali» (ma v. anche la sent. n. 164 del 1963 nella quale già si ammetteva il conflitto a fronte di «una univoca non formale manifestazione di volontà»). In tal caso è da ritenere, dovendosi per coerenza applicare tale interpretazione estensiva anche al co. 2 dell'art. 39 della L. n. 87, che il termine di sessanta giorni decorra dal momento dell'avvenuta conoscenza non già dell'atto (che non c'è), bensì del suddetto comportamento concludente che si assume lesivo della competenza.

Il riconoscimento dell'ammissibilità del conflitto anche in mancanza di un atto formale ha reso di attualità il problema, a suo tempo individuato dalla dottrina, della ammissibilità del conflitto a fronte di **comportamenti omissivi**, quando, cioè, uno dei due soggetti lamenti la lesione della propria competenza a causa della mancata adozione di un determinato atto da parte dell'altro soggetto. Se in dottrina era stata data risposta positiva a tale quesito, assimilandosi l'omissione ad un provvedimento di silenzio-rifiuto analogamente a quanto avviene nei giudizi amministrativi, la giurisprudenza della Corte al riguardo è scarsa e poco chiara. In tema di intese tra Stato e Regione, ad esempio, in un primo momento la Corte ritenne inammissibile un ricorso della Provincia autonoma di Bolzano nei confronti dello Stato, in quanto proposto contro «un diniego implicito o esplicito in ragione del solo suo contenuto negativo, vale a dire un comportamento o un atto, che si esaurisca nel mero esercizio (negativo) del potere statale» (cfr. sent. n. 206 del 1985). Successivamente la Corte ha affermato che la richiesta d'intesa da parte dello Stato o della Regione comporta necessariamente una risposta motivata da parte del soggetto nei confronti del quale è stata avanzata la proposta d'intesa (cfr. sentt. nn. 6 e 204 del 1993), lasciando (forse) intendere che contro la eventuale mancata risposta sia ammissibile un ricorso per conflitto di attribuzioni.

Riassumendo per quest'aspetto, nella giurisprudenza della Corte il conflitto di attribuzioni tra lo Stato e le Regioni e tra le Regioni non richiede più l'esistenza di un atto, come invece è stabilito dall'art. 39 della L. n. 87, essendo sufficiente un comportamento concludente; è dubbio se il conflitto sia ammissibile a fronte di comportamenti puramente omissivi; i conflitti possono essere positivi, quando comportano una lesione di competenza, e negativi, «non soltanto quando entrambi gli enti negano la propria competenza, affermando quella dell'altro, bensì anche quando si è in presenza di un atto dello Stato di attribuzione di competenza, al quale segue un atto della Regione di declinazione della stessa» (cfr. sent. n. 245 del 1996).

Il secondo fronte di ampliamento dell'ambito dei conflitti di attribuzione in esame è stato aperto dalla Corte, ed è oramai ampiamente consolidato, nei confronti della **nozione di lesione**

di competenza. A dispetto della terminologia usata nell'art. 39 della L. n. 87, che si riferisce ad atti, dello Stato o della Regione, che "invadono la competenza" dell'uno o dell'altro soggetto, la Corte, dopo una breve fase iniziale nella quale limitò la lesione di competenza alla invasione in senso stretto (associata, cioè, alla rivendicazione di competenza), ritenne che qualsiasi lesione di competenza, nei diversi significati in precedenza indicati[3], è suscettibile di dar luogo ad un conflitto di attribuzioni. In tal modo la Corte ha parificato perfettamente, per quest'aspetto, la fattispecie dei conflitti tra Stato e Regioni e tra Regioni alla fattispecie dei conflitti tra poteri dello Stato, come è esplicitamente affermato nella sent. n. 129 del 1981: «È infatti consolidato, nella giurisprudenza di questa Corte, il criterio per cui la figura dei conflitti di attribuzione, *sia tra lo Stato e le Regioni sia tra i poteri dello Stato*, non si restringe alla sola ipotesi di contestazione circa l'appartenenza del medesimo potere, che ciascuno dei soggetti contendenti rivendichi per sé, ma si estende a comprendere ogni ipotesi in cui dall'illegittimo esercizio di un potere altrui consegua la menomazione di una sfera di attribuzioni costituzionalmente assegnate all'altro soggetto».

L'unico **limite diretto** posto dalla Corte riguarda la necessità che **la lesione di competenza sia attuale e concreta**, il che significa, con altre parole, che il conflitto deve avere come base un **interesse a ricorrere** anch'esso attuale e concreto: in conclusione, ammissibili sono soltanto i **conflitti reali**, mentre inammissibili sono i **conflitti virtuali**, quei conflitti, cioè, che non nascono da una lesione di competenza concreta ma da una astratta richiesta di definizione di una determinata sfera di competenza.

Un **limite indiretto** è, invece, costituito dall'esigenza di evitare che il ricorso per conflitto di attribuzioni diventi un mezzo per aggirare il mancato ricorso in termini contro una legge o un atto avente forza di legge in sede di giudizio di legittimità costituzionale. Tale è il caso degli **atti meramente esecutivi** di una precedente legge o atto con forza di legge: qualora la legge o l'atto con forza di legge non sia stato impugnato in termini dal-

---

[3] Cfr. il § 1 di questo capitolo, p. 89 ss.

la Regione in sede di giudizio di legittimità costituzionale, quest'ultima non potrà successivamente impugnare, in sede di conflitto di attribuzioni, l'eventuale atto amministrativo meramente esecutivo, sostenendo la illegittimità costituzionale della legge o dell'atto avente forza di legge al quale si dà esecuzione (cfr., ad esempio, sentt. nn. 467 del 1997, 233 e 270 del 1998). Il medesimo limite vale anche nel caso in cui un atto privo di forza di legge non sia stato impugnato dallo Stato o dalla Regione, in sede di conflitto di attribuzioni, nel termine di sessanta giorni decorrente dalla notificazione o pubblicazione oppure dall'avvenuta conoscenza dell'atto impugnato: lo Stato o la Regione non potranno, successivamente, impugnare un atto meramente esecutivo o confermativo dell'atto suddetto poiché ciò rappresenterebbe una chiara elusione del termine di decadenza per il ricorso.

Come già ricordato, le **norme parametro** alla stregua delle quali la Corte costituzionale giudica i conflitti di attribuzione tra lo Stato e le Regioni e tra le Regioni sono (art. 39, L. n. 87) «le disposizioni della Costituzione e delle leggi costituzionali». Anche in questo caso, tuttavia, **la Corte ha esteso il valore parametrico** in generale a tutte quelle disposizioni che, pur non essendo contenute in fonti formalmente costituzionali, hanno tuttavia la **funzione di integrare o di specificare le competenze stabilite a livello costituzionale**. In particolare, ciò è avvenuto nei confronti dei decreti legislativi di attuazione degli Statuti delle Regioni ad autonomia speciale (sentt. nn. 585 del 1989; 341 del 1996; 61, 86, 121, 182, 263 del 1997; 137 e 352 del 1998), dei regolamenti comunitari (sentt. nn. 399 del 1987; 85 e 272 del 1996; 93 del 1997), di talune leggi ordinarie di particolare rilevanza (come, ad esempio, la L. n. 400 del 1988; cfr. sent. n. 30 del 1998) e del cosiddetto «principio di leale cooperazione o collaborazione» tra lo Stato e le Regioni[4], al quale

---

[4] Non è evidentemente possibile soffermarsi con il dovuto approfondimento su tale principio, che la Corte ha individuato con la propria giurisprudenza ricavandolo implicitamente dal principio di autonomia sancito nell'art. 5 Cost. Si può dire che esso svolge, nell'ambito dei conflitti di attribuzione, una funzione parametrica generale e residuale, analoga a quella svolta dal principio di ragionevolezza, ricavato dall'art. 3 Cost., nei giudizi di legittimità costituzionale. In altre parole, esso è lo strumento che consente alla Corte di sindacare una

ora fa esplicito riferimento l'art. 120, co. 2, Cost.

Infine, pochi altri cenni, oltre a quelli in precedenza indicati in questo paragrafo, sugli aspetti processualistici del giudizio sui conflitti in esame. Il ricorso dello Stato è proposto dal Governo, nella persona del Presidente del Consiglio, previa deliberazione del Consiglio dei ministri; il ricorso della Regione è proposto dal Presidente della Regione (o Provincia di Trento o Bolzano) previa deliberazione della Giunta regionale (o provinciale). Nel corso del giudizio, la Corte, sentite le parti e compiute eventuali attività istruttorie, può, con ordinanza motivata, sospendere, per gravi ragioni, nelle more del giudizio l'esecuzione degli atti che hanno dato luogo al conflitto (art. 40, L. n. 87); la Corte può, altresì, deliberare, con ordinanza adottata in camera di consiglio, la manifesta inammissibilità del ricorso oppure la manifesta non spettanza dell'attribuzione rivendicata dalla parte ricorrente; l'eventuale rinuncia al ricorso, accettata da tutte le parti costituite, comporta l'estinzione del giudizio (art. 27, co. 7, N.I.).

Delle sentenze conclusive tanto del giudizio sui conflitti tra Stato e Regioni e tra Regioni, quanto del giudizio sui conflitti tra poteri dello Stato, si parlerà in successivo paragrafo, essendo in questo caso possibile un unico discorso valido per ambedue i giudizi.

---

lesione di competenza, statale o regionale, anche quando non venga violata una specifica norma (tra quelle indicate nel testo) riconosciuta dalla Corte come norma parametro del giudizio sul conflitto. Esemplificando, la Corte ha in un caso affermato che il principio suddetto comporta una generica attività di acquisizione di notizie da parte del commissario di Governo, alla quale non può opporsi la Regione (sent. n. 86 del 1997); in un altro caso, la Corte ha affermato che espressione dello stesso principio sono i limiti posti alle attività promozionali all'estero svolte dalle Regioni, limiti rappresentati dall'obbligo d'informare e di ricevere il consenso del Governo in quanto soggetto titolare in via esclusiva di un incedibile "potere estero" (sentt. nn. 343 del 1996, 428 del 1997 e 332 del 1998).

3. *I conflitti tra poteri dello Stato. Individuazione del concetto di potere dello Stato ai fini della legittimazione al ricorso: i tentativi della dottrina e la giurisprudenza della Corte. Gli atti sindacabili ed il problema della sindacabilità o meno delle leggi e degli atti aventi forza di legge. L'autodichia e la sent., Corte cost. n. 262 del 2017. Le norme parametro. Le differenze sul piano processuale tra il giudizio sui conflitti tra poteri dello Stato ed il giudizio sui conflitti tra lo Stato e le Regioni e tra le Regioni*

Il maggior problema relativo ai conflitti di attribuzione tra poteri dello Stato è di tipo soggettivo, riguardando i criteri atti ad identificare in concreto quali siano i poteri dello Stato ai quali fa riferimento l'art. 134 Cost.

Fino all'approvazione della L. n. 87 del 1953, che, come si vedrà tra poco, specifica ed allarga la definizione dei soggetti legittimati a proporre il ricorso per conflitto tra poteri dello Stato, l'espressione "poteri dello Stato" impiegata nell'art. 134 evocò immediatamente nella dottrina il riferimento alla **dottrina della divisione dei poteri** di Montesquieu e dunque alla loro **tripartizione in potere legislativo, esecutivo e giurisdizionale**. Tripartizione che, tuttavia, venne subito ritenuta inidonea ai fini della individuazione dei soggetti legittimati a ricorrere in sede di conflitto tra poteri dello Stato, dal momento che essa precludeva inammissibilmente tale possibilità a tutti quei soggetti – primi fra tutti il Presidente della Repubblica e la stessa Corte costituzionale – che non rientravano in quella tripartizione.

Un **secondo tentativo**, molto più articolato, ritenne di individuare le caratteristiche del concetto di potere dello Stato, in tre elementi: *a*) la presenza di una pluralità di organi, *b*) tra loro posti in rapporto di gerarchia e *c*) tutti concorrenti all'esercizio di una medesima funzione, nell'ambito della competenza propria di ciascuno di essi. Anche questo tentativo, in realtà modellato sul potere esecutivo, **venne abbandonato perché troppo restrittivo**: l'elemento della gerarchia, infatti, non sussiste nell'ambito del potere giurisdizionale, dal momento che i giudici sono soggetti soltanto alla legge, né nell'ambito del potere legislativo, dal momento che in Italia, vigendo un bicameralismo perfetto, la posizione e le funzioni di ciascuna Camera sono identiche; né tanto meno quell'elemento sussiste in tutte le ipotesi di poteri mono-organici, com'è il caso del Presidente della Repubblica.

Né la tesi suddetta risulta più praticabile qualora la si restringa a due soli elementi (pluralità di organi e concorso all'esercizio di una medesima funzione), **escludendo l'elemento del rapporto gerarchico**. A parte l'ipotesi di poteri mono-organici, nella quale per definizione non vi è pluralità di organi, il concorso all'esercizio di una medesima funzione non sussiste in tutti quei casi nei quali un soggetto eserciti una pluralità di funzioni, come avviene per il Presidente della Repubblica sol che si tenga presente la varietà di atti ad esso attribuiti dall'art. 87 Cost., e per la Corte costituzionale, che giudica sulla legittimità costituzionale delle leggi e degli atti aventi forza di legge, sui conflitti di attribuzione, sulle accuse nei confronti del Presidente della Repubblica e sull'ammissibilità delle richieste di referendum abrogativo.

Infine, venne presto abbandonata anche la **tesi secondo cui l'espressione "poteri dello Stato"** di cui all'art. 134 Cost. sarebbe stata equivalente all'espressione "organi costituzionali dello Stato", date le incertezze che, a sua volta, poneva quest'ultima espressione. Ad una definizione di tipo formalistico – sono organi costituzionali tutti quelli menzionati dalla Costituzione o da leggi costituzionali – se ne contrapponeva una di tipo sostanziale – sono organi costituzionali quelli che, indipendentemente dalla fonte che li preveda, sono essenziali ai fini della forma di governo –; senza escludere, peraltro, una ulteriore definizione, più restrittiva, in quanto basata sulla presenza contemporanea dell'elemento formale e dell'elemento sostanziale.

Le indicate difficoltà convinsero della **necessità di distinguere** la problematica relativa alla definizione in astratto del concetto di potere dello Stato dalla problematica relativa alla definizione di un concetto di potere dello Stato finalizzato, molto più limitatamente, alla individuazione dei soggetti in concreto legittimati a ricorrere alla Corte costituzionale. In questa direzione **un ruolo importante lo ebbe l'art. 37 della L. n. 87 del 1953**, secondo il quale «Il conflitto tra poteri dello Stato è risolto dalla Corte costituzionale se insorge tra organi competenti a dichiarare definitivamente la volontà del potere cui appartengono e per la delimitazione della sfera di attribuzioni determinata per i vari poteri da norme costituzionali». Si tratta, com'è agevolmente rilevabile da una semplice lettura del testo, di una **concezione espansiva del conflitto tra poteri**, che ha consentito lo sviluppo dell'istituto, non più inteso quale rimedio estremo per appianare le divergenze tra gli organi di vertice della organizzazione costituzionale ma come sede di giustiziabilità dei rapporti fra tutti i soggetti del pluralismo istituzionale. In quest'ottica, i poteri dello Stato legittimati a promuovere conflitto di attribuzione non sono da intendere come un numero chiuso, determinato una volta per tutte sulla base di una definizione generale, ma sono di volta in volta desumibili dal concreto atteggiarsi delle attribuzioni costituzionali.

Ad ogni modo, la Corte costituzionale, nella sua ricca giurisprudenza al riguardo, ha enucleato **alcune caratteristiche imprescindibili** al fine di determinare la "soggettività" nei conflitti. Più precisamente, deve trattarsi di organi: *a*) che siano quanto meno menzionati in Costituzione, escludendosi quindi, allo stato, gli organi che, pur svolgendo funzioni di rilievo costituzionale, non siano espressamente contemplati nella Carta costituzionale (cfr. ad es. decc. nn. 57, 118 e 126 del 1995, relative alla figura del Garante per la radiodiffusione e l'editoria); *b*) che godano di una sfera di attribuzioni costituzionali; *c*) che compiano atti in posizione di autonomia ed indipendenza, e cioè che siano «competenti a dichiarare definitivamente la volontà del potere cui appartengono»); *d*) che pongano in essere atti imputabili allo Stato (cfr., ad es., ord. n. 380 del 1993, in cui non è stata ammessa al conflitto una Provincia e ord. n. 84 del 2009 in cui non è stato ammesso un comune in persona del sindaco).

Esemplificando, è stata riconosciuta la soggettività nel conflitto al **Presidente della Repubblica** (sentt. nn. 150 del 1980, 77 e 129 del 1981)[5]; alla stessa **Corte costituzionale** (cfr. decc.

---

[5] La legittimazione attiva – di norma riconosciuta soltanto a chi impersona il potere delle cui attribuzioni si discute nel momento in cui il ricorso viene proposto – è stata eccezionalmente estesa dalla Corte alla persona fisica che ricopriva la carica di Presidente della Repubblica (nella specie l'allora attuale

nn. 77 del 1981 e 29 del 1998), per quanto ciò contraddica il principio generale del diritto secondo cui *nemo iudex in causa propria*; ad **ogni giudice** nell'esercizio di un'effettiva *potestas decidendi* (cfr., tra le numerosissime sentenze al riguardo, la sent. n. 259 del 1974); alla **Corte dei conti** sia in sede di controllo (sent. n. 409 del 1989) che in sede giurisdizionale (sentt. nn. 150 del 1980 e 129 del 1981); all'**Ufficio centrale per il referendum** presso la Corte di cassazione (cfr. decc. nn. 42, 43 e 44 del 1981); ad una **singola Camera** riguardo a funzioni proprie (sent. n. 132 del 1997) ed alle **due Camere nel complesso**, in ragione delle loro competenze collettive (sent. n. 406 del 1989); alle **commissioni parlamentari d'inchiesta** (sentt. nn. 228, 229 e 231 del 1975 e n. 26 del 2008); al **Consiglio superiore della magistratura**, ma solo a tutela delle proprie attribuzioni costituzionali (cfr., ad esempio, sent. n. 379 del 1992); al **Governo** nel suo complesso (tra le numerosissime sentenze in questo senso cfr. sentt. nn. 85 del 1978 e 242 del 1993); al **singolo ministro ma solamente quando** la sua posizione «sia messa in discussione da una mozione di sfiducia individuale che, investendone l'operato, lo distingua e lo isoli dalla responsabilità correlata all'azione politica del Governo nella sua collegialità» (sent. n. 7 del 1996).

Come si evince dagli esempi riportati, il comune denominatore è costituito dall'appartenenza allo Stato-persona o Stato-apparato – e cioè all'organizzazione statale in senso stretto – dei soggetti competenti a sollevare un conflitto tra poteri. La Corte ha, infatti, escluso che tale competenza possa spettare a soggetti esterni allo Stato-apparato, a meno che ad essi l'ordinamento conferisca la titolarità e l'esercizio di funzioni pubbliche costituzionalmente rilevanti e garantite, concorrenti con quelle attribuite a poteri ed organi statali in senso proprio, o anche di funzioni la cui imputazione finale vada comunque riferita allo

senatore a vita Cossiga) all'epoca in cui effettuò le dichiarazioni a lui addebitate come fonte di responsabilità per danni, ma che al momento dell'emanazione degli atti impugnati e della proposizione del ricorso era cessato dalla carica medesima (sent. n. 154 del 2004). La Corte ha motivato la propria decisione affermando che «non è qui in gioco la posizione costituzionale dell'*ex* titolare della carica in quanto tale, né lo sono eventuali attribuzioni costituzionali a lui spettanti in tale qualità».

Stato-persona. In concreto, la Corte ha riconosciuto la presenza delle suddette caratteristiche soltanto nei confronti del **Comitato dei promotori del referendum abrogativo** (cfr. sent. n. 69 del 1978); l'ha esclusa nei confronti dei **partiti politici** (ord. n. 79 del 2006).

Nell'ambito dell'attuale configurazione dell'istituto appare, invece, da escludere la legittimazione al conflitto di un singolo cittadino a garanzia dei propri diritti fondamentali (a differenza di quanto espressamente previsto in altri ordinamenti, quali la Germania e la Spagna), anche se nella sent. n. 161 del 1995 – ove si ammette che nelle ipotesi in cui vengano compressi «diritti fondamentali (e in particolare diritti politici) ... il ricorso allo strumento del conflitto tra i poteri dello Stato può ... rappresentare la forma necessaria per apprestare una difesa in grado di unire all'immediatezza l'efficacia» – è possibile cogliere, più che uno spunto a favore della praticabilità di conflitti siffatti, un auspicio a favore di riforme costituzionali che li rendano possibili.

Per quanto attiene agli **atti sindacabili da parte della Corte in sede di conflitto tra poteri dello Stato – ed in particolare alla sindacabilità di leggi e di atti con forza di legge** – occorre osservare da un lato che, così come nel caso dei conflitti tra Stato e Regioni, nessuna disposizione si riferisce ad essi; d'altro canto, in questo caso non è consentito ragionare in via residuale, come invece nel caso precedente, poiché i poteri dello Stato, a differenza dello Stato e delle Regioni, non hanno la possibilità di ricorrere alla Corte in sede di giudizio di legittimità costituzionale in via principale. Se ne dovrebbe pertanto concludere che qualsiasi atto – ivi comprese le leggi e gli atti con forza di legge – lesivo della sfera di attribuzioni di un potere dello Stato, sia impugnabile di fronte alla Corte costituzionale.

Nella sua prima sentenza in materia (n. 406 del 1989) la Corte non tenne alcun conto dell'argomento sistematico appena illustrato ed affermò che «*in linea di principio*, il conflitto di attribuzione fra poteri dello Stato non può ritenersi dato contro una legge o un atto equiparato», adducendo tre argomenti a sostegno di tale affermazione. In primo luogo, la «ragionevole esigenza di bilanciare la relativa latitudine della cerchia degli organi abilitati al conflitto fra poteri (non necessariamente organi costituzionali) con una più rigorosa delimitazione dell'ambito oggettivo del conflitto stesso». In secondo luogo, la Corte ritenne che «la sperimentabilità del conflitto contro gli atti suindicati finirebbe con il costituire un elemento di rottura del nostro sistema di garanzia costituzionale, sistema che, per quanto concerne la legge (e gli atti equiparati), è incentrato nel sindacato incidentale»; aggiungendo, altresì, su quest'ultimo punto, che la scelta che sta alla base di tale strutturazione «... si correla all'idea, rimasta portante nel nostro sistema costituzionale, della preminenza della legge e degli atti equiparati». In terzo luogo, le difficoltà di applicare alla legge il disposto dell'art. 38 della L. n. 87 del 1953, poiché la legge mal sopporterebbe di essere eliminata dall'ordinamento giuridico da una sentenza di annullamento invece che da una sentenza che ne dichiari l'illegittimità costituzionale.

La sent. n. 406 del 1989 subisce, tuttavia, un notevole ridimensionamento da parte della successiva sent. n. 161 del 1995, con la quale la Corte, premessa la necessità di una nuova valutazione degli argomenti addotti – per l'appunto soltanto "in via di principio" – nella precedente sentenza del 1989 alla luce degli "sviluppi della prassi ed ai più recenti indirizzi di dottrina", ritiene che il giudizio di legittimità costituzionale in via incidentale sia «di fatto non praticabile in relazione ai tempi ordinari», a fronte di decreti-legge, e cioè di atti provvisori, di ridottissima durata ed in grado di produrre in taluni casi effetti irreversibili nonostante la loro mancata conversione in legge; tanto più quando il decreto-legge incida in materia di diritti fondamentali, come avveniva nel conflitto sottoposto alla Corte. Inoltre, prosegue la Corte, la suddetta limitazione della garanzia costituzionale (l'impraticabilità di fatto del giudizio in via incidentale) nei confronti dei decreti-legge potrebbe «dar luogo a prospettive non prive di rischi sul piano degli equilibri tra i poteri fondamentali, ove si pensi – anche alla luce dell'esperienza più recente – al dilagare della decretazione d'urgenza, all'attenuato rigore nella valutazione dei presupposti della necessità e dell'urgenza, all'uso anomalo che è dato riscontrare nella prassi della reiterazione dei decreti non convertiti».

In tali ipotesi, certamente deprecabili – «ma suscettibili di manifestarsi non soltanto attraverso l'impiego della decretazione d'urgenza» – la Corte ammette la possibilità di utilizzare nei confronti del decreto-legge lo strumento del conflitto tra i poteri dello Stato, come controllo da affiancare al sindacato incidentale. Infine la Corte, esplicitando quanto sottinteso nell'ultima espressione, conclude affermando «la possibilità che, in situazioni particolari quali quelle innanzi richiamate, lo strumento del conflitto possa essere impiegato anche nei confronti della legge e del decreto legislativo».

La sindacabilità delle leggi e degli atti con forza di legge in sede di conflitto tra poteri dello Stato viene dunque esplicitamente affermata dalla Corte ma alla precisa condizione che ricorrano "situazioni particolari". Il problema, dunque, si sposta, trattandosi di vedere quali debbano essere tali situazioni particolari, in grado di consentire un intervento della Corte in sede di conflitto tra poteri dello Stato, invece che in sede di giudizio di legittimità costituzionale in via incidentale. La Corte non le indica in modo espresso ma, dal contesto della motivazione della sent. n. 161 del 1995 e sulla base di altre riflessioni, sembra possibile tentare di individuarle, sia pure per grandi linee, come segue: l'impossibilità o comunque la difficoltà concreta di ricorrere in tempo utile al giudizio di legittimità costituzionale in via incidentale a fronte di lesioni di competenza, concrete ed attuali, che provochino un danno irreversibile oppure l'impossibilità per un potere dello Stato di esercitare una competenza per esso essenziale; una lesione di diritti fondamentali che, anche in mancanza di un danno irreversibile, comporti la necessità di una difesa efficace ed immediata.

La sent. n. 457 del 1999 rappresenta un punto di arrivo radicale poiché ammette esplicitamente la sindacabilità in sede di conflitto tra poteri dello Stato anche delle leggi, tutte le volte in cui non sia esperibile nei loro confronti il giudizio di legittimità costituzionale in via incidentale. Secondo la Corte, infatti, l'ammissibilità del conflitto tra poteri dello Stato non può essere negata in considerazione della natura legislativa degli atti ai quali è ascritta la pretesa lesione delle competenze costituzionali, in quanto il conflitto costituzionale è preordinato alla garanzia dell'integrità della sfera delle attribuzioni determinata per i vari poteri da norme costituzionali, senza che, né dalla disciplina costituzionale, né da quella legislativa, si dia alcun rilievo alla natura degli atti da cui possa derivare la lesione dell'anzidetta sfera di attribuzioni, tenuto conto che la giurisdizione costituzionale sui conflitti – a differenza della giurisdizione costituzionale sulla legittimità delle leggi, il cui ambito è determinato in relazione ai tipi di atti assoggettabili al giudizio – è determinata in relazione alla natura dei soggetti che confliggono e delle loro competenze la cui integrità essi difendono. Perciò, il giudizio per conflitto di attribuzioni non è giudizio sulla legittimità di atti (anche se, a seconda dell'esito del giudizio, può conseguire l'annullamento dell'atto lesivo) ma è garanzia dell'ordine costituzionale delle competenze, quale che possa essere la natura dell'atto al quale sia eventualmente ascrivibile la lesione delle competenze medesime. Inoltre, anche se è vero che il giudizio incidentale è il mezzo che il nostro sistema di giustizia costituzionale prevede specificamente, nella generalità dei casi, per sottoporre le leggi al controllo di costituzionalità, da ciò non può derivare l'esclusione assoluta dell'ammissibilità di conflitti di attribuzione prospettati in relazione alla definizione delle competenze operata con legge; mentre deve escludersi, nella normalità dei casi, l'esperibilità del conflitto tutte le volte che la legge, dalla quale derivi l'eventuale lesione delle competenze, sia denunciabile dal soggetto interessato nel giudizio incidentale, come accade, di norma, quando l'usurpazione o la menomazione del potere costituzionale riguardi l'autorità giudiziaria nell'esercizio delle sue funzioni.

La sentenze, in precedenza citate, con le quali la Corte costituzionale ha affermato l'insindacabilità dei regolamenti parlamentari nell'ambito del giudizio di legittimità costituzionale[6], fanno sorgere qualche dubbio in ordine alla possibilità che essi siano sindacabili in sede di conflitto tra poteri dello Stato. Possibilità finora considerata abbastanza pacifica in dottrina ed ammessa anche in ordinamenti, come ad esempio quello tedesco, che pure escludono la sindacabilità dei regolamenti parlamentari in sede di giudizio di legittimità costituzionale[7].

---

[6] Cfr. cap. 2, § 2, p. 41 ss.

[7] Cfr. l'art. 93, co. 1, § 2, della Legge fondamentale tedesca e l'art. 64, co. 1, della legge sulla Corte costituzionale federale tedesca che disciplinano il caso

L'affermazione della Corte secondo cui l'insindacabilità dei regolamenti parlamentari si fonda sull'esigenza di assicurare l'indipendenza delle Camere sovrane da ogni altro potere fa sorgere il dubbio che tale insindacabilità valga sempre e comunque, indipendentemente dai diversi meccanismi di sindacato, purché si tratti di sindacato esterno, e cioè compiuto da organi diversi dalle Camere. Se l'insindacabilità dei regolamenti parlamentari non deriva da una particolare qualificazione giuridica delle norme in essi contenute ma costituisce invece un principio indispensabile per escludere ingerenze di altri organi costituzionali nei confronti delle Camere, se ne dovrebbe dedurre l'operatività ogni volta che sussista la possibilità d'ingerenze esterne.

Tuttavia, l'affermazione dell'insindacabilità dei regolamenti parlamentari, se è strumento di tutela della posizione d'indipendenza delle Camere, in tanto vale in quanto garantisce l'esercizio della funzione regolamentare attribuita dall'art. 64 Cost. in via esclusiva a ciascuna Camera. Non dovrebbe più valere, perciò, quando norme espressione di quella funzione operino al di fuori dei confini ad esse assegnati (confini, peraltro, molto difficili da individuare, trattandosi di definire quale sia la materia riservata ai regolamenti parlamentari) e dunque non possano più essere considerate strumento di tutela e di garanzia della posizione di ciascuna Camera. Poiché, per l'appunto, l'ipotesi del conflitto tra poteri dello Stato ricorre quando un organo costituzionale leda la competenza di un altro organo costituzionale, non sembra potersi escludere la possibilità che le norme dei regolamenti parlamentari costituiscano l'oggetto di un conflitto tra una Camera ed un altro organo costituzionale ai sensi dell'art. 134 Cost.

La Corte costituzionale, con la sent. n. 120 del 2014, pur avendo ritenuto inammissibile la questione di legittimità costituzionale delle norme dei regolamenti parlamentari [8], ha tutta-

---

di controversie tra organi. Al riguardo, con specifico riferimento ai regolamenti parlamentari, cfr. anche le sentenze della Corte costituzionale federale 6 marzo 1952, n. 27, in *Entscheidungen des Bundersverfassungsgerichts*, Bd. 1, 1952, p. 144 ss., e 14 luglio 1959, n. 2, in *Entscheidungen des Bundesverfassungsgerichts*, Bd. 10, 1960, p. 19 ss.

[8] Cfr. cap. II, § 2, punto a) in fine.

via colto questa occasione per indicare la strada alternativa del ricorso al conflitto tra poteri dello Stato. **Il ricorso sarebbe possibile, secondo la Corte, quando un organo del potere giurisdizionale si ritenga leso nella propria competenza dalle norme dei regolamenti di ciascuna Camera nella parte in cui disciplinano in via esclusiva e definitiva la tutela giurisdizionale dei propri dipendenti in ordine al loro stato giuridico ed al loro trattamento economico.**

Tale apertura, per la prima volta affermata esplicitamente dalla Corte, si muove in un ambito più ristretto rispetto a quanto in precedenza sostenuto nei riguardi di eventuali lesioni di competenza compiute da una qualsiasi norma dei regolamenti parlamentari e dunque non soltanto da quelle norme che disciplinano la cosiddetta autodichia. Questa limitazione non sembra condivisibile, alla luce degli argomenti sviluppati alla pagina precedente, perché ***qualsiasi*** **norma dei regolamenti parlamentari che non sia a tutela della posizione d'indipendenza delle Camere e che quindi non sia riconducibile sotto l'ombrello dell'art. 64 Cost. può essere oggetto di un conflitto tra poteri dello Stato, qualora essa determini la lesione della competenza di un diverso potere dello Stato.**

Inoltre, poiché nel giudizio sui conflitti tra poteri dello Stato vi deve essere, a pena d'inammissibilità, un interesse a ricorrere attuale e concreto, gli organi del potere giurisdizionale potranno sollevare il conflitto soltanto qualora siano stati richiesti da un dipendente della Camera o del Senato di pronunciarsi in giudizio su un suo diritto o su un suo interesse legittimo. In questa occasione il giudice, a fronte della autodichia esclusiva e definitiva prevista dai regolamenti parlamentari e tale da precludergli l'esercizio della propria competenza a decidere la controversia che gli è stata sottoposta, ben potrebbe per tale motivo sollevare un conflitto tra poteri dello Stato. E poiché, a seguito della sent. n. 120, nel giudizio di fronte alla Corte di Cassazione, che aveva sollevato la questione di legittimità costituzionale, ritorna in primo piano il ricorso del dipendente del Senato, quest'ultima avrà due possibili strade percorribili: adeguarsi alla sentenza della Corte costituzionale e rigettare il ricorso del dipendente in quanto inammissibile; oppure, con maggior coraggio e per verificare quanto reale sia l'apertura affermata dalla Corte costituzionale "in via di principio", sollevare il conflitto tra poteri dello Stato nei confronti del Senato.

Tale conflitto è stato poi effettivamente sollevato dalla Corte di cassazione nei confronti del Senato e della Presidenza della Repubblica[9] ed il relativo ricorso è stato rigettato dalla Corte costituzionale con la sent. n. 262 del 2017.

La Corte parte dalla premessa secondo cui l'autonomia costituzionale attribuita alle Camere dall'art. 64 Cost. – e "da un implicito fondamento costituzionale" al Presidente della Repubblica – non si risolve esclusivamente nell'autonomia normativa in senso stretto poiché quest'ultima «logicamente investe anche gli aspetti organizzativi, ricomprendendovi ciò che riguarda il funzionamento degli apparati amministrativi "serventi", che consentono agli organi costituzionali di adempiere liberamente, e in modo efficiente, alle proprie funzioni costituzionali». Nei suddetti aspetti organizzativi rientra anche «l'affidamento a collegi interni del compito di interpretare e applicare le norme relative al rapporto di lavoro dei dipendenti con gli organi costituzionali di cui si tratta, nonché la sottrazione delle decisioni di tali collegi al controllo della giurisdizione comune».

Inoltre, la Corte sottolinea «la circostanza che le fonti interne approvate dalle Camere e dal Presidente della Repubblica hanno dato vita ad organi di autodichia i quali, benché "interni" ed estranei all'organizzazione della giurisdizione, risultano costituiti secondo regole volte a garantire la loro indipendenza ed imparzialità, come del resto, in relazione alla funzione del giudicare, impongono i principi costituzionali ricavabili dagli artt. 3, 24, 101

---

[9] Cfr. Corte di cassazione Sezioni Unite civili, ord. n. 26934 del 2014 e Tribunale ordinario di Roma, Sezione II lavoro, ordinanza depositata in cancelleria il 18 dicembre 2015. I conflitti sono stati sollevati nei confronti rispettivamente del Senato e della Camera e sono stati ritenuti ammissibili dalla Corte costituzionale con le ordd. n. 137 del 2015 e n. 91 del 2016. La Corte di cassazione ha successivamente sollevato un ulteriore conflitto di attribuzioni nei confronti della Presidenza della Repubblica ed anche in questo caso il ricorso è stato ritenuto ammissibile con l'ord. n. 138 del 2015. La Corte costituzionale, con l'ord. n. 57 del 2017, ha infine dichiarato improcedibile per motivi esclusivamente processuali il ricorso sollevato dal Tribunale di Roma nei confronti della Camera dei deputati. Sono rimasti pertanto in piedi soltanto i due conflitti sollevati dalla Corte di cassazione nei confronti del Senato e della Presidenza della Repubblica.

e 111 Cost. e come ha richiesto la Corte europea dei diritti dell'uomo, in particolare nella sentenza 28 aprile 2009, *Savino e altri contro Italia*. Le fonti di autonomia delle Camere assicurano attualmente idonee incompatibilità, volte ad impedire che il medesimo soggetto possa contemporaneamente far parte dell'organo amministrativo che assume i provvedimenti relativi al personale (Consiglio di Presidenza del Senato e Ufficio di Presidenza della Camera) e degli organi di autodichia in primo e secondo grado. Inoltre, pur prevedendo che i componenti di tali ultimi organi siano scelti in larga parte fra i parlamentari, le medesime fonti richiedono che costoro possiedano determinate competenze tecniche, sul corretto presupposto che la loro qualificazione professionale possa favorire un esercizio indipendente della funzione. Per parte sua, il Presidente della Repubblica ha istituito organi di primo e secondo grado, composti solo da magistrati, nominati con suo decreto, su proposta del Segretario generale, previa designazione dei Presidenti dei rispettivi organi giudiziari». «Né è da trascurare che, presso entrambi gli organi costituzionali, i giudizi si svolgono, in primo e in secondo grado, secondo moduli procedimentali di natura sostanzialmente giurisdizionale, idonei a garantire il diritto di difesa e un effettivo contraddittorio».

«Tutto ciò ulteriormente conferma che la deroga alla giurisdizione qui in discussione, di cui costituisce riflesso la connessa limitazione del diritto al giudice, non si risolve in un'assenza di tutela. Tale limitazione, infatti, risulta compensata dall'esistenza di rimedi interni affidati ad organi che, pur inseriti nell'ambito delle amministrazioni in causa, garantiscono, quanto a modalità di nomina e competenze, che la decisione delle controversie in parola sia assunta nel rispetto del principio d'imparzialità, e al tempo stesso assicurano una competenza specializzata nella decisione di controversie che presentano significativi elementi di specialità».

«Si può quindi affermare che gli organi di autodichia sono chiamati a dirimere, in posizione *super partes*, controversie tra l'amministrazione dell'organo costituzionale e i suoi dipendenti secondo moduli procedimentali di carattere giurisdizionale, e dunque a svolgere funzioni obiettivamente giurisdizionali per la decisione delle controversie in cui siano coinvolte le posizioni giuridiche soggettive dei dipendenti».

Infine, la Corte precisa che «se è consentito agli organi costituzionali disciplinare il rapporto di lavoro con i propri dipendenti, non spetta invece loro, in via di principio, ricorrere alla propria potestà normativa, né per disciplinare rapporti giuridici con soggetti terzi, né per riservare agli organi di autodichia la decisione di eventuali controversie che ne coinvolgano le situazioni soggettive (si pensi, ad esempio, alle controversie relative ad appalti e forniture di servizi prestati a favore delle amministrazioni degli organi costituzionali). Del resto, queste ultime controversie, pur potendo avere ad oggetto rapporti non estranei all'esercizio delle funzioni dell'organo costituzionale, non riguardano in principio questioni puramente interne ad esso e non potrebbero perciò essere sottratte alla giurisdizione comune».

In sintesi, la Corte, dopo aver premesso il rapporto esistente tra l'art. 64 e l'autodichia, afferma che gli organi interni camerali, pur non potendo essere qualificati soggettivamente come giudici, esercitano tuttavia funzioni giurisdizionali secondo procedimenti anch'essi di carattere giurisdizionale e possiedono i requisiti della terzietà e dell'imparzialità tali da assicurare una tutela effettiva che pertanto esclude la violazione degli artt. 3, 24, 111 e 113 Cost. Correttamente la Corte aggiunge che tutto ciò non può valere nei confronti di rapporti giuridici con soggetti terzi, trattandosi di questioni esterne rispetto all'ambito parlamentare.

L'argomento principe sulla base del quale la Corte salva la legittimità dell'autodichia consiste nel fatto che, a seguito della riforma introdotta nel 2009 al Senato ed alla Camera, i membri degli organi interni giudicanti devono essere rispettivamente senatori [10] e deputati che non facciano parte dell'organo parlamentare [11] che ha adottato il provvedimento contro cui il dipendente ricorre.

---

[10] Al Senato, dell'organo di primo grado, denominato Commissione contenziosa, fanno parte anche un consigliere parlamentare e un dipendente, nominati all'inizio di ogni legislatura dal Presidente del Senato.

[11] Alla Camera l'Ufficio di presidenza; al Senato l'incompatibilità è più ampia e riguarda i componenti del Consiglio di Presidenza, i componenti del Consiglio dell'Amministrazione, del Consiglio di garanzia e del Consiglio di disciplina, i dipendenti assegnati al Servizio del Personale, nonché agli Uffici di segreteria della Commissione contenziosa e del Consiglio di garanzia.

Tale argomento, tuttavia, è molto debole perché, anche se esso è forse accettabile in via puramente astratta, non tiene in alcun conto l'ambito concreto nel quale operano i parlamentari. Ambito che è squisitamente politico e, in quanto tale, suscettibile di determinare situazioni e comportamenti non inquadrabili in rigidi meccanismi giuridici. In poche parole, chi può realisticamente escludere che, soprattutto a fronte di controversie potenzialmente implicanti pesanti conseguenze finanziarie per l'amministrazione in caso di sconfitta, tale situazione non determini, in tutta buona fede, un inevitabile condizionamento dei parlamentari giudicanti? E che dire, parlando di condizionamenti, della situazione ancor più delicata nella quale possono trovarsi al Senato i due dipendenti che fanno parte dell'organo di primo grado [12]?

In realtà, il condizionamento deriva da un dato oggettivo: l'appartenenza, sia pure a diverso titolo, dei soggetti giudicanti all'Istituzione che adotta i provvedimenti suscettibili d'impugnazione da parte dei dipendenti. La sola possibilità che il condizionamento si possa realizzare esclude l'indipendenza e l'imparzialità degli organi giudicanti. La conclusione sarebbe diversa se gli organi camerali di autodichia, pur rimanendo organi interni aventi giurisdizione esclusiva, fossero composti da soggetti, aventi gli stessi requisiti tecnici già richiesti dai regolamenti minori del Senato e della Camera, che però non facciano parte ad alcun titolo delle Camere e che con esse non abbiano, né possano in futuro avere, alcun rapporto professionale.

Come prevede, in maniera esemplare, il decreto presidenziale n. 34 del 2008 in ordine alla composizione degli organi della Presidenza della Repubblica, di primo e secondo grado, che giudicano i ricorsi presentati dai dipendenti dell'amministrazione del Quirinale. Tali organi, infatti, sono composti soltanto da magistrati, nominati con decreto del Presidente della Repubblica, su proposta del Segretario generale, previa designazione dei Presidenti dei rispettivi organi giudiziari. E non è un caso che, proprio a causa di tale composizione, che viene soltanto citata nella sentenza in esame, la Corte non si occupa minimamente

---

[12] Ovviamente, quanto sostenuto nel testo non vale per la Corte costituzionale poiché essa non è, a differenza delle Camere, organo politico.

del conflitto sollevato nei confronti della Presidenza della Repubblica, dando implicitamente per scontata la sussistenza dei requisiti della terzietà e della imparzialità.

La riprova o la smentita di quanto appena sostenuto si avrà probabilmente tra breve quando gli organi di autodichia del Senato e della Camera dovranno prendere posizione sugli innumerevoli ricorsi già presentati da Senatori e Deputati contro le deliberazioni adottate dai due rami del Parlamento nei confronti dei loro vitalizi. Qualora i suddetti organi si ritengano competenti a giudicare ricorsi presentati non già da dipendenti ma da parlamentari – il che non è affatto scontato – la tenue diversità tra soggetto giudicante e soggetto ricorrente, sulla base della quale la Corte ha giustificato la terzietà e l'imparzialità del primo nei confronti del secondo, verrebbe a cadere. Si determinerebbe, infatti, una singolare commistione della qualificazione dei soggetti componenti gli organi che hanno adottato i provvedimenti sui vitalizi, i soggetti componenti gli organi giudicanti e i soggetti ricorrenti: tutti quanti accomunati dal fatto di essere parlamentari! Tale circostanza, a mio giudizio, dovrebbe consigliare ai suddetti organi di autodichia di dichiararsi incompetenti, lasciando così via libera al ricorso al giudice naturale. Né, per uscire da tale *impasse*, appare più agevole la diversa soluzione in base alla quale gli organi di autodichia, pur dichiarandosi competenti, rinviassero, in quanto giudici *a quibus*, la questione di legittimità alla Corte costituzionale. Quest'ultima, infatti, per potersi a sua volta dichiarare competente dovrebbe verificare se gli atti adottati dal Consiglio di Presidenza del Senato e dall'Ufficio di Presidenza della Camera siano o meno atti con forza di legge: questione d'incerta soluzione e che, in caso di valutazione negativa, determinerebbe l'inevitabile ritorno di fronte agli organi di autodichia. In tal modo chiudendosi il cerchio e riproponendosi tutti i dubbi qui avanzati sulla terzietà ed imparzialità di tali organi, A questo punto resterebbe soltanto la strada, già percorsa dalla Cassazione e che ha portato alla sent. n. 262 del 2017, del conflitto tra poteri dello Stato mediante gli ormai noti passaggi: reiezione dei ricorsi da parte degli organi di autodichia, ricorso al giudice competente che, ritenendo lesa la propria competenza, solleva il conflitto di fronte alla Corte. E allora si vedrà se quest'ultima, a fronte di una fattispecie diversa sotto il profilo soggettivo (parlamentari e non dipendenti delle Camere) ma uguale nella sostanza (terzietà e imparzialità degli organi di autodichia?), confermerà o meno quanto deciso con la sent. n. 262.

Mentre nel caso dei conflitti tra Stato e Regioni e tra Regioni gli artt. 39 e 40 della L. n. 87 del 1953 si riferiscono espressamente ad "atti" – peraltro non meglio qualificati – lesivi della competenza, neanche questo generico riferimento sussiste nell'art. 37 della L. citata, talché è da ritenere che il **conflitto tra poteri dello Stato possa sorgere anche in mancanza di un atto**, essendo sufficiente, ad esempio, un semplice comportamento omissivo o anche la concreta minaccia alla sfera di attribuzioni di un potere dello Stato determinata dall'atteggiamento di un altro potere. Tale conclusione è, del resto, espressamente confermata dal successivo art. 38, secondo il quale «La Corte costituzionale risolve il conflitto sottoposto al suo esame dichiarando il potere al quale spettano le attribuzioni in contestazione e, *ove sia stato emanato un atto viziato da incompetenza*, lo annulla». Tuttavia, la possibilità che la Corte, in mancanza di un atto impugnato, sia chiamata a pronunciarsi soltanto sulla spettanza della competenza non significa che un potere possa astrattamente ricorrere alla Corte chiedendo un accertamento della propria sfera di attribuzioni, poiché anche nel giudizio sui conflitti tra poteri dello Stato deve sussistere il requisito dell'**interesse a ricorrere**; requisito che deve presentare, come nel caso dei conflitti tra Stato e Regioni e tra Regioni, le caratteristiche dell'attualità e della concretezza.

Quanto alla **lesione di competenza**, valgono in questo caso, in virtù della formulazione molto generica di cui al citato art. 37, tutte le fattispecie che la Corte aveva individuato, forzando la lettera della legge con la propria giurisprudenza, per i conflitti tra Stato e Regioni e tra Regioni: invasione di competenza in senso stretto ed illegittimo esercizio di una competenza propria.

L'art. 37 della L. n. 87 del 1953, nell'indicare il **parametro** dei giudizi sui conflitti tra poteri dello Stato, si riferisce testualmente a "nome costituzionali"; con ciò differenziandosi rispetto all'art. 39, co. 4, della stessa legge che, in ordine al parametro dei giudizi sui conflitti tra Stato e Regioni e tra Regioni, esige l'indicazione nel ricorso delle «disposizioni della Costituzione e delle leggi costituzionali che si ritengono violate». La diversità formale tra le due espressioni (norme e disposizioni) non sembra però sufficiente a dar luogo a diversità sostanziali nella individuazione del parametro dei due giudizi, poiché il legislatore – tanto più quello dell'epoca – ha quasi sempre usato come sinonimi i termini "disposizione" e "norma". Occorre, tuttavia, ricordare che la Corte, sia pure senza alcun riferimento alla indicata diversità terminologica, ha in due occasioni fatto ricorso a **consuetudini costituzionali** per risolvere conflitti tra poteri dello Stato. Dell'argomento ci si è già occupati in precedenza ed è a quella sede che pertanto si rinvia [13], soprattutto in ordine al **valore parametrico delle norme consuetudinarie costituzionali: valore non autonomo ma soltanto integrativo di norme o principi formalmente costituzionali.**

Sul piano più strettamente processuale, gli elementi che distinguono il giudizio sui conflitti tra Stato e Regioni e tra Regioni dal giudizio sui conflitti tra poteri dello Stato sono i seguenti. A differenza di quanto previsto per i ricorsi dello Stato e delle Regioni, **la legge non prescrive alcun termine per i ricorsi proposti dai poteri dello Stato**. Una ulteriore differenza è stabilita dall'art. 37, commi 3 e 4, secondo cui, per i conflitti tra poteri dello Stato, **la Corte decide preliminarmente in Camera di consiglio sulla ammissibilità del ricorso**, accertando se esista la "materia di un conflitto" la cui risoluzione spetti alla sua competenza: in caso di esito negativo (per profili soggettivi o oggettivi, oppure per irregolarità processuali), la Corte adotta una ordinanza di inammissibilità che chiude definitivamente il giudizio; in caso di esito positivo, invece, il giudizio prosegue restando, tuttavia, impregiudicata la possibilità che la Corte, ribaltando quanto ammesso in sede preliminare, concluda il giudizio stesso con una sentenza di inammissibilità (ord. n. 374 del 2008 e sent. n. 223 del 2009). Un'ultima differenza riguarda **l'istituto della sospensione cautelare del provvedimento** che ha dato luogo al conflitto, poiché tale istituto, disciplinato dall'art. 40 della L. n. 87 del 1953 per i conflitti tra Stato e Regioni e tra Regioni, non è previsto da alcuna disposizione nel caso di

---

[13] Cfr. cap. 2, § 2, p. 51 ss.

conflitti tra poteri dello Stato; in ordine all'eventuale applicazione analogica della disposizione suddetta al secondo tipo di conflitti, la dottrina è divisa e la stessa Corte costituzionale non si è finora pronunciata in modo chiaro al riguardo (cfr., da ultimo, ord. n. 171 del 1997).

4. *Le sentenze conclusive tanto dei giudizi sui conflitti tra lo Stato e le Regioni e tra le Regioni, quanto dei giudizi sui conflitti tra i poteri dello Stato. Tipi di sentenze. Il problema relativo all'individuazione dell'oggetto principale del giudizio: l'atto o la competenza? Irrilevanza pratica del problema*

L'illustrazione delle sentenze con le quali la Corte costituzionale conclude tanto il giudizio sui conflitti tra lo Stato e le Regioni e tra le Regioni, quanto il giudizio sui conflitti tra i poteri dello Stato, può essere svolta unitariamente poiché identici sono gli effetti delle sentenze suddette.

Oltre alle sentenze di inammissibilità e di improcedibilità, nonché alle sentenze che dichiarano la cessazione della materia del contendere, la Corte può adottare sentenze che entrano nel merito della lesione di competenza sostenuta dalla parte ricorrente. Queste ultime possono suddistinguersi in tre tipi, a seconda del loro contenuto ed in relazione alla presenza o alla mancanza di un atto impugnato, secondo quanto già osservato a quest'ultimo proposito nei due paragrafi precedenti:

a) qualora la Corte accerti l'esistenza di una lesione di competenza e sia stato impugnato un atto, la sentenza dichiara a quale soggetto spetta la competenza ed annulla l'atto;

b) qualora la Corte accerti che l'atto impugnato non determina una lesione di competenza o che comunque, in mancanza di un atto impugnato, non vi sia una lesione di competenza, la sentenza respinge il ricorso;

c) qualora la Corte accerti l'esistenza di una lesione di competenza e non sussista un atto impugnato, la sentenza si limita a dichiarare a quale soggetto spetta la competenza.

Il **percorso logico** che la Corte deve compiere per giungere a ciascuno dei tre tipi di sentenza è sempre lo stesso, dovendo essa decidere innanzitutto sulla spettanza della competenza e poi, soltanto eventualmente, sull'annullamento dell'atto. In quest'ultima eventualità – quando cioè la Corte, dopo avere deciso sulla competenza, annulla conseguentemente l'atto – si pose a suo tempo in dottrina **il problema di quale fosse l'oggetto principale del giudizio sui conflitti di attribuzione (la competenza o l'atto?)**, potendosi al riguardo ragionare in due modi diversi: l'oggetto principale del giudizio è la competenza e la decisione sull'atto ne costituisce una semplice conseguenza meccanica; l'oggetto principale del giudizio è l'atto e la decisione sulla competenza ne costituisce una semplice premessa logica.

In origine, quando ancora non si era formata una giurisprudenza consolidata della Corte al riguardo (soprattutto nei confronti dei conflitti tra poteri dello Stato), il problema avrebbe potuto avere, quantomeno astrattamente, rilevanti implicazioni in ordine agli effetti, più o meno vincolanti per la stessa Corte, delle proprie sentenze relative alla competenza. **A ritenere che oggetto principale del giudizio sia l'atto e non la competenza**, la sentenza avente ad oggetto l'annullamento dell'atto o il rigetto del ricorso non comporterebbe alcun vincolo futuro – sia per la Corte che per le parti del giudizio – in ordine alla delimitazione della competenza affermata nella stessa sentenza, proprio perché tale delimitazione rappresenterebbe un passaggio meramente interno della motivazione; in futuro, pertanto, le stesse parti di quel giudizio potrebbero sollevare di nuovo lo stesso conflitto e la Corte potrebbe deciderlo in modo diverso, sulla base di una differente valutazione della competenza. Al contrario, **a ritenere che oggetto principale del giudizio sia la competenza e non l'atto**, la sentenza della Corte avrebbe effetti definitivi di tipo generale, restando stabilito una volta per tutte che in quella determinata fattispecie la competenza spetta allo Stato o alla Regione o ad un determinato potere dello Stato; in futuro, pertanto, le stesse parti di quel giudizio non potrebbero sollevare di nuovo lo stesso conflitto, né la Corte, qualora investita dello stesso conflitto da parti diverse, potrebbe decidere diversamente.

Se tali avrebbero potuto essere le implicazioni concrete del problema suddetto, **la successiva giurisprudenza della Corte le ha escluse**, essendosi affermato che:

a) la decisione sulla competenza non ha effetti generali che trascendano il caso deciso;

b) la decisione sulla competenza non ha autorità di "cosa giudicata", neanche limitatamente alle parti del giudizio (sent. n. 21 del 2006 in relazione alla sent. n. 27 del 2004).

Ne consegue che il problema di quale sia l'oggetto principale del giudizio sui conflitti di attribuzione è oramai un problema del tutto teorico, dal quale si può quindi prescindere. Resta, invece, stabilito che **l'unico effetto definitivo e valevole *erga omnes* è quello rappresentato dall'eventuale annullamento dell'atto**; al contrario, la decisione sulla competenza non è vincolante per la Corte costituzionale, né per le parti del giudizio né, a più forte ragione, per gli altri soggetti legittimati a proporre ricorso per conflitto di attribuzione. Ciò significa che la Corte potrà decidere su una determinata competenza in modo diverso da quanto già deciso in precedenza e che potranno successivamente presentare un nuovo ricorso, in relazione ad una fattispecie identica ad altra già decisa dalla Corte, tanto le stesse parti di quello stesso giudizio, quanto ogni altro soggetto legittimato a ricorrere.

CAPITOLO IV

IL GIUDIZIO SULL'AMMISSIBILITÀ DELLE RICHIESTE DI *REFERENDUM* ABROGATIVO

SOMMARIO. 1. Le disposizioni che attribuiscono alla Corte costituzionale la competenza a verificare l'ammissibilità delle richieste di *referendum* abrogativo: l'art. 2 della L. cost. n. 1 del 1953 e l'art. 33, co. 4, della L. 25 maggio 1970, n. 352, che limitano il giudizio della Corte alla verifica del rispetto dei limiti previsti dall'art. 75, co. 2, Cost. – 2. L'ampliamento del potere di verifica compiuto dalla giurisprudenza della Corte: i limiti ulteriori del *referendum* abrogativo.

1. *Le disposizioni che attribuiscono alla Corte costituzionale la competenza a verificare l'ammissibilità delle richieste di* referendum *abrogativo: l'art. 2 della L. cost. n. 1 del 1953 e l'art. 33, co. 4, della L. 25 maggio 1970, n. 352, che limitano il giudizio della Corte alla verifica del rispetto dei limiti previsti dall'art. 75, co. 2, Cost.*

La terza competenza della Corte costituzionale riguarda il giudizio sulla ammissibilità delle richieste di *referendum* abrogativo. A differenza delle precedenti, essa non è prevista dalla Costituzione ma dalla successiva L. cost. 11 marzo 1953, n. 1. L'art. 2 della legge citata stabilisce, infatti, che «Spetta alla Corte costituzionale giudicare se le richieste di *referendum* abrogativo presentate a norma dell'art. 75 Cost. siano ammissibili ai sensi del co. 2 dell'articolo stesso». Tale competenza della Corte è poi ribadita dall'art. 33, co. 4, della L. 25 maggio 1970, n. 352, secondo il quale «La Corte costituzionale, a norma dell'art. 2 della L. cost.

11 marzo 1953, n. 1, decide con sentenza, da pubblicarsi entro il 10 febbraio, quali tra le richieste siano ammesse e quali respinte, perché contrarie al disposto del co. 2 dell'art. 75 Cost.».

Sulla base del dato testuale di cui alle due citate disposizioni, **l'ammissibilità del *referendum* abrogativo sembrerebbe incontrare il solo limite posto dall'art. 75, co. 2, Cost.**, secondo il quale «non è ammesso il *referendum* per le leggi tributarie e di bilancio, di amnistia ed indulto, di autorizzazione a ratificare i trattati internazionali». **Tale istituto, invece, subisce una ampia ed eterogenea serie di limiti ulteriori, emersi e sviluppatisi in una giurisprudenza costituzionale molto articolata e complessa**, fondata sull'assunto che l'operatività del *referendum* presupponga – oltre ai limiti desumibili direttamente dall'art. 75 Cost. – «una serie di cause inespresse, previamente ricavabili dall'intero ordinamento costituzionale del *referendum* abrogativo» (così sent. n. 16 del 1978).

2. *L'ampliamento del potere di verifica compiuto dalla giurisprudenza della Corte: i limiti ulteriori del* referendum *abrogativo*

La Corte costituzionale ha operato su tre versanti al fine di delineare tali limitazioni ulteriori all'ammissibilità del *referendum* abrogativo:

a) interpretando estensivamente le categorie di leggi precluse dall'art. 75, co. 2, Cost.;
b) escludendo dall'ambito delle consultazioni referendarie una serie ulteriore di leggi o materie;
c) rinvenendo limiti alla struttura dei quesiti referendari.

a) L'interpretazione letterale della formula dell'art. 75, co. 2, Cost. è stata integrata – sebbene la ristrettezza dell'elenco deponesse a favore di una lettura rigorosa del dettato costituzionale – «da un'interpretazione logico-sistematica, per cui vanno sottratte al *referendum* le disposizioni produttive di effetti collegati in modo così stretto all'ambito di operatività delle leggi indicate dall'art. 75, che la preclusione debba ritenersi sottintesa» (così sent. n. 16 del

1978). Ciò è accaduto soprattutto per le "leggi tributarie e di bilancio", interpretate in connessione al mutevole assetto temporale che può assumere l'ordinamento finanziario dello Stato, per cui la sottrazione al *referendum* è stata applicata non solo al bilancio annuale e al bilancio pluriennale, ma anche alla **legge finanziaria** (cfr. sent. n. 2 del 1994) e poi alla legge di stabilità [1]; nonché per le "leggi di autorizzazione alla ratifica dei trattati internazionali", cui sono state equiparate **le leggi di esecuzione dei trattati e, talora, anche le relative leggi di attuazione**, facendosi leva sull'esigenza di adempiere agli obblighi internazionali (cfr., ad es., sentt. nn. 30 e 31 del 1981, che dichiarano inammissibili i *referendum* sulla disciplina delle sostanze stupefacenti e sull'energia nucleare, ponendo in rilievo la correlazione tra le norme delle quali si chiedeva l'abrogazione e l'adempimento di obblighi internazionali).

b) Sono state escluse dalle consultazioni referendarie anche la Costituzione e le leggi approvate con il procedimento di cui all'art. 138 Cost. (**disposizioni di rango formalmente costituzionale**), gli **atti legislativi dello Stato dotati di una forza passiva peculiare** (come, ad es., le leggi di esecuzione dei Patti lateranensi: cfr. sent. n. 16 del 1978) e le disposizioni legislative ordinarie a contenuto costituzionalmente vincolato, cioè quelle leggi «il cui nucleo normativo non possa venire alterato o privato di efficacia, senza che ne risultino lesi i corrispondenti specifici disposti della Costituzione stessa» (così ancora, sent. n. 16 del 1978). Tale ultima categoria, dalla delimitazione alquanto problematica, è stata oggetto di interpretazioni ed aggiustamenti, non sempre coerenti, da parte della più recente giurisprudenza costituzionale, che ha finito per estenderne la portata fino a ricomprendervi le **leggi "costituzionalmente obbligatorie"**, in considerazione del fatto che «gli organi costituzionali o di rilevanza costituzionale non possono essere esposti alla eventualità, anche solo teorica, di paralisi di funzionamento» (così, ad es., sent. n. 29 del 1987, riguardante il *referendum* sull'abrogazione di alcune norme sull'elezione del Consiglio Superiore della Magistratura).

In linea con questo orientamento, la Corte ha ritenuto inam-

---

[1] Ambedue queste leggi non esistono più alla luce del nuovo testo dell'art. 81 Cost.

missibili i *referendum* sulle leggi elettorali che producano vuoti incolmabili in attesa di una disciplina integrativa (v. sentt. nn. 47 del 1991, 5 del 1995 e 26 del 1997) ed ammissibili invece quelli in cui la richiesta manipolativa[2] risultasse "autoapplicativa", in quanto, cioè, la normativa di risulta fosse sufficiente ad assicurare comunque lo svolgimento delle elezioni. In proposito si veda (oltre alle sentt. nn. 32 e 33 del 1993) la recente sent. n. 13 del 1999, nella quale la Corte rileva che «il quesito è formulato in modo da poter realizzare l'abrogazione parziale della legge elettorale ... ed insieme a fare sì che la normativa residua, cioè quella risultante dopo l'eventuale abrogazione, sia immediatamente applicabile, consentendo la rinnovazione in qualsiasi momento dell'organo rappresentativo, condizione indispensabile per i *referendum* nella materia delle elezioni delle assemblee parlamentari».

Un'ulteriore categoria di leggi sottratta dalla Corte al *referendum* abrogativo è quella delle leggi a contenuto «comunitariamente necessario» (cfr. sentt. nn. 41 e 45 del 2000 e n. 46 del 2003), ossia quelle leggi la cui esistenza è da ritenersi indispensabile affinché l'Italia non si renda inadempiente nei confronti degli obblighi derivanti dall'ordinamento comunitario (ad esempio, una legge o atto avente forza di legge attuativo di una direttiva comunitaria).

c) Pur potendo un singolo *referendum* coinvolgere una pluralità di disposizioni di una singola legge o, anche, di una pluralità di atti legislativi, la Corte ha sempre ritenuto indispensabile che **il quesito risulti omogeneo, coerente ed intelligibile**. Ciò significa, tra l'altro, che non può essere sottoposto al corpo elettorale un *referendum* che «contenga una tale pluralità di domande eterogenee, carente di una matrice razionalmente unitaria, tale da non poter venire ricondotto alla logica dell'art. 75 Cost., il quale esige che gli elettori debbano poter votare per il 'sì' o per il 'no' rispetto ad interrogativi chiari e precisi». Emblematica è, in questo senso, la sent. n. 16 del 1978, ove si dichiara inammissibile una richiesta tesa ad abrogare 97 articoli del codice penale.

---

[2] Per quesiti manipolativi s'intendono quei quesiti in realtà volti ad innovare l'ordinamento mediante abrogazione di singole disposizioni o addirittura di singole parole contenute nei testi di legge.

Capitolo V

IL GIUDIZIO SULLE ACCUSE PROMOSSE CONTRO IL PRESIDENTE DELLA REPUBBLICA

Sommario. 1. Introduzione: la diversa disciplina dei reati presidenziali e dei reati ministeriali; indicazioni normative. – 2. Cenni procedurali: l'istruttoria parlamentare e la votazione dell'atto di accusa; la particolare composizione della Corte ed i suoi poteri; le sanzioni irrogabili; irrevocabilità e revisione della sentenza di condanna. – 3. I problemi relativi alla definizione dei reati di alto tradimento e di attentato alla Costituzione. Le tesi d'ispirazione penalistica e quelle d'ispirazione costituzionalistica. – 4. Conclusione: la competenza della Corte costituzionale a giudicare sulle accuse promosse contro il Presidente della Repubblica non costituisce esercizio di giurisdizione penale ma piuttosto di "giustizia politica".

1. *Introduzione: la diversa disciplina dei reati presidenziali e dei reati ministeriali; indicazioni normative*

La quarta ed ultima competenza della Corte costituzionale è disciplinata dall'art. 134, ultimo cpv., Cost., secondo il quale la Corte giudica «sulle accuse promosse contro il Presidente della Repubblica, a norma della Costituzione». A sua volta, l'art. 90 Cost. dispone che «Il Presidente della Repubblica non è responsabile degli atti compiuti nell'esercizio delle sue funzioni, tranne che per **alto tradimento o per attentato alla Costituzione**. In tali casi è messo in stato di accusa dal Parlamento in seduta comune, a maggioranza assoluta dei suoi membri».

A seguito dell'approvazione della L. cost. 16 gennaio 1989, n. 1, **il Presidente del Consiglio ed i ministri non vengono più giudicati dalla Corte costituzionale per i reati commessi nel-**

l'esercizio delle loro funzioni. L'art. 96 Cost., nel testo modificato dalla citata legge costituzionale, stabilisce, infatti, che «Il Presidente del Consiglio dei ministri ed i ministri, anche se cessati dalla carica, sono sottoposti, per i reati commessi nell'esercizio delle loro funzioni, alla giurisdizione ordinaria, previa autorizzazione del Senato della Repubblica e della Camera dei deputati, secondo le norme stabilite con legge costituzionale».

Le **disposizioni** che disciplinano sotto vari aspetti la suddetta competenza della Corte costituzionale sono contenute, oltre che nella Costituzione, nelle seguenti fonti: L. cost. 11 marzo 1953, n. 1 (artt. 12, 13, 15); L. 25 gennaio 1962, n. 20, e successive modificazioni (artt. 17-35); L. 5 giugno 1989, n. 219 (artt. 5-12); Norme integrative per i giudizi di accusa davanti alla Corte costituzionale, approvate dalla Corte con delibera del 27 novembre 1962 (artt. 1-30); Regolamento parlamentare per i procedimenti di accusa, approvato in un identico testo dal Senato nella seduta del 7 giugno 1989 e dalla Camera nella seduta del 28 giugno 1989.

2. *Cenni procedurali: l'istruttoria parlamentare e la votazione dell'atto di accusa; la particolare composizione della Corte ed i suoi poteri; le sanzioni irrogabili; irrevocabilità e revisione della sentenza di condanna*

I rapporti, i referti e le denunzie concernenti i reati di cui all'art. 90 Cost., presentati al Presidente della Camera, sono da quest'ultimo trasmessi ad un **Comitato parlamentare**, formato dai componenti della Giunta del Senato e da quelli della Giunta della Camera competenti per le autorizzazioni a procedere in base ai rispettivi regolamenti. Il Comitato espleta le proprie indagini, anche nei confronti di qualsiasi soggetto che abbia concorso nei reati di cui all'art. 90 Cost., con i poteri spettanti al Pubblico ministero ed al giudice per le indagini preliminari entro il termine massimo di cinque mesi, prorogabile per una sola volta per un periodo non superiore a tre mesi. Di particolare rilevanza è la norma secondo cui nei procedimenti in questione non sono richieste le autorizzazioni previste dai commi 2 e 3 dell'art. 68 Cost., né possono essere opposti il segreto di Stato ed il segreto d'ufficio. A conclusione dei propri lavori, il Comitato: a) dichiara la propria incompetenza, ove ritenga che il reato sia diverso da quelli previsti dall'art. 90 Cost.; b) dispone con ordinanza motivata l'archiviazione degli atti del procedimento, ove ravvisi la manifesta infondatezza della notizia di reato; c) in ogni altra ipotesi presenta una relazione al Parlamento in seduta comune. Nei primi due casi, tuttavia, almeno un quarto dei componenti del Parlamento può chiedere che il Comitato presenti comunque la relazione di cui al terzo caso.

La fase successiva si svolge di fronte al **Parlamento in seduta comune** ove, dopo la discussione, si procede alla votazione a **scrutinio segreto** della messa in stato di accusa che risulta approvata se viene raggiunta la **maggioranza assoluta dei componenti**; l'atto di accusa deve contenere l'indicazione degli addebiti e delle prove su cui l'accusa si fonda. Il Parlamento in seduta comune, nel porre in stato di accusa il Presidente della Repubblica, elegge, anche tra i suoi componenti, uno o più commissari per sostenere l'accusa; questi ultimi esercitano davanti alla Corte costituzionale le funzioni di pubblico ministero e hanno facoltà di assistere a tutti gli atti istruttori.

Il giudizio sulle accuse nei confronti del Presidente della Repubblica e di ogni altro eventuale coimputato, per connessione con i reati di cui all'art. 90 Cost., viene compiuto dalla Corte costituzionale in una **particolare composizione allargata**. Come già visto in precedenza[1], ai quindici giudici ordinari si aggiungono altri sedici membri – **i giudici aggregati** – tratti a sorte da un elenco di cittadini aventi i requisiti per l'eleggibilità a senatore, che il Parlamento compila ogni nove anni mediante elezione con le stesse modalità stabilite per la nomina dei giudici ordinari. In ordine ai giudici aggregati si possono compiere due osservazioni: essi non devono necessariamente possedere quegli stessi requisiti di professionalità giuridica che sono invece richiesti per i giudici ordinari; essi sono in maggioranza (16 a 15) rispetto ai giudici ordinari e tale maggioranza deve comunque sussistere per tutta la durata del giudizio[2]. **Le due circostanze**

---

[1] Cfr. cap. 1, § 3, p. 11.

[2] Cfr. art. 11 delle Norme integrative per i giudizi di accusa davanti alla

rafforzano l'influenza indiretta del Parlamento all'interno della Corte e dunque, come si vedrà meglio alla conclusione del presente capitolo, gli aspetti "politici" del giudizio della Corte stessa.

Quest'ultimo si articola, in analogia alla struttura del processo penale, in una fase **istruttoria** ed in una successiva fase **dibattimentale**, osservandosi, in quanto applicabili e salvo che non sia diversamente disposto, le norme del codice penale e del codice di procedura penale. La Corte può, anche d'ufficio, adottare i **provvedimenti cautelari e coercitivi**, personali o reali, che ritenga opportuni; tra questi, particolare rilevanza assume l'eventuale **sospensione dalla carica del Presidente della Repubblica**. In caso di condanna del Presidente della Repubblica, la Corte costituzionale determina le **sanzioni penali nei limiti del massimo di pena previsto dalle leggi vigenti al momento del fatto** – attualmente la pena dell'ergastolo[3] – nonché le **sanzioni costituzionali, amministrative e civili** adeguate al fatto (ad es. la rimozione dalla carica di Capo dello Stato, la decadenza dalla carica di senatore a vita o la perdita del relativo diritto, la confisca dei beni, il risarcimento del danno, ecc.). **La sentenza della Corte non è soggetta ad impugnazione ma può essere soltanto sottoposta a revisione** con ordinanza della stessa Corte se, dopo la condanna, sopravvengono o si scoprono nuovi fatti o nuovi elementi di prova i quali, da soli o uniti a quelli già esaminati nel procedimento, rendono evidente che il fatto non sussiste oppure che il condannato non lo ha commesso. La circostanza secondo cui la irrevocabilità della sentenza di condanna vale, oltre che nei confronti del Presidente della Repubblica, anche nei confronti degli eventuali coimputati – che dunque hanno a loro disposizione un solo grado di giudizio – è giustificata, secondo quanto affermato dalla Corte, dalla preva-

---

Corte costituzionale, approvate dalla Corte con delibera del 27 novembre 1962: «Se per qualsiasi ragione il numero dei giudici aggregati facenti parte del Collegio diventi pari o inferiore a quello dei giudici ordinari, il numero di questi ultimi viene ridotto in modo che i giudici aggregati siano in maggioranza. A tal fine si procede a sorteggio, osservando le disposizioni contenute nell'art. 6».

[3] La pena dell'ergastolo è oggi la pena massima anche in tempo di guerra, poiché l'art. 1 della L. 13 ottobre 1994 ha abrogato le disposizioni del codice penale militare di guerra nella parte in cui prevedevano la pena di morte.

lente esigenza di valutare unitariamente, nell'ambito di un solo procedimento, i comportamenti che si assumono concretizzare i reati di cui all'art. 90 Cost. od i reati a questi ultimi connessi[4].

3. *I problemi relativi alla definizione dei reati di alto tradimento e di attentato alla Costituzione. Le tesi d'ispirazione penalistica e quelle d'ispirazione costituzionalistica*

La definizione delle fattispecie che integrano i reati di alto tradimento e di attentato alla Costituzione è problema che non ha ancora una soluzione sicura, a causa della diversità di opinioni che al riguardo sono state avanzate in dottrina e, soprattutto, della totale mancanza di una giurisprudenza della Corte costituzionale che finora mai si è trovata a giudicare su accuse mosse dal Parlamento in seduta comune nei confronti di un Presidente della Repubblica.

Il dato certo – dal quale nascono tutti i problemi – è costituito dal fatto che l'art. 90, riferendosi ai reati di alto tradimento e di attentato alla Costituzione, non fornisce alcun elemento in ordine ai comportamenti concreti in presenza dei quali si possano ritenere commessi i reati suddetti da parte del Presidente della Repubblica. L'art. 90 si riferisce, dunque, a due scatole vuote, a due contenitori senza contenuto; in termini giuridici (con più eleganza ma con identica mancanza di costrutto), si tratterrebbe di **reati cosiddetti a fattispecie indeterminata**. Ma in tal modo s'imbocca una strada senza uscita perché, se si vuole continuare a parlare di reati così come da sempre definiti dalla dottrina e dalla giurisprudenza penalistica, si deve osservare che le leggi penali vigenti nel nostro ordinamento, se in qualche raro caso prevedono reati a fattispecie delineata in termini soltanto generici (reati a forma libera), mai prevedono reati a fattispecie totalmente carente. D'altra parte, disposizioni siffatte sarebbero incostituzionali per violazione dell'art. 25 Cost. (principio di legalità dei reati e di irretroattività della leg-

---

[4] Cfr. sent. n. 125 del 1977.

ge penale) e dunque si può concludere che, penalmente parlando, **un reato a fattispecie indeterminata non è nemmeno qualificabile come reato.**

Un primo tentativo per risolvere il problema posto dall'art. 90 è stato compiuto dalla **dottrina prevalentemente penalistica**, affermandosi che la suddetta disposizione costituzionale contiene in realtà una **tacita norma di rinvio a disposizioni penali vigenti**, individuate secondo taluni nell'art. 283 c.p. (che prevede il reato di attentato alla Costituzione)[5] e nell'art. 77 c.p. mil. di pace (che prevede il reato di alto tradimento, anche se soltanto nella sua intitolazione)[6]; secondo altri, più estensivamente, il rinvio sarebbe a tutte quelle disposizioni penali che prevedono e puniscono reati contro la personalità interna o internazionale dello Stato.

Le tesi suddette non sono oggi prevalenti in dottrina per una serie di obiezioni che sono state avanzate nei loro confronti. Contro il rinvio all'art. 77 c.p. mil. di pace (a parte la stranezza di un rinvio ad una disposizione anch'essa di rinvio, qual è l'art. 77) si è osservato che la eventuale abrogazione dell'articolo suddetto, realizzabile con lo strumento della legge ordinaria, avrebbe paradossalmente l'effetto di privare totalmente di contenuto la norma relativa all'alto tradimento contenuta in Costituzione; inoltre, la disposizione citata è troppo riduttiva poiché rinvia non a tutte ma soltanto ad alcune delle disposizioni del c.p. che prevedono reati contro la personalità interna o internazionale dello Stato. Contro il rinvio all'art. 283 c.p. si è osservato che le fattispecie da esso previste (mutamento della Costituzione o della forma di Governo con mezzi illeciti) non esauri-

---

[5] «Chiunque commette un fatto diretto a mutare la Costituzione dello Stato, o la forma del Governo, con mezzi non consentiti dall'ordinamento costituzionale dello Stato, è punito con la reclusione non inferiore a dodici anni».

[6] L'art. 77 c.p. mil. di pace, infatti, si riferisce al reato di alto tradimento soltanto nella sua intitolazione, mentre nella parte normativa si limita a comminare pene più severe per alcuni reati, qualora siano commessi da militari, tra quelli previsti dal codice penale come reati contro la personalità interna o internazionale dello Stato. La differenza con la seconda tesi sta nel fatto che in quel caso il rinvio deve intendersi nei confronti di *tutte* le disposizioni che prevedono reati contro la personalità interna o internazionale dello Stato, mentre il rinvio operato dall'art. 77 è soltanto nei confronti di *alcune* delle suddette disposizioni.

scono i possibili comportamenti in presenza dei quali si deve parlare di attentato alla Costituzione, rientrando tra questi ultimi anche tutti quei comportamenti volti non tanto al mutamento della forma di Governo quanto ad ostacolarne o a condizionarne il corretto funzionamento (ad esempio, servendosi a tale scopo di attività deviate dei servizi segreti). Questa stessa obiezione è altresì rivolta contro il rinvio a tutte quelle disposizioni penali che prevedono e puniscono reati contro la personalità interna o internazionale dello Stato perché, se tale rinvio può essere accettabile per quanto attiene all'alto tradimento, nel reato di attentato alla Costituzione, come si cercherà di esemplificare tra poco, vanno ricompresi anche comportamenti del Capo dello Stato particolarmente illegittimi ma non necessariamente rivolti contro la personalità interna o internazionale dello Stato.

Preferibili appaiono, dunque, altre tesi, d'ispirazione costituzionalistica, che cercano d'individuare i contenuti dei due reati di cui all'art. 90 Cost. non soltanto con riferimento a norme penali vigenti ove applicabili – in questo senso ci si riferisce abbastanza concordemente alle disposizioni in precedenza citate che prevedono e puniscono reati contro la personalità interna o internazionale dello Stato – **ma anche e soprattutto con riferimento alle norme ed ai principi del nostro sistema costituzionale**.

Si è pertanto ritenuto che il reato di alto tradimento sussista anche in tutte le ipotesi nelle quali il Capo dello Stato violi il dovere di fedeltà nei confronti della Repubblica in positivo o addirittura, secondo taluni, in negativo per omessa vigilanza nella difesa delle istituzioni.

Per quanto concerne il reato di attentato alla Costituzione, oltre alle ipotesi limite di cui all'art. 283 c.p., vanno considerati, a giudizio di chi scrive, **tutti quei comportamenti del Presidente della Repubblica che determinano violazioni di norme costituzionali tali da produrre conseguenze più gravi della semplice illegittimità costituzionale**: è il caso di violazioni ripetute di una stessa norma costituzionale (una sorta di recidiva), così come di violazioni, anche soltanto singole, di norme costituzionali fondamentali per la ricostruzione della figura, dei poteri e dei limiti del Capo dello Stato nel nostro ordinamento. In casi del genere, sarà rimessa alla discrezionalità delle eventuali controparti statali la decisione se reagire con uno strumento di minore o maggiore gravità (ad esempio, conflitto tra poteri oppure attivazione del procedimento di messa in stato di accusa) nei confronti del Presidente della Repubblica. Discrezionalità che, a ben vedere, ha alla sua base una scelta squisitamente politica qual è quella relativa alla volontà di rimuovere o no il Presidente della Repubblica dalla sua carica.

4. *Conclusione: la competenza della Corte costituzionale a giudicare sulle accuse promosse contro il Presidente della Repubblica non costituisce esercizio di giurisdizione penale ma piuttosto di "giustizia politica"*

Alcuni elementi concorrono in modo determinante ad **escludere che la funzione fin qui esaminata della Corte costituzionale possa inquadrarsi nella funzione di giurisdizione penale**, al di là del fatto, puramente formale, secondo cui il procedimento di fronte alla Corte si svolge secondo le norme dei codici penale e di procedura penale, in quanto applicabili e salvo che non sia diversamente disposto.

Essi sono, in estrema sintesi, i seguenti: i confini estremamente ampi ed incerti dei reati di alto tradimento e di attentato alla Costituzione che contrastano con il principio di determinatezza tipico del diritto penale; la mancanza d'indicazioni specifiche in ordine alle pene irrogabili, ad eccezione del limite generalissimo del non superamento della pena massima prevista dalle leggi vigenti; la possibilità d'irrogare sanzioni amministrative e costituzionali di ogni genere non soltanto in modo accessorio ad eventuali pene ma, in mancanza di norme limitative al riguardo, anche in modo autonomo, fino al provvedimento estremo di rimozione dalla carica del Presidente; l'amplissima discrezionalità di cui gode la Corte proprio in funzione degli elementi suddetti, cui corrisponde, nella fase iniziale del procedimento, analoga discrezionalità del Parlamento in seduta comune in ordine alla definizione delle fattispecie in presenza delle quali promuovere l'atto di accusa; la stessa composizione integrata della Corte, nella quale la prevalenza dei giudici di estrazione parlamentare è uno dei connotati degli aspetti politici che in questo caso riveste il giudizio della Corte; la inoppugnabilità delle sentenze di condanna del Presidente della Repubblica e degli eventuali coimputati giudicati per connessione, che contrasta con il principio generale della impugnabilità delle decisioni giurisdizionali.

Tuttavia, negare che la funzione in questione possa qualificarsi come funzione giurisdizionale non significa affatto dubitare della legittimità della funzione stessa e dei modi del suo esercizio, poiché le eccezioni nei confronti di determinate disposizioni costituzionali (prime fra tutte quelle di cui all'art. 25 Cost.), essendo stabilite da disposizioni anch'esse di rango costituzionale, **altro non sono che deroghe del tutto legittime**.

La funzione della Corte sembra, perciò, inquadrabile nel diverso concetto di "giustizia politica", rappresentando essa, in definitiva, **l'unico strumento (non essendo prevista la possibilità di revoca del Capo dello Stato) per liberarsi di un Presidente della Repubblica che violi in modo grave o sistematico i propri doveri**. È significativo il fatto che la proposta secondo la quale occorrerebbe una legge che dia attuazione all'art. 90 Cost., già avanzata dall'on. Bettiol in Assemblea costituente e dallo stesso successivamente ribadita in sede dottrinaria, non abbia trovato, né allora né ancor oggi, alcun riscontro nella classe politica. In fondo, il nodo della questione – sarebbe inutile nasconderselo – sta tutto nella possibilità, che finora la classe politica si è voluta mantenere aperta, di rimuovere il Presidente della Repubblica dalla sua carica, sia pure in ipotesi limite e nel rispetto delle procedure fin qui illustrate.

RIFERIMENTI BIBLIOGRAFICI

Ci si limita di seguito ad indicare, in ordine cronologico, una serie di opere generali specificamente dedicate alla giustizia costituzionale (successivamente all'effettivo inizio dell'attività della Corte stessa), da cui possono essere altresì desunti riferimenti di dottrina e giurisprudenza utili ad approfondire le singole problematiche.

Si ricorda, inoltre, che tutte le decisioni della Corte costituzionale sono attualmente pubblicate in testo integrale nella *Gazzetta ufficiale* e nella rivista *Giurisprudenza costituzionale*, Giuffrè editore, Milano. Le più recenti delle suddette decisioni sono altresì reperibili nei siti Internet *www.cortecostituzionale.it* e *www.giurcost.org*.

ABBAMONTE, *Il processo costituzionale italiano*, 2 volumi, Napoli, 1957 e 1962.

REDENTI, *Legittimità delle leggi e Corte costituzionale*, Milano, 1957.

PIERANDREI, voce *Corte costituzionale*, in *Enciclopedia del diritto*, X, Milano, 1962.

SANDULLI A.M., *Il giudizio sulle leggi*, Milano, 1967.

CAPPELLETTI, *Il controllo giudiziario di costituzionalità delle leggi nel diritto comparato*, Milano, 1968.

PIZZORUSSO-VOLPE-SORRENTINO-MORETTI, *Garanzie costituzionali (artt. 134-139 Cost.)*, in *Commentario della Costituzione*, a cura di G. BRANCA, Bologna-Roma, 1981.

CRISAFULLI, *Lezioni di diritto costituzionale*, II, 2. *La Corte costituzionale*, V ed., Padova, 1984.

SPAGNOLI, *I problemi della Corte. Appunti di giustizia costituzionale*, Torino, 1996.

ONIDA-D'AMICO, *Il giudizio di costituzionalità delle leggi*, Torino, 1998.

PEGORARO, *Lineamenti di giustizia costituzionale comparata*, Torino, 1998.

SORRENTINO, *Lezioni sulla giustizia costituzionale*, II ed., Torino, 1998.

CHELI, *Il giudice delle leggi. La Corte costituzionale nella dinamica dei poteri*, Bologna, 1999.

LUTHER-ROMBOLI-TARCHI (a cura di), *Esperienze di giustizia costituzionale*, I e II ed., Torino, 2000.

OLIVETTI-GROPPI (a cura di), *La giustizia costituzionale in Europa*, Milano, 2003.

CELOTTO, *La Corte costituzionale*, Bologna, 2004.

MARINI, *Appunti di giustizia costituzionale*, Torino, 2005.

BIN-BRUNELLI-PUGIOTTO-VERONESI (a cura di), *«Effettività» e «seguito» delle tecniche decisorie della Corte costituzionale*, Napoli, 2006.

ROMBOLI (a cura di), *L'accesso alla giustizia costituzionale: caratteri, limiti, prospettive di un modello*, Napoli, 2006.

MEZZETTI-BELLETTI-D'ORLANDO-FERIOLI, *La giustizia costituzionale*, Padova, 2007.

PEGORARO, *Giustizia costituzionale comparata*, Torino, 2007.

CARNEVALE-COLAPIETRO (a cura di), *La giustizia costituzionale tra memorie e prospettive. A cinquant'anni dalla prima sentenza della Corte costituzionale*, Torino, 2008.

MODUGNO-AGRÒ-CERRI, *Il principio di unità del controllo sulle leggi nella giurisprudenza della Corte costituzionale,* V ed., Torino, 2008.

ROMBOLI (a cura di), *Aggiornamenti in tema di processo costituzionale (2005-2007)*, Torino, 2008.

ZAGREBELSKY, *La legge e la sua giustizia. Tre capitoli di giustizia costituzionale*, Bologna, 2008.

MEZZETTI (a cura di), *Sistemi e modelli di giustizia costituzionale*, Padova, 2009.

ROMBOLI (a cura di), *Aggiornamenti in tema di processo costituzionale (2008-2010)*, Torino, 2011.

CERRI, *Corso di giustizia costituzionale*, VI ed., Milano, 2012.

ZAGREBELSKY-MARCENÒ, *Giustizia costituzionale*, Bologna, 2012.

MALFATTI-ROMBOLI-PANIZZA, *Giustizia costituzionale*, III ed., Torino, 2013.

RUGGERI-SPADARO, *Lineamenti di giustizia costituzionale*, V ed., Torino, 2014.

APPENDICE NORMATIVA
(in ordine cronologico)

1. Costituzione (estratto artt. 134-137)
2. Legge costituzionale 9 febbraio 1948, n. 1
3. Legge costituzionale 11 marzo 1953, n. 1
4. Legge 11 marzo 1953, n. 87
5. Legge 25 gennaio 1962, n. 20
6. Norme integrative per i giudizi di accusa davanti alla Corte costituzionale approvate dalla Corte il 27 novembre 1962
7. Regolamento generale della Corte costituzionale 20 gennaio 1966 e successive modificazioni
8. Legge costituzionale 22 novembre 1967, n. 2
9. Legge 25 maggio 1970, n. 352 (estratto artt. 32-34)
10. Legge costituzionale 16 gennaio 1989, n. 1
11. Legge 5 giugno 1989, n. 219. Nuove norme in tema di reati ministeriali e di reati previsti dall'art. 90 della Costituzione (estratto artt. da 5 a 12)
12. Regolamento parlamentare per i procedimenti d'accusa. Deliberazioni del Senato della Repubblica 7 giugno 1989 e della Camera dei Deputati 28 giugno 1989)
13. Norme integrative per i giudizi davanti alla Corte costituzionale (7 ottobre 2008)

1. Costituzione

[...]

TITOLO VI – Garanzie costituzionali

SEZIONE I – *La Corte costituzionale*

Art. 134.

La Corte costituzionale giudica:

sulle controversie relative alla legittimità costituzionale delle leggi e degli atti, aventi forza di legge, dello Stato e delle Regioni;

sui conflitti di attribuzione tra i poteri dello Stato e su quelli tra lo Stato e le Regioni, e tra le Regioni;

sulle accuse promosse contro il Presidente della Repubblica, a norma della Costituzione [1].

Art. 135 [2].

La Corte costituzionale è composta di quindici giudici no-

---

[1] L'ultimo capoverso è stato così modificato dall'art. 2, co. 1, della L. cost. 16 gennaio 1989, n. 1. Il testo originario di tale capoverso recitava: «sulle accuse promosse contro il Presidente della Repubblica ed i Ministri, a norma della Costituzione».

[2] Articolo così sostituito dall'art. 1 della L. cost. 22 novembre 1967, n. 2, e successivamente modificato, nell'ultimo capoverso, dall'art. 2, co. 2, della L. cost. 16 gennaio 1989, n. 1.

Nella precedente formulazione l'art. 135 disponeva quanto segue:

«La Corte costituzionale è composta di quindici giudici nominati per un terzo dal Presidente della Repubblica, per un terzo dal Parlamento in seduta comune e per un terzo dalle supreme magistrature ordinaria ed amministrative.

I giudici della Corte costituzionale sono scelti tra i magistrati anche a riposo delle giurisdizioni superiori ordinaria ed amministrative, i professori ordinari di università in materie giuridiche e gli avvocati dopo venti anni d'esercizio.

La Corte elegge il presidente fra i suoi componenti.

I giudici sono nominati per dodici anni, si rinnovano parzialmente secondo le norme stabilite dalla legge e non sono immediatamente rieleggibili.

L'ufficio di giudice della Corte è incompatibile con quello di membro del Parlamento o d'un Consiglio regionale, con l'esercizio della professione d'avvocato, e con ogni carica ed ufficio indicati dalla legge.

minati per un terzo dal Presidente della Repubblica, per un terzo dal Parlamento in seduta comune e per un terzo dalle supreme magistrature ordinaria ed amministrative.

I giudici della Corte costituzionale sono scelti tra i magistrati anche a riposo delle giurisdizioni superiori ordinaria ed amministrative, i professori ordinari di università in materie giuridiche e gli avvocati dopo venti anni d'esercizio.

I giudici della Corte costituzionale sono nominati per nove anni, decorrenti per ciascuno di essi dal giorno del giuramento, e non possono essere nuovamente nominati.

Alla scadenza del termine il giudice costituzionale cessa dalla carica e dall'esercizio delle funzioni.

La Corte elegge tra i suoi componenti, secondo le norme stabilite dalla legge, il Presidente, che rimane in carica per un triennio, ed è rieleggibile, fermi in ogni caso i termini di scadenza dall'ufficio di giudice.

L'ufficio di giudice della Corte è incompatibile con quello di membro del Parlamento, di un Consiglio regionale, con l'esercizio della professione di avvocato e con ogni carica ed ufficio indicati dalla legge.

Nei giudizi d'accusa contro il Presidente della Repubblica, intervengono, oltre i giudici ordinari della Corte, sedici membri tratti a sorte da un elenco di cittadini aventi i requisiti per l'eleggibilità a senatore, che il Parlamento compila ogni nove anni mediante elezione con le stesse modalità stabilite per la nomina dei giudici ordinari.

Art. 136.

Quando la Corte dichiara l'illegittimità costituzionale di una norma di legge o di atto avente forza di legge, la norma cessa di avere efficacia dal giorno successivo alla pubblicazione della decisione.

La decisione della Corte è pubblicata e comunicata alle Ca-

Nei giudizi d'accusa contro il Presidente della Repubblica e contro i Ministri intervengono, oltre i giudici ordinari della Corte, sedici membri eletti, all'inizio di ogni legislatura, dal Parlamento in seduta comune tra i cittadini aventi i requisiti per l'eleggibilità a senatore».

mere ed ai Consigli regionali interessati, affinché, ove lo ritengano necessario, provvedano nelle forme costituzionali.

Art. 137.

Una legge costituzionale stabilisce le condizioni, le forme, i termini di proponibilità dei giudizi di legittimità costituzionale, e le garanzie d'indipendenza dei giudici della Corte [3].

Con legge ordinaria sono stabilite le altre norme necessarie per la costituzione e il funzionamento della Corte [4].

Contro le decisioni della Corte costituzionale non è ammessa alcuna impugnazione.

---

[3] V. le LL. cost. 9 febbraio 1948, n. 1, 11 marzo 1953, n. 1 e 22 novembre 1967, n. 2.

[4] V. la L. 11 marzo 1953, n. 87.

2. Legge costituzionale 9 febbraio 1948, n. 1. – *Norme sui giudizi di legittimità costituzionale e sulle garanzie d'indipendenza della Corte costituzionale*

Art. 1.

La questione di legittimità costituzionale di una legge o di un atto avente forza di legge della Repubblica, rilevata d'ufficio o sollevata da una delle parti nel corso di un giudizio e non ritenuta dal giudice manifestamente infondata, è rimessa alla Corte costituzionale per la sua decisione [1].

Art. 2.

Quando una Regione ritenga che una legge od atto avente forza di legge della Repubblica invada la sfera della competenza ad essa assegnata dalla Costituzione, può, con deliberazione della Giunta regionale, promuovere l'azione di legittimità costituzionale davanti alla Corte, nel termine di 30 giorni dalla pubblicazione della legge o dell'atto avente forza di legge.

Una legge d'una Regione può essere impugnata per illegittimità costituzionale, oltre che nei casi e con le forme del precedente articolo e dell'art. 127 della Costituzione, anche da un'altra Regione, che ritenga lesa da tale legge la propria competenza. L'azione è proposta su deliberazione della Giunta regionale, entro 60 giorni dalla pubblicazione della legge [2].

Art. 3.

... [3]

---

[1] V. anche il Capo II del Titolo II della L. 11 marzo 1953, n. 87 e il Capo I delle Norme integrative per i giudizi davanti alla Corte costituzionale adottate il 7 ottobre 2008.

[2] V. anche il Capo II del Titolo II della L. 11 marzo 1953, n. 87 e il Capo II delle Norme integrative per i giudizi davanti alla Corte costituzionale adottate il 7 ottobre 2008.

[3] Comma abrogato dall'art. 7, co. 1, della L. cost. 22 novembre 1967, n. 2. Il testo dell'originario co. 1 disponeva quanto segue: «La Corte costituzionale è la sola competente a giudicare della validità dei titoli dei membri della Corte stessa»; si veda ora l'art. 2 della stessa L. cost. n. 2 del 1967.

I giudici della Corte costituzionale non possono essere rimossi, né sospesi dal loro ufficio se non con decisione della Corte, per sopravvenuta incapacità fisica o civile o per gravi mancanze nell'esercizio delle loro funzioni [4].

Finché durano in carica, i giudici della Corte costituzionale godono della immunità accordata nel secondo comma dell'art. 68 della Costituzione ai membri delle due Camere. L'autorizzazione ivi prevista è data dalla Corte costituzionale [5].

Art. 4.

La presente legge costituzionale entra in vigore il giorno successivo a quello della sua pubblicazione nella *Gazzetta Ufficiale* della Repubblica.

---

[4] V. anche l'art. 7 della L. cost. 11 marzo 1953, n. 1.

[5] V. anche l'art. 5 della L. cost. 11 marzo 1953, n. 1, l'art. 9 della L. 11 marzo 1953, n. 87 e gli artt. 15 e 16 del Regolamento Generale della Corte costituzionale 20 gennaio 1966 e s.m.

3. Legge costituzionale 11 marzo 1953, n. 1. – *Norme integrative della Costituzione concernenti la Corte costituzionale*

Art. 1.

La Corte costituzionale esercita le sue funzioni nelle forme, nei limiti ed alle condizioni di cui alla Carta costituzionale, alla legge costituzionale 9 febbraio 1948, n. 1 ed alla legge ordinaria emanata per la prima attuazione delle predette norme costituzionali [1].

Art. 2.

Spetta alla Corte costituzionale giudicare se le richieste di referendum abrogativo presentate a norma dell'art. 75 della Costituzione siano ammissibili ai sensi del secondo comma dell'articolo stesso.

Le modalità di tale giudizio saranno stabilite dalla legge che disciplinerà lo svolgimento del referendum popolare.

Artt. 3.-4.

(Articoli abrogati dall'art. 7 della l. cost. 22 novembre 1967, n. 2).

Art. 5.

I giudici della Corte costituzionale non sono sindacabili, né possono essere perseguiti per le opinioni espresse e i voti dati nell'esercizio delle loro funzioni.

Art. 6.

I giudici della Corte costituzionale hanno una retribuzione mensile che non può essere inferiore a quella del più alto magistrato della giurisdizione ordinaria ed è determinata con legge [2].

---

[1] V. la L. 11 marzo 1953, n. 87.

[2] V. l'art. 12 della L. 11 marzo 1953, n. 87.

Art. 7.

I giudici della Corte costituzionale possono essere rimossi o sospesi dal loro ufficio a norma dell'art. 2 [3] della legge costituzionale 9 febbraio 1948, n. 1, solo in seguito a deliberazione della Corte presa a maggioranza di due terzi dei componenti che partecipano all'adunanza.

Art. 8.

Il giudice della Corte costituzionale che per sei mesi non eserciti le sue funzioni decade dalla carica [4].

Art. 9.

Il Presidente della Corte, quando lo ritenga necessario, può con provvedimento motivato ridurre fino alla metà i termini dei procedimenti.

Art. 10.

(Articolo abrogato dall'art. 7 della l. cost. 22 novembre 1967, n. 2).

Art. 11.

Le disposizioni degli articoli 5 e 6 si applicano anche ai cittadini eletti dal Parlamento ai sensi dell'ultimo comma dell'art. 135 della Costituzione, limitatamente al periodo in cui esercitano le loro funzioni presso la Corte.

Art. 12 [5].

1. La deliberazione sulla messa in stato di accusa del Presidente della Repubblica per i reati di alto tradimento e di attentato alla Costituzione è adottata dal Parlamento in seduta comune su relazione di un Comitato formato dai componenti della Giunta del Senato della Repubblica e da quelli della Giunta della Camera dei deputati competenti per le autorizzazioni a procedere in base ai rispettivi Regolamenti.

---

[3] *Recte* invece l'art. 3.

[4] V. l'art. 16, co. 1, L. 11 marzo 1953, n. 87.

[5] Articolo così sostituito dall'art. 3 della L. cost. 16 gennaio 1989, n. 1.

2. Il Comitato di cui al comma 1 è presieduto dal Presidente della Giunta del Senato della Repubblica o dal Presidente della Giunta della Camera dei deputati, che si alternano per ciascuna legislatura.

3. Le disposizioni di cui al comma 1 si applicano anche alle ipotesi di concorso del Presidente del Consiglio dei Ministri, di Ministri nonché di altri soggetti nei reati previsti dall'art. 90 della Costituzione.

4. Quando sia deliberata la messa in stato di accusa del Presidente della Repubblica, la Corte costituzionale può disporne la sospensione dalla carica.

Art. 13.

Il Parlamento in seduta comune, nel porre in istato di accusa il Presidente della Repubblica [il Presidente del Consiglio dei Ministri o i Ministri][6], elegge, anche tra i suoi componenti, uno o più commissari per sostenere l'accusa.

I commissari esercitano davanti alla Corte le funzioni di pubblico ministero e hanno facoltà di assistere a tutti gli atti istruttori.

Art. 14.

(Articolo abrogato per effetto dell'art. 12 della l. cost. 16 gennaio 1989, n. 1).

Art. 15[7]**.**

Per i reati di attentato alla Costituzione e di alto tradimento commessi dal Presidente della Repubblica la Corte costituzionale, nel pronunciare sentenza di condanna, determina le sanzioni penali nei limiti del massimo di pena previsto dalle leggi vigenti al momento del fatto, nonché le sanzioni costituzionali, amministrative e civili[8] adeguate al fatto.

---

[6] Il riferimento al Presidente del Consiglio dei Ministri e ai Ministri è stato soppresso dall'art. 12 della L. cost. 31 gennaio 1989, n. 1.

[7] Articolo così modificato per effetto dell'art. 12 della L. cost. 16 gennaio 1989, n. 1.

[8] Cfr. l'art. 30 della L. 25 gennaio 1962, n. 20.

4. Legge 11 marzo 1953, n. 87. – *Norme sulla costituzione e sul funzionamento della Corte costituzionale*

TITOLO I – **Costituzione della Corte**

Art. 1.

La Corte costituzionale è composta di quindici giudici nominati, in ordine successivo, cinque dalle supreme magistrature ordinaria e amministrativa, cinque dal Parlamento in seduta comune, cinque dal Presidente della Repubblica.

Art. 2.

I giudici della Corte la cui nomina spetta alle supreme magistrature ordinaria ed amministrativa, sono eletti:

a) tre da un collegio del quale fanno parte il presidente della Corte di cassazione, che lo presiede, il procuratore generale, i presidenti di sezione, gli avvocati generali, i consiglieri e i sostituti procuratori generali della Cassazione;

b) uno da un collegio del quale fanno parte il Presidente del Consiglio di Stato, che lo presiede, i presidenti di sezione ed i consiglieri del Consiglio di Stato;

c) uno da un collegio del quale fanno parte il presidente della Corte dei conti che lo presiede, i presidenti di sezione, i consiglieri, il procuratore generale ed i viceprocuratori generali della Corte dei conti.

I componenti di ciascun collegio possono votare per un numero di candidati pari a quello dei giudici che il collegio deve eleggere. Si considerano non iscritti i nomi eccedenti tale numero.

I nomi degli eletti vengono immediatamente comunicati, dal presidente di ciascun collegio, al Presidente della Corte costituzionale, ai Presidenti delle due Camere del Parlamento ed al Presidente della Repubblica.

Art. 3.

(*Omissis*)[1].

Dopo ogni scrutinio saranno gradualmente proclamati eletti coloro che avranno riportato la maggioranza preveduta, rispettivamente, nei commi precedenti.

I nomi dei giudici eletti dal Parlamento vengono immediatamente comunicati dal Presidente della Camera dei deputati al Presidente della Repubblica e al Presidente della Corte costituzionale.

Art. 4.

I giudici della Corte costituzionale, la cui nomina spetta al Presidente della Repubblica, sono nominati con suo decreto.

Il decreto è controfirmato dal Presidente del Consiglio dei Ministri.

Art. 5.

I giudici della Corte, prima di assumere le funzioni, prestano giuramento di osservare la Costituzione e le leggi, nelle mani del Presidente della Repubblica, alla presenza dei Presidenti delle due Camere del Parlamento.

Art. 6.

La Corte elegge a maggioranza dei suoi componenti il Presidente. Nel caso che nessuno riporti la maggioranza si procede ad una nuova votazione e, dopo di questa, eventualmente, alla votazione di ballottaggio tra i candidati che hanno ottenuto il maggior numero di voti e si proclama eletto chi abbia riportato la maggioranza.

In caso di parità è proclamato eletto il più anziano di carica e, in mancanza, il più anziano di età.

Della nomina è data immediata comunicazione dallo stesso Presidente eletto al Presidente della Repubblica, ai Presidenti delle due Camere del Parlamento ed al Presidente del Consiglio dei Ministri.

(*Omissis*)[2].

---

[1] Commi abrogati dall'art. 7, L. cost. 22 novembre 1967, n. 2.

[2] Comma abrogato dall'art. 7, L. cost. 22 novembre 1967, n. 2.

Il Presidente, subito dopo l'insediamento nella carica, designa un giudice destinato a sostituirlo per il tempo necessario in caso di impedimento.

Art. 7.

I giudici della Corte costituzionale non possono assumere o conservare altri uffici o impieghi pubblici o privati, né esercitare attività professionali, commerciali o industriali, funzioni di amministratore, o sindaco in società che abbiano fine di lucro.

Durante il periodo di appartenenza alla Corte costituzionale i giudici che siano magistrati in attività di servizio, o professori universitari, non potranno continuare nell'esercizio delle loro funzioni.

Essi saranno collocati fuori ruolo per tutto il periodo in cui restano in carica e fino a quando non raggiungano i limiti di età per essere collocati a riposo.

All'atto della cessazione dalla carica di giudici della Corte costituzionale i professori universitari ordinari vengono riammessi in ruolo in soprannumero, nella sede già occupata. Entro tre mesi dalla avvenuta riammissione in ruolo universitario possono, tuttavia, essere chiamati in soprannumero da altra Facoltà della medesima o di altra sede. In ogni caso le Facoltà possono chiedere, con il consenso degli interessati, che i professori stessi siano assegnati ad insegnamento di materia diversa ai sensi dell'art. 93, terzo e quarto comma, del testo unico sull'istruzione superiore approvato con regio decreto 31 agosto 1933, n. 1592. In tal caso il Ministero della pubblica istruzione [3] è tenuto a sentire la sezione prima del Consiglio superiore della pubblica istruzione [4].

I giudici della Corte costituzionale non possono far parte di commissioni giudicatrici di concorso, né ricoprire cariche universitarie e non possono essere candidati in elezioni amministrative o politiche.

---

[3] Ministero dell'istruzione, dell'università e della ricerca, a partire dalla XIV legislatura (art. 2, D.Lgs. 30 luglio 1999, n. 300).

[4] Il co. 4 dell'art. 7 è stato così modificato dall'art. 27 della L. 18 marzo 1958, n. 311.

Art. 8.

I giudici della Corte non possono svolgere attività inerente ad una associazione o partito politico.

Art. 9.

Le domande dell'autorità competente per sottoporre a procedimento penale o procedere all'arresto di un giudice della Corte costituzionale[5] sono trasmesse alla Corte stessa per il tramite del Ministero di grazia e giustizia.

Art. 10.

La Corte, con il solo intervento dei giudici ordinari, pronuncia la decadenza dei cittadini eletti dal Parlamento ai sensi dell'ultimo comma dell'art. 135 della Costituzione qualora gli stessi, dopo la loro elezione, vengano a perdere i requisiti per l'eleggibilità o si rendano incompatibili.

La decisione della Corte è comunicata ai Presidenti delle due Camere del Parlamento per la sostituzione.

Art. 11.

Tutti i provvedimenti che la Corte adotta nei confronti dei giudici ordinari e dei giudici aggregati sono deliberati in Camera di consiglio ed a maggioranza dei suoi componenti[6]. Essi devono essere motivati e sono resi pubblici nei modi disposti dall'art. 19.

Art. 12.

I giudici della Corte costituzionale hanno tutti egualmente una retribuzione corrispondente al più elevato livello tabellare che sia stato raggiunto dal magistrato della giurisdizione ordinaria investito delle più alte funzioni, aumentato della metà. Al Presidente è inoltre attribuita una indennità di rappresentanza pari ad un quinto della retribuzione[7].

Tale trattamento sostituisce ed assorbe quello che ciascuno, nella sua qualità di funzionario di Stato o di altro ente pubbli-

---

[5] V. l'art. 3, co. 2, L. cost. 9 febbraio 1948, n. 1.

[6] V. l'art. 7, L. cost. 11 marzo 1953, n. 1.

[7] Comma così sostituito dall'art. 37, co. 1, L. 27 dicembre 2002, n. 289.

co, in servizio o a riposo, aveva prima della nomina a giudice della Corte.

Ai giudici eletti a norma dell'ultimo comma dell'art. 135 della Costituzione è assegnata una indennità giornaliera di presenza pari ad un trentesimo della retribuzione mensile spettante ai giudici ordinari.

Art. 13.

La Corte può disporre l'audizione di testimoni e, anche in deroga ai divieti stabiliti da altre leggi, il richiamo di atti o documenti.

Art. 14 [8]**.**

La Corte può disciplinare l'esercizio delle sue funzioni con regolamento approvato a maggioranza dei suoi componenti. Il regolamento è pubblicato nella Gazzetta Ufficiale.

La Corte, nei limiti di un fondo stanziato a tale scopo con legge del Parlamento, provvede alla gestione delle spese, dei servizi e degli uffici, e stabilisce, in apposita pianta organica, il numero, la qualità e gli assegni, nonché le attribuzioni, i diritti ed i doveri dei funzionari addetti a ciascun ufficio.

La Corte è competente in via esclusiva a giudicare sui ricorsi dei suoi dipendenti.

Nell'ambito dei propri ordinamenti la Corte determinerà, tenendo presenti le norme vigenti per le Amministrazioni dello Stato, la composizione del Gabinetto del Presidente e delle Segreterie dei giudici, ai quali potrà essere addetto anche personale appartenente alle Amministrazioni dello Stato.

TITOLO II – **Funzionamento della Corte**

Capo I – NORME GENERALI DI PROCEDURA

Art. 15.

Le udienze della Corte costituzionale sono pubbliche, ma il Presidente può disporre che si svolgano a porte chiuse quando la pubblicità può nuocere alla sicurezza dello Stato o all'ordine

---

[8] Articolo così sostituito dall'art. 4, L. 18 marzo 1958, n. 265.

pubblico o alla morale, ovvero quando avvengono, da parte del pubblico, manifestazioni che possano turbare la serenità.

Art. 16.

I membri della Corte hanno obbligo di intervenire alle udienze quando non siano legittimamente impediti.

La Corte funziona con l'intervento di almeno undici giudici.

Le decisioni sono deliberate in camera di consiglio dai giudici presenti a tutte le udienze in cui si è svolto il giudizio e vengono prese con la maggioranza assoluta dei votanti. Nel caso di parità di voto prevale quello del Presidente, salvo quanto è stabilito nel secondo comma dell'art. 49 [9].

Art. 17.

Il cancelliere assiste alle sedute della Corte e stende il processo verbale sotto la direzione del Presidente.

Il processo verbale è sottoscritto da chi presiede la udienza e dal cancelliere; di esso non si dà lettura, salvo espressa istanza di parte.

Art. 18.

La corte giudica in via definitiva con sentenza. Tutti gli altri provvedimenti di sua competenza sono adottati con ordinanza.

I provvedimenti del Presidente sono adottati con decreto.

Le sentenze sono pronunciate in nome del popolo italiano e debbono contenere, oltre alla indicazione dei motivi di fatto e di diritto, il dispositivo, la data della decisione e la sottoscrizione dei giudici e del cancelliere.

Le ordinanze sono succintamente motivate.

Art. 19.

Le decisioni della Corte costituzionale sono depositate nella Cancelleria della Corte e chiunque può prenderne visione ed ottenerne copia.

---

[9] L'art. 49 è stato abrogato dall'art. 35 della L. 25 gennaio 1962, n. 20; v. ora l'art. 28, co. 2, della stessa legge.

Art. 20.

Nei procedimenti dinanzi alla Corte costituzionale la rappresentanza e la difesa delle parti può essere affidata soltanto ad avvocati abilitati al patrocinio innanzi alla Corte di cassazione.

Gli organi dello Stato e delle Regioni hanno diritto di intervenire in giudizio.

Il Governo, anche quando intervenga nella persona del Presidente del Consiglio dei ministri o di un Ministro a ciò delegato, è rappresentato e difeso dall'Avvocato generale dello Stato o da un suo sostituto.

Art. 21.

Gli atti del procedimento davanti alla Corte costituzionale sono esenti da tasse di ogni specie.

Art. 22.

Nel procedimento davanti alla Corte costituzionale, salvo che per i giudizi sulle accuse di cui agli artt. 43 e seguenti [10], si osservano, in quanto applicabili, anche le norme del regolamento per la procedura innanzi al Consiglio di Stato in sede giurisdizionale [11].

Norme integrative possono essere stabilite dalla Corte nel suo regolamento.

Capo II – QUESTIONI DI LEGITTIMITÀ COSTITUZIONALE

Art. 23.

Nel corso di un giudizio dinanzi ad una autorità giurisdizionale [12] una delle parti o il Pubblico Ministero possono sollevare questione di legittimità costituzionale mediante apposita istanza, indicando:

---

[10] Articoli abrogati dell'art. 35, L. 25 gennaio 1962, n. 20. V., ora, gli artt. 17 ss. di quest'ultima legge. L'art. 49 è stato abrogato dall'art. 35, L. 25 gennaio 1962, n. 20; v. ora l'art. 28, co. 2, della stessa legge.

[11] Il riferimento, in precedenza operato al R.D. 17 agosto 1907, n. 642, a seguito dell'abrogazione di questo testo da parte dell'art. 4, co. 1, D.Lgs. 2 luglio 2010, n. 104, va ora operato alle corrispondenti norme di quest'ultimo testo (per una conferma implicita, v. Corte cost., sent. n. 85 del 2012).

[12] V. l'art. 1, L. cost. 9 febbraio 1948, n. 1.

a) le disposizioni della legge o dell'atto avente forza di legge dello Stato o di una Regione, viziate da illegittimità costituzionale;

b) le disposizioni della Costituzione o delle leggi costituzionali, che si assumono violate.

L'autorità giurisdizionale, qualora il giudizio non possa essere definito indipendentemente dalla risoluzione della questione di legittimità costituzionale o non ritenga che la questione sollevata sia manifestamente infondata, emette ordinanza con la quale, riferiti i termini ed i motivi della istanza con cui fu sollevata la questione, dispone l'immediata trasmissione degli atti alla Corte costituzionale e sospende il giudizio in corso.

La questione di legittimità costituzionale può essere sollevata, di ufficio, dall'autorità giurisdizionale davanti alla quale verte il giudizio con ordinanza contenente le indicazioni previste alle lettere a) e b) del primo comma e le disposizioni di cui al comma precedente.

L'autorità giurisdizionale ordina che a cura della Cancelleria l'ordinanza di trasmissione degli atti alla Corte costituzionale sia notificata, quando non se ne sia data lettura nel pubblico dibattimento, alle parti in causa ed al Pubblico Ministero quando il suo intervento sia obbligatorio, nonché al Pre-sidente del Consiglio dei ministri od al Presidente della Giunta regionale a seconda che sia in que-stione una legge o un atto avente forza di legge dello Stato o di una Regione. L'ordinanza viene comunicata dal cancelliere anche ai Presidenti delle due Camere del Parlamento o al Presidente del Consiglio regionale interessato.

Art. 24.

L'ordinanza che respinga la eccezione di illegittimità costituzionale per manifesta irrilevanza o infondatezza, deve essere adeguatamente motivata.

L'eccezione può essere riproposta all'inizio di ogni grado ulteriore del processo.

Art. 25.

Il Presidente della Corte costituzionale, appena è pervenuta alla Corte l'ordinanza con la quale l'autorità giurisdizionale promuove il giudizio di legittimità costituzionale, ne dispone la pubblicazione nella Gazzetta Ufficiale e, quando occorra, nel Bollettino Ufficiale delle Regioni interessate.

Entro venti giorni dall'avvenuta notificazione della ordinanza, ai sensi dell'art. 23 [13], le parti possono esaminare gli atti depositati nella Cancelleria e presentare le loro deduzioni.

Entro lo stesso termine, il Presidente del Consiglio dei ministri ed il Presidente della Giunta regionale possono intervenire in giudizio e presentare le loro deduzioni.

Art. 26.

Trascorso il termine indicato nell'articolo precedente il Presidente della Corte nomina un giudice per la istruzione e la relazione e convoca entro i successivi venti giorni la Corte per la discussione.

Qualora non si costituisca alcuna parte o in caso di manifesta infondatezza la Corte può decidere in camera di consiglio.

Le sentenze devono essere depositate in Cancelleria nel termine di venti giorni dalla decisione.

Art. 27.

La Corte costituzionale, quando accoglie una istanza o un ricorso relativo a questioni di legittimità costituzionale di una legge o di un atto avente forza di legge, dichiara, nei limiti dell'impugnazione, quali sono le disposizioni legislative illegittime. Essa dichiara altresì, quali sono le altre disposizioni legislative, la cui illegittimità deriva come conseguenza dalla decisione adottata.

Art. 28.

Il controllo di legittimità della Corte costituzionale su una legge o un atto avente forza di legge esclude ogni valutazione di natura politica e ogni sindacato sull'uso del potere discrezionale del Parlamento.

---

[13] Su tale termine, v., però l'art. 3, co. 2, delle Norme integrative per i giudizi davanti alla Corte costituzionale, che fa decorrere il termine medesimo dalla pubblicazione dell'ordinanza in Gazzetta Ufficiale anziché dall'ultima notificazione dell'ordinanza stessa.

Art. 29.

La sentenza con la quale la Corte si pronunzia sulla questione di illegittimità costituzionale di una legge o di un atto avente forza di legge o l'ordinanza con la quale è dichiarata la manifesta infondatezza dell'eccezione di incostituzionalità, vengono trasmesse, entro due giorni dal loro deposito in Cancelleria, unitamente agli atti, all'autorità giurisdizionale, che ha promosso il giudizio, a cura del cancelliere della Corte.

Art. 30.

La sentenza che dichiara l'illegittimità costituzionale di una legge o di un atto avente forza di legge dello Stato o di una Regione, entro due giorni dal suo deposito in Cancelleria, è trasmessa, di ufficio, al Ministro di grazia e giustizia od al Presidente della Giunta regionale affinché si proceda immediatamente e, comunque, non oltre il decimo giorno, alla pubblicazione del dispositivo della decisione nelle medesime forme stabilite per la pubblicazione dell'atto dichiarato costituzionalmente illegittimo [14].

La sentenza, entro due giorni dalla data del deposito viene, altresì, comunicata alle Camere e ai Consigli regionali interessati, affinché, ove lo ritengano necessario adottino i provvedimenti di loro competenza.

Le norme dichiarate incostituzionali non possono avere applicazione dal giorno successivo alla pubblicazione della decisione.

Quando in applicazione della norma dichiarata incostituzionale è stata pronunciata sentenza irrevocabile di condanna, ne cessano la esecuzione e tutti gli effetti penali.

Art. 31 [15].

1. La questione di legittimità costituzionale di uno statuto

---

[14] In proposito, v., ora, gli artt. 15, co. 1, lett. *f*), 16, co. 3, e 21, del D.P.R. 28 dicembre 1985, n. 1092, Approvazione del testo unico delle disposizioni sulla promulgazione delle leggi, sulla emanazione dei decreti del Presidente della Repubblica e sulle pubblicazioni ufficiali della Repubblica Italiana.

[15] Articolo così sostituito dall'art. 9, co. 1, L. 5 giugno 2003, n. 131, in attuazione della nuova disciplina dettata dagli artt. 123, co. 2, e 127, co. 1, Cost.

regionale può, a norma del secondo comma dell'articolo 123 della Costituzione, essere promossa entro il termine di trenta giorni dalla pubblicazione.

2. Ferma restando la particolare forma di controllo delle leggi prevista dallo statuto speciale della Regione siciliana, il Governo, quando ritenga che una legge regionale ecceda la competenza della Regione, può promuovere, ai sensi dell'articolo 127, primo comma, della Costituzione, la questione di legittimità costituzionale della legge regionale dinanzi alla Corte costituzionale entro sessanta giorni dalla pubblicazione.

3. La questione di legittimità costituzionale è sollevata, previa deliberazione del Consiglio dei ministri, anche su proposta della Conferenza Stato-Città e autonomie locali, dal Presidente del Consiglio dei ministri mediante ricorso diretto alla Corte costituzionale e notificato, entro i termini previsti dal presente articolo, al Presidente della Giunta regionale.

4. Il ricorso deve essere depositato nella cancelleria della Corte costituzionale entro il termine di dieci giorni dalla notificazione.

Art. 32.

La questione della legittimità costituzionale di una legge o di un atto avente forza di legge dello Stato può essere promossa dalla Regione che ritiene dalla legge o dall'atto invasa la sfera della competenza assegnata alla Regione stessa dalla Costituzione e da leggi costituzionali.

La questione di legittimità costituzionale, previa deliberazione della Giunta regionale, anche su proposta del Consiglio delle autonomie locali, è promossa dal Presidente della Giunta mediante ricorso diretto alla Corte costituzionale e notificato al Presidente del Consiglio dei ministri entro il termine di sessanta giorni dalla pubblicazione della legge o dell'atto impugnati [16].

Si applica l'ultimo comma dell'articolo precedente.

---

[16] Comma così sostituito dall'art. 9, co. 2, L. 5 giugno 2003, n. 131, in attuazione della nuova disciplina dettata dall'art. 127, co. 2, Cost.

Art. 33.

La questione di legittimità costituzionale di una legge o di un atto avente forza di legge di una Regione può essere, a norma dell'articolo 127, secondo comma, della Costituzione, promossa da un'altra Regione che ritenga da quella legge invasa la sfera della sua competenza [17].

La questione, previa deliberazione della Giunta regionale, è promossa dal Presidente della Giunta mediante ricorso diretto alla Corte costituzionale e notificato, entro il termine di sessanta giorni dalla pubblicazione della legge, al Presidente della Giunta della Regione di cui si impugna la legge ed al Presidente del Consiglio dei ministri.

Il ricorso deve essere depositato nella Cancelleria della Corte costituzionale entro il termine di dieci giorni dall'ultima notificazione [18].

Art. 34.

I ricorsi che promuovono le questioni di legittimità costituzionale, a norma degli artt. 31, 32 e 33 devono contenere le indicazioni di cui al primo comma dell'art. 23.

Si osservano, per quanto applicabili, le disposizioni contenute negli artt. 23, 25 e 26.

Art. 35 [19].

1. Quando è promossa una questione di legittimità costituzionale ai sensi degli articoli 31, 32 e 33, la Corte costituzionale fissa l'udienza di discussione del ricorso entro novanta giorni dal deposito dello stesso. Qualora la Corte ritenga che l'esecuzione dell'atto impugnato o di parti di esso possa comportare il rischio di un irreparabile pregiudizio all'interesse pubblico o all'ordinamento giuridico della Repubblica, ovvero il rischio di un pregiudizio grave ed irreparabile per i diritti dei cittadini, trascorso il

---

[17] Comma così modificato dall'art. 9, co. 3, L. 5 giugno 2003, n. 131, in attuazione della nuova disciplina dettata dall'art. 127, co. 2, Cost.

[18] V. gli artt. 23, 24, co. 1, e 25 delle Norme integrative per i giudizi davanti alla Corte costituzionale.

[19] Articolo così sostituito dall'art. 9, co. 4, L. 5 giugno 2003, n. 131, in attuazione della nuova disciplina dettata dagli artt. 123, co. 2, e 127, co. 1, Cost.

termine di cui all'articolo 25, d'ufficio può adottare i provvedimenti di cui all'articolo 40. In tal caso l'udienza di discussione è fissata entro i successivi trenta giorni e il dispositivo della sentenza è depositato entro quindici giorni dall'udienza di discussione.

Art. 36.

Le disposizioni del presente capo, come pure quelle dell'art. 20, si osservano anche, per quanto applicabili nei casi di impugnazione previsti dagli artt. 82 e 83 della legge costituzionale 28 febbraio 1948, n. 5, concernente lo Statuto speciale per il Trentino-Alto Adige.

Quanto vi è disposto riguardo alla Regione ed ai suoi organi, vale analogamente per la Provincia ed i suoi organi quando sia interessata una delle due Province nella Regione.

Capo III – CONFLITTI DI ATTRIBUZIONE

SEZIONE I – *Dei conflitti di attribuzione tra poteri dello Stato*

Art. 37.

Il conflitto tra poteri dello Stato è risoluto dalla Corte costituzionale se insorge tra organi competenti a dichiarare definitivamente la volontà del potere cui appartengono e per la delimitazione della sfera di attribuzioni determinata per i vari poteri da norme costituzionali.

Restano ferme le norme vigenti per le questioni di giurisdizione.

La Corte decide con ordinanza in camera di consiglio sulla ammissibilità del ricorso.

Se la Corte ritiene che esiste la materia di un conflitto la cui risoluzione spetti alla sua competenza dichiara ammissibile il ricorso e ne dispone la notifica agli organi interessati.

Si osservano in quanto applicabili le disposizioni degli artt. 23, 25 e 26.

Salvo il caso previsto nell'ultimo comma dell'art. 20, gli organi interessati, quando non compaiano personalmente, possono essere difesi e rappresentati da liberi professionisti abilitati al patrocinio davanti alle giurisdizioni superiori.

Art. 38.

La Corte costituzionale risolve il conflitto sottoposto al suo esame dichiarando il potere al quale spettano le attribuzioni in contestazione e, ove sia stato emanato un atto viziato da incompetenza, lo annulla.

SEZIONE II – *Dei conflitti di attribuzione fra Stato e Regioni e fra Regioni*

Art. 39.

Se la Regione invade con un suo atto la sfera di competenza assegnata dalla Costituzione allo Stato ovvero ad un'altra Regione, lo Stato o la Regione rispettivamente interessata possono proporre ricorso alla Corte costituzionale per il regolamento di competenza.

Del pari può produrre ricorso la Regione la cui sfera di competenza costituzionale sia invasa da un atto dello Stato.

Il termine per produrre ricorso è di sessanta giorni a decorrere dalla notificazione o pubblicazione ovvero dall'avvenuta conoscenza dell'atto impugnato.

Il ricorso è proposto per lo Stato dal Presidente del Consiglio dei ministri o da un Ministro da lui delegato e per la Regione dal Presidente della Giunta regionale in seguito a deliberazione della Giunta stessa.

Il ricorso per regolamento di competenza deve indicare come sorge il conflitto di attribuzione e specificare l'atto dal quale sarebbe stata invasa la sfera di competenza, nonché le disposizioni della Costituzione e delle leggi costituzionali che si ritengono violate.

Art. 40.

L'esecuzione degli atti che hanno dato luogo al conflitto di attribuzione fra Stato e Regione ovvero fra Regioni può essere in pendenza del giudizio, sospesa per gravi ragioni, con ordinanza motivata, dalla Corte.

Art. 41.

Si osservano per i ricorsi per regolamento di competenza indicati nei precedenti articoli le disposizioni degli artt. 23, 25, 26 e 38, in quanto applicabili.

Art. 42.

Le disposizioni di questa sezione che riguardano la Regione ed i suoi organi si osservano anche, in quanto applicabili, per le due Province della Regione Trentino-Alto Adige.

Capo IV – Giudizi sulle accuse contro il Presidente della Repubblica, il Presidente del Consiglio dei Ministri ed i Ministri [20]

Disposizioni transitorie

I. La Corte si costituisce per la prima volta entro due mesi dalla pubblicazione della presente legge. A tal fine le supreme magistrature ordinaria ed amministrativa, il Parlamento ed il Presidente della Repubblica procedono alle nomine dei giudici di rispettiva competenza. Le nomine dei giudici di competenza delle supreme magistrature ordinaria ed amministrativa, devono essere fatte entro un mese e quelle di competenza del Parlamento entro quarantacinque giorni dalla pubblicazione della presente legge. I nomi degli eletti delle supreme magistrature ordinaria ed amministrativa vengono immediatamente comunicati dal presidente di ciascun collegio ai Presidenti delle due Camere del Parlamento ed al Presidente della Repubblica. I nomi degli eletti dal Parlamento vengono immediatamente comunicati al Presidente della Repubblica. Il Presidente della Repubblica, con suo decreto da pubblicarsi nella Gazzetta Ufficiale della Repubblica, convoca i giudici.

Nello stesso termine stabilito dal comma precedente il Parlamento elegge i membri della Corte preveduti dall'ultimo comma dell'art. 135 della Costituzione.

II. Per promuovere l'azione di legittimità costituzionale delle leggi e degli atti aventi forza di legge e per impugnare atti pubblicati anteriormente alla formazione della Corte costituzionale i termini stabiliti decorrono dalla data del decreto del Presidente della Repubblica, che fissa la prima adunanza della Corte.

---

[20] Il presente Capo, contenente gli articoli da 43 a 53 è stato abrogato dall'art. 35, L. 25 gennaio 1962, n. 20.

III. La Corte, fino all'approvazione della pianta organica di cui all'art. 14, si avvale di funzionari messi a disposizione dall'Amministrazione dello Stato.

IV. Il Ministro per il tesoro è autorizzato a provvedere, con suo decreto, alle variazioni di bilancio occorrenti per l'attuazione della presente legge.

5. Legge 25 gennaio 1962, n. 20. – *Norme sui procedimenti e giudizi di accusa*

Artt. 1.-16.
(*Omissis*) [1].

Art. 17. ***Deliberazione di messa in stato d'accusa.***
La deliberazione di messa in stato d'accusa, prevista dall'art. 12 della legge cost. 11 marzo 1953, n. 1, è adottata dal Parlamento a norma dell'art. 90 della Costituzione e a scrutinio segreto.

L'atto di accusa deve contenere l'indicazione degli addebiti e delle prove su cui l'accusa si fonda.

Il Presidente della Camera dei deputati, entro due giorni dalla deliberazione del Parlamento, trasmette l'atto di accusa al Presidente della Corte Costituzionale.

Il Presidente della Corte dispone che entro due giorni dalla ricezione dell'atto esso sia notificato all'accusato.

Art. 18. ***Costituzione del Collegio d'accusa. Commissari delegati.***
Quando i commissari eletti dal Parlamento per sostenere l'accusa a norma dell'art. 13 della legge costituzionale 11 marzo 1953, n. 1, sono più di due, essi, subito dopo la loro elezione, si costituiscono in Collegio di accusa eleggendo fra loro il presidente.

Il Collegio di accusa può nominare tra i suoi componenti uno o più commissari delegati a prendere la parola nel dibattimento e a formulare le richieste secondo l'atto d'accusa e le deliberazioni del Collegio stesso.

Art. 19. ***Sostituzione dei commissari d'accusa. Sospensione del giudizio.***
Nel caso di cessazione dall'ufficio o di impedimento di tutti i commissari d'accusa, il giudizio innanzi alla Corte Costituzionale è sospeso sin quanto il Parlamento non abbia provveduto alla loro sostituzione.

---

[1] Articoli abrogati dall'art. 9, L. 10 maggio 1978, n. 170.

Il Parlamento è riunito per provvedervi entro dieci giorni.

Art. 20. *Cessazione dall'incarico dei commissari di accusa.*

I commissari d'accusa cessano dall'incarico col deposito della sentenza in cancelleria.

Art. 21. *Sorteggio e giuramento dei giudici aggregati.*

La Corte Costituzionale, ricevuto l'atto di accusa, procede, in pubblica udienza e con la partecipazione dei commissari d'accusa, al sorteggio dei giudici aggregati previsto dall'art. 10 della legge costituzionale 11 marzo 1953, n. 1.

I giudici sorteggiati prestano giuramento nelle mani del Presidente della Corte Costituzionale secondo la formula prescritta dall'art. 5 della legge 11 marzo 1953, n. 87.

Il giuramento non è ripetuto se è già stato prestato in occasione di un precedente giudizio.

Art. 22. *Compimento degli atti di indagine* [2].

Il Presidente della Corte Costituzionale provvede, direttamente ovvero delegando giudici della Corte, al compimento degli atti di indagine necessari, ivi compreso l'interrogatorio dell'imputato, nonché alla relazione; se l'imputato non ha un difensore di fiducia provvede altresì alla nomina di un difensore di ufficio.

Art. 23. *Poteri della Corte Costituzionale* [3].

La Corte può, anche d'ufficio, adottare i provvedimenti, cautelari e coercitivi, personali o reali, che ritiene opportuni. Può altresì revocare o modificare i provvedimenti cautelari e coercitivi deliberati dal comitato di cui all'art. 12 della legge cost. 11 marzo 1953, n. 1, come modificato dall'art. 3 della L. 16 gennaio 1989, n. 1.

Art. 24. *Fissazione della data del dibattimento.*

Chiusa l'istruzione, il Presidente fissa nel termine non inferiore a venti giorni la data del dibattimento e dispone che per

---

[2] Articolo così sostituito dall'art. 13, L. 5 giugno 1989, n. 219.

[3] Articolo così sostituito dall'art. 14, L. 5 giugno 1989, n. 219.

quella data siano convocati i giudici ordinari e aggregati. Il decreto è notificato all'accusato e al suo difensore.

Art. 25. ***Astensione e ricusazione dei giudici.***

Prima dell'inizio delle formalità di apertura del dibattimento i giudici ordinari ed aggregati possono presentare istanza motivata con la quale chiedono di astenersi dal giudizio e possono essere ricusati con istanza motivata dell'accusato o del suo difensore ovvero dei commissari d'accusa.

La Corte decide immediatamente sulla richiesta di astensione o sulla ricusazione senza l'intervento dei giudici ai quali l'astensione o la ricusazione si riferisce.

Art. 26. ***Composizione del Collegio giudicante.***

Ai giudizi di accusa partecipano tutti i giudici della Corte, ordinari e aggregati, che non siano legittimamente impediti.

Il Collegio giudicante deve, in ogni caso, essere costituito da almeno ventuno giudici, dei quali i giudici aggregati devono essere in maggioranza.

Il giudice che non sia intervenuto ad una udienza non può partecipare alle udienze successive.

Chiuso il dibattimento, la Corte si riunisce in Camera di consiglio, senza interruzione con la presenza dei giudici ordinari ed aggregati intervenuti a tutte le udienze in cui si è svolto il giudizio.

I giudici ordinari e aggregati che costituiscono il Collegio giudicante continuano a farne parte sino all'esaurimento del giudizio, anche se sia sopravvenuta la scadenza del loro incarico.

Art. 27. ***Relazione tra il giudizio innanzi alla Corte Costituzionale e l'atto di accusa. Reati connessi. La Corte Costituzionale può conoscere soltanto i reati compresi nell'atto d'accusa.***

La Corte può altresì conoscere per connessione, se lo ritiene necessario, di reati che siano aggravati ai sensi dell'art. 61, numero 2), del codice penale con riferimento ad uno dei reati previsti dall'art. 90 della Costituzione. In tal caso, se per i suddetti reati sia già in corso procedimento penale innanzi all'autorità giudiziaria ordinaria o militare, la Corte richiede la trasmissione degli atti relativi, che deve essere disposta senza ritardo dall'autorità giudiziaria [4].

Può altresì dichiarare la connessione per un reato previsto dall'art. 90 della Costituzione non compreso nell'atto di accusa, dandone comunicazione al Presidente della Camera dei deputati. In tal caso il giudizio innanzi alla Corte Costituzionale è sospeso sino alla definizione davanti al Parlamento del procedimento per il reato connesso [5].

Può tuttavia in ogni momento ordinare la separazione dei procedimenti qualora lo ritenga conveniente.

(*Omissis*) [6].

Art. 28. ***Deliberazione e pubblicazione della sentenza.***

Il Presidente formula separatamente per ogni accusato e per ogni capo d'imputazione le questioni di fatto e di diritto; dopo che queste sono state discusse e votate, formula, ove ne sia il caso, le questioni sull'applicazione della pena; le mette in discussione e le fa votare. Nelle votazioni, il Presidente raccoglie i voti cominciando dal giudice meno anziano e vota per ultimo. Nessuno dei votanti può esprimere per iscritto i motivi del proprio voto. Non sono ammesse astensioni dal voto.

In caso di parità di voti prevale l'opinione più favorevole all'accusato.

Il dispositivo della sentenza è letto dal Presidente in pubblica udienza.

La sentenza è depositata in cancelleria ed è trasmessa al Ministro per la grazia e giustizia per la pubblicazione nella Gazzetta Ufficiale della Repubblica.

Art. 29. ***Irrevocabilità e revisione della sentenza.***

La sentenza è irrevocabile, ma può essere sottoposta a revisione con ordinanza della Corte Costituzionale se, dopo la condanna, sopravvengono o si scoprono nuovi fatti o nuovi elementi di prova, i quali, soli o uniti a quelli già esaminati nel proce-

---

[4] Comma così sostituito dall'art. 15, L. 5 giugno 1989, n. 219.

[5] Comma così modificato dall'art. 15, L. 5 giugno 1989, n. 219.

[6] Comma abrogato dall'art. 15, L. 5 giugno 1989, n. 219.

dimento, rendono evidente che il fatto non sussiste ovvero che il condannato non lo ha commesso.

Il potere di chiedere la revisione attribuito al pubblico ministero dal codice di procedura penale è esercitato dal comitato di cui all'art. 12 della legge cost. 11 marzo 1953, n. 1, come modificato dall'art. 3 della legge cost. 16 gennaio 1989, n. 1 [7].

L'ordinanza che ammette la revisione è comunicata al Presidente della Camera dei deputati. Questi convoca il Parlamento in seduta comune per l'elezione dei commissari d'accusa.

Art. 30. *Giudizi civili o amministrativi.*

1. Il giudizio civile o amministrativo per le restituzioni e per il risarcimento del danno può essere iniziato o proseguito contro il colpevole di uno dei reati indicati nell'articolo 90 della Costituzione solo se la Corte costituzionale non ha applicato sanzioni restitutorie o risarcitorie ai sensi del primo comma dell'art. 15 della L. cost. 11 marzo 1953, n. 1[8].

Art. 31. *Poteri nell'esecuzione penale.*

I poteri previsti dall'art. 144 del codice penale sono esercitati dal primo presidente della Corte d'appello di Roma. Quelli attribuiti dal codice penale e dal codice di procedura penale al pubblico ministero nell'esecuzione penale sono esercitati dal procuratore generale presso la Corte stessa.

Art. 32. *Amnistia ed indulto – Riabilitazione.*

La Corte applica l'amnistia e l'indulto e decide sulle domande di riabilitazione relative a sentenze di condanna da essa pronunciate.

Art. 33. *Composizione del Collegio per l'istanza di revisione, per l'applicazione dell'amnistia e dell'indulto e per la riabilitazione.*

La Corte costituzionale giudica sulle istanze di revisione e provvede all'applicazione dell'amnistia o dell'indulto e alla ria-

---

[7] Comma così sostituito dall'art. 16, L. 5 giugno 1989, n. 219.

[8] Articolo così sostituito dall'art. 17, L. 5 giugno 1989, n. 219.

bilitazione nella composizione prevista per i giudizi di accusa.

Il sorteggio dei giudici aggregati è fatto dalla Corte in pubblica udienza con la partecipazione di un delegato della Commissione inquirente.

Ai provvedimenti di cui al primo comma si applica la disposizione dell'ultimo comma dell'art. 28.

Art. 34. ***Applicabilità dei codici penale e di procedura penale.***

Nel procedimento d'accusa e nel giudizio previsti dalla presente legge si osservano, in quanto applicabili e salvo che non sia diversamente disposto, le norme dei codici penali e di procedura penale.

Art. 35. ***Abrogazione di norme precedenti.***

È abrogato il capo IV del titolo II della legge 11 marzo 1953, n. 87.

6. **Norme integrative per i giudizi di accusa davanti alla Corte Costituzionale** (Delibera 27 novembre 1962 della Corte Costituzionale)

TITOLO I – **Disposizioni generali**

Capo I – DELLA INTEGRAZIONE DELLA CORTE COSTITUZIONALE NEI GIUDIZI DI ACCUSA

Art. 1.

Il Presidente della Corte costituzionale, ricevuto dal Presidente della Camera dei deputati l'elenco delle persone, tra le quali in caso di necessità dovranno essere sorteggiate coloro che eserciteranno le funzioni di giudici aggregati nei giudizi di accusa, invita le persone comprese nell'elenco a documentare il possesso dei requisiti per la loro eleggibilità.

Per la verifica dei requisiti di tali persone, la Corte è convocata nelle forme previste dall'art. 5 del Regolamento generale approvato il 22 aprile 1958 e pubblicato nella Gazzetta Ufficiale n. 107 del 3 maggio 1958 (ed. spec.).

Art. 2.

Qualora la Corte abbia ragione di ritenere che per talune delle persone comprese nell'elenco sussistano motivi di ineleggibilità o di incompatibilità, il Presidente ne dà immediata notizia all'interessato, il quale, entro i venti giorni successivi, può prendere visione dei documenti esistenti presso la Presidenza e presentare memorie.

Decorso il termine di cui al comma precedente, la Corte decide, sentito l'interessato, se questo ne abbia fatto richiesta. In caso di urgenza il termine può essere ridotto alla metà.

La Corte, ove accerti la ineleggibilità o l'incompatibilità di taluna delle persone comprese nell'elenco, ne dispone l'esclusione. Del provvedimento il Presidente dà immediata comunicazione al Presidente della Camera dei deputati.

Art. 3.

Le persone comprese nell'elenco sono tenute ad informare il Presidente della Corte di sopravvenuti motivi di ineleggibilità o di incompatibilità.

Ogni due anni la Corte verifica se siano sopravvenuti motivi di ineleggibilità o di incompatibilità.

Art. 4.

Qualora si abbia ragione di ritenere che per taluna delle persone comprese nell'elenco siano sopravvenuti motivi di ineleggibilità o di incompatibilità, il Presidente convoca la Corte a norma degli artt. 10 e 11 della legge 11 marzo 1953, n. 87. Si osserva la procedura prevista dall'art. 2.

Della decisione di decadenza il Presidente della Corte dà comunicazione al Presidente della Camera dei deputati.

Art. 5.

Quando per qualsiasi causa l'elenco si sia ridotto in misura tale da rendere necessaria l'integrazione, il Presidente della Corte ne dà comunicazione al Presidente della Camera dei deputati.

Capo II – Della notificazione dell'atto di accusa e della composizione del Collegio

Art. 6.

Il Presidente della Corte, ricevuto l'atto di accusa dal Presidente della Camera dei deputati, dispone che esso sia notificato all'accusato entro due giorni a cura della cancelleria e convoca la Corte in pubblica udienza per procedere al sorteggio delle persone che dovranno esercitare le funzioni di giudici aggregati, dandone avviso all'Ufficio dei commissari di accusa.

Per il sorteggio sono immesse nell'urna tante schede quante sono le persone comprese nell'elenco, recanti ciascuna il nome di una di tali persone. Le schede devono essere chiuse e non devono presentare segni di riconoscimento. Il sorteggio ha luogo mediante l'estrazione di sedici schede. All'estrazione e all'annotazione dei nomi indicati sulle schede, man mano che vengono estratte, provvedono in qualità di scrutatori i due giudici meno anziani. Il risultato viene proclamato dal Presidente.

Art. 7.

Subito dopo il sorteggio di cui all'articolo precedente, si procede con le medesime modalità al sorteggio di quattro supplenti.

Art. 8.

Qualora uno o più dei sorteggiati ad assumere le funzioni di giudice aggregato siano impediti, sottentrano i supplenti secondo l'ordine del sorteggio.

In tal caso la Corte viene immediatamente convocata per integrare il numero necessario. Per il nuovo sorteggio si osservano le modalità stabilite dall'art. 6.

Nello stesso modo si provvede qualora sia impedito taluno dei sorteggiati come supplenti.

Art. 9.

Il giuramento dei sorteggiati ha luogo nelle mani del Presidente della Corte alla presenza di due giudici.

Il processo verbale è redatto dal cancelliere.

Art. 10.

Con la prestazione del giuramento i sorteggiati assumono la qualifica e le funzioni di giudice aggregato e le mantengono sino alla definizione del procedimento al quale partecipano.

Prestato il giuramento da parte di tutti i giudici aggregati, il collegio si intende costituito e non sono possibili sostituzioni se non mediante i supplenti.

Art. 11.

Se per qualsiasi ragione il numero dei giudici aggregati facenti parte del Collegio diventi pari o inferiore a quello dei giudici ordinari, il numero di questi ultimi viene ridotto in modo che i giudici aggregati siano in maggioranza. A tal fine si procede a sorteggio, osservando le disposizioni contenute nell'art. 6. Il nome del giudice istruttore non è posto in sorteggio. Al sorteggio hanno facoltà di assistere anche i giudici aggregati.

Art. 12.

Tutte le volte che il numero dei componenti del Collegio sia ridotto a meno di ventuno, il Presidente dispone che si faccia luogo alla composizione di un nuovo Collegio.

Art. 13.

Qualora sia stata presentata una istanza di astensione o di ricusazione ai sensi dell'art. 25, primo comma, della legge 25 gennaio 1962, n. 20, il decreto di convocazione della Corte è notificato all'ufficio dei commissari di accusa e ai difensori, nonché al giudice o ai giudici ai quali l'istanza si riferisce.

Art. 14.

L'anzianità dei componenti del Collegio, ai fini dell'art. 28 della legge 25 gennaio 1962, n. 20, si determina in base all'età.

Capo III – Dei commissari di accusa

Art. 15.

All'inizio di ciascun procedimento è costituito presso la Corte l'ufficio dei commissari d'accusa.

A tale ufficio sono fatte le comunicazioni e le notificazioni.

Art. 16.

Quando si verifica l'ipotesi prevista dall'art. 19, primo comma, della legge 25 gennaio 1962, n. 20, la Corte dispone la sospensione del giudizio con ordinanza, della quale il Presidente dà comunicazione al Presidente della Camera dei deputati.

Capo IV – Dei provvedimenti cautelari o coercitivi

Art. 17.

I provvedimenti previsti dall'art. 23 della legge 25 gennaio 1962, n. 20, possono essere adottati dalla Corte di propria iniziativa, ovvero su proposta del giudice istruttore, o su richiesta dei commissari d'accusa.

In caso di eccezionale urgenza, il Presidente può adottare i provvedimenti stessi convocando immediatamente il Collegio per le risoluzioni definitive.

Qualora debba adottare tali provvedimenti prima della costituzione del Collegio, il Presidente li sottopone al Collegio nella prima seduta.

Capo V – Dei casi di eccezionale gravità del reato

Art. 18.

La circostanza aggravante della eccezionale gravità del reato, prevista dall'art. 15, secondo comma, della legge costituzionale 11 marzo 1953, n. 1[1], deve essere contestata all'accusato.

TITOLO II – Della istruzione

Art. 19.

Dopo la costituzione del Collegio, salva l'ipotesi di cui al secondo comma dell'art. 22 della legge 25 gennaio 1962, n. 20, il Presidente nomina un giudice per l'interrogatorio e per la istruzione e la relazione.

In caso di sopravvenuto impedimento del giudice istruttore, il Presidente provvede alla sostituzione.

Art. 20.

Il giudice istruttore procede agli atti istruttori che ritiene necessari o che la Corte abbia disposti.

Art. 21.

Gli atti istruttori sono compiuti con le forme stabilite dal codice di procedura penale, previa comunicazione ai commissari d'accusa per l'esercizio della facoltà prevista dall'art. 13, secondo comma, della legge costituzionale 11 marzo 1953, n. 1. Eguale comunicazione deve essere fatta ai difensori, quando, a norma del codice di procedura penale, essi hanno facoltà di assistere agli atti istruttori.

Le richieste e le istanze dei commissari di accusa e dei difensori per il compimento di atti istruttori non accolte dal giudice istruttore possono essere presentate alla Corte, la quale decide in camera di consiglio.

---

[1] Articolo non più operativo per effetto dell'abrogazione dell'art. 15, co. 2, della L. cost. 11 marzo 1953, n. 1.

Ogni volta che il giudice istruttore ritenga necessario un provvedimento della Corte, presenta a questa le sue proposte, sentiti i commissari d'accusa.

Art. 22.

Quando il giudice istruttore ha espletato la istruzione, il Presidente convoca la Corte in camera di consiglio. La Corte, se non ritiene di disporre ulteriori atti istruttori, dichiara con ordinanza chiusa la istruzione.

Gli atti e i documenti del processo sono depositati in cancelleria. Del deposito si dà avviso agli accusati, ai difensori e ai commissari di accusa, per l'esercizio delle facoltà previste dall'art. 372 del codice di procedura penale.

TITOLO III – **Del giudizio**

Art. 23.

Chiusa l'istruzione, il Presidente, nel termine stabilito dall'art. 24 della legge 25 gennaio 1962, n. 20, convoca la Corte per il dibattimento.

Art. 24.

Espletate le formalità di apertura del dibattimento, la Corte decide le eventuali questioni preliminari. Il Presidente invita poi il giudice relatore a fare la relazione e successivamente procede all'interrogatorio e all'assunzione delle prove.

Art. 25.

Terminata l'assunzione delle prove, il commissario o i commissari di accusa pronunciano la requisitoria. Successivamente i difensori espongono le difese. L'accusato ha per ultimo la parola. Il Presidente infine dichiara chiuso il dibattimento e la Corte si ritira in camera di consiglio.

Art. 26.

Subito dopo la decisione, il Presidente estende il dispositivo e dà incarico a uno dei giudici di redigere la sentenza. Il dispositivo è immediatamente letto in udienza dal Presidente.

Art. 27.

Il testo della sentenza deve essere presentato al Collegio entro quindici giorni, per essere approvato in camera di consiglio e sottoscritto. Quando si tratti di procedimento di particolare complessità, il Presidente può disporre una proroga del termine.

Dopo la sottoscrizione, la sentenza è depositata in cancelleria.

Art. 28.

Entro due giorni dal deposito in cancelleria una copia della sentenza è trasmessa dal Presidente al Ministro di grazia e giustizia per la pubblicazione nella Gazzetta Ufficiale della Repubblica.

Altra copia della sentenza è trasmessa d'ufficio al Procuratore generale presso la Corte d'appello di Roma per la esecuzione.

TITOLO IV – **Dei giudizi di revisione, riabilitazione, applicazione di amnistia e indulto**

Art. 29.

Il Presidente dispone la comunicazione al Presidente della Camera dei deputati dell'ordinanza che accoglie la istanza di revisione del giudizio.

Art. 30.

Per i giudizi di revisione e di riabilitazione e per quelli di applicazione di amnistie e indulti, oltre alle disposizioni degli artt. 33 e 34 della legge 25 gennaio 1962, n. 20, si osservano le disposizioni dei titoli precedenti, in quanto applicabili.

7. Regolamento generale della Corte costituzionale (20 gennaio 1966 e successive modificazioni) [1]

Capo I – Della Corte e dei Giudici

Art. 1.

La Corte costituzionale ha la sua sede in Roma, nel Palazzo della Consulta.

Nell'ambito della sede i poteri di polizia sono riservati alla Corte.

La sede comprende tutti gli altri locali e spazi a disposizione della Corte.

Art. 2.

I poteri di polizia sono esercitati dal Presidente, che si avvale dei commessi della Corte. Egli può concordare con le autorità competenti eventuali servizi di polizia.

La forza pubblica non può entrare nella sede della Corte se non per ordine del Presidente.

Art. 3.

Qualora nell'interno della sede della Corte vengano commessi fatti che possano costituire reati di oltraggio alla Corte o ad uno dei suoi componenti nell'esercizio o a causa delle sue funzioni, il Presidente può ordinare l'arresto immediato dell'autore di detti fatti e la sua consegna all'autorità competente.

Art. 4.

Nell'aula delle sedute pubbliche si riservano posti ai Presidenti dei due rami del Parlamento, al Presidente del Consiglio dei Ministri e ai Presidenti delle Giunte regionali.

---

[1] È di seguito riportato il testo in vigore a seguito delle modifiche apportate con deliberazione della Corte costituzionale 14 luglio 2009 (*Gazzetta ufficiale* 29 luglio 2009, n. 174).

Art. 5.

La convocazione della Corte in sede non giurisdizionale è fatta dal Presidente mediante l'invio dell'ordine del giorno almeno cinque giorni prima dell'adunanza, salvo i casi di urgenza.

Le proposte di norme regolamentari, formulate in modo articolato e corredate del parere della Commissione per gli studi e per i regolamenti, sono comunicate ai Giudici[2] almeno otto giorni prima della adunanza al cui ordine del giorno sono iscritte.

Il Presidente apre e chiude l'adunanza e regola la discussione. Un Giudice nominato dalla Corte redige e custodisce i verbali. In essi si annotano soltanto le deliberazioni adottate e ciascun Giudice può chiedere che dal verbale risulti il proprio dissenso.

La Corte può chiamare ad intervenire alle sedute le persone che ritiene opportuno ascoltare.

Art. 5-*bis* [3].

I poteri inerenti alla autonomia della Corte come organo costituzionale e alle garanzie dei suoi componenti sono esercitati dalla Corte collegialmente, ovvero dagli organi interni della Corte medesima, secondo le norme delle leggi e dei regolamenti.

In materia di gestione dei servizi, degli uffici, dei beni e del personale, la Corte esercita collegialmente le seguenti funzioni:

1) approvazione dei regolamenti;

2) approvazione del bilancio preventivo e del rendiconto consuntivo;

3) approvazione di indirizzi generali, con indicazione degli obiettivi da conseguire nella gestione finanziaria e amministrativa della Corte;

4) conferimento degli incarichi di Segretario generale e di vice Segretario generale;

5) nomina dei componenti della Commissione di esperti in materia di contabilità;

6) deliberazione di ogni altro atto espressamente attribuito alla Corte dalle norme regolamentari.

---

[2] È qui riportato il testo in vigore a seguito delle modifiche apportate con deliberazione della Corte costituzionale 14 luglio 2009 (*Gazzetta ufficiale* 29 luglio 2009, n. 174).

[3] Articolo introdotto dall'art. 2 delle Modificazioni al Regolamento generale approvate il 26 settembre 2002.

Le deliberazioni della Corte sono immediatamente esecutive e sono depositate nella Segreteria generale.

Art. 6.

[I Giudici hanno l'obbligo di intervenire alle sedute della Corte quando non siano legittimamente impediti][4].

Le sedute della Corte in sede non giurisdizionale non sono valide se non intervengono almeno nove Giudici e le deliberazioni sono adottate a maggioranza dei presenti. Per le deliberazioni riguardanti norme regolamentari la maggioranza richiesta è di otto Giudici[5].

Art. 6-*bis*[6].

Il Presidente esercita i poteri previsti dalle leggi e dai regolamenti della Corte, e firma gli atti per i quali sia richiesta una determinazione della Corte o dell'Ufficio di Presidenza.

Art. 7.

L'elezione del Presidente ha luogo a scrutinio segreto sotto la presidenza del Giudice più anziano di carica[7].

Nel caso in cui venga a scadenza il mandato di giudice del Presidente, la Corte deve essere convocata per una data compresa fra il giorno del giuramento del giudice che lo sostituisce e i dieci giorni successivi. Qualora la sostituzione non sia ancora intervenuta, la Corte deve essere convocata per una data non anteriore alla scadenza del termine di cui all'art. 5, secondo comma, della legge costituzionale 22 novembre 1967, n. 2, e non successiva al decimo giorno dalla scadenza medesima[8].

---

[4] Comma soppresso dall'art. 3 delle Modificazioni al Regolamento generale approvate il 26 settembre 2002.

[5] Comma così sostituito dall'art. 2 delle Modifiche al Regolamento generale approvate il 14 gennaio 1984.

[6] Articolo introdotto dall'art. 4 delle Modificazioni al Regolamento generale approvate il 26 settembre 2002.

[7] Comma così sostituito dalle Modifiche al regolamento generale approvate il 25 maggio 1999.

[8] Comma introdotto dalle Modifiche al regolamento generale approvate il 14 aprile 1986 e così sostituito dalle Modifiche al regolamento generale approvate il 25 maggio 1999.

Funzionano da scrutatori i due giudici meno anziani.

Avvenuta la proclamazione, gli scrutatori distruggono le schede della votazione.

Art. 8 [9]**.**

Della cessazione dalla carica di giudice il Presidente dà comunicazione all'organo che ha nominato il giudice.

In ogni caso, di tale cessazione si dà anche notizia al Presidente della Repubblica e ai Presidenti dei due rami del Parlamento.

Artt. 9 e 10 [10]**.**

Art. 11 [11]**.**

Le deliberazione della Corte relative alla esistenza dei requisiti soggettivi di ammissione dei Giudici sono depositate nella cancelleria.

Le norme relative all'esame della esistenza dei requisiti soggettivi di ammissione e al sorteggio dei cittadini nominati ai sensi dell'art. 135 della Costituzione e dell'art. 10 della legge costituzionale 11 marzo 1953, n. 1, sono contenute nel regolamento per il procedimento penale davanti alla Corte.

Art. 12.

Dopo che la Corte ha accertato l'esistenza dei requisiti soggettivi di ammissione dei Giudici, il Presidente ne dà comunicazione al Presidente dell'Organo dal quale il nuovo Giudice proviene [12].

Successivamente i Giudici sono ammessi a prestare giuramento.

---

[9] Articolo così sostituito dall'art. 1 delle Modifiche al regolamento generale approvate il 7 luglio 1969.

[10] Articoli soppressi con deliberazione della Corte costituzionale 7 luglio 1969.

[11] Articolo così sostituito dalla deliberazione della Corte costituzionale del 12 dicembre 2005.

[12] Comma così sostituito dalla deliberazione della Corte costituzionale 27 ottobre 2005.

Art. 13.

L'assunzione delle funzioni e l'anzianità dei Giudici decorrono dalla data del giuramento.

Tra i Giudici, che abbiano prestato giuramento nello stesso giorno, viene considerato più anziano il maggiore di età.

Art. 14.

Sulle questioni relative alle incompatibilità dei Giudici decide esclusivamente la Corte.

Art. 15.

Qualora pervenga alla Corte la richiesta di autorizzazione prevista dall'ultimo comma dell'art. 3 della legge costituzionale 9 febbraio 1948, n. 1, il Presidente nomina una Commissione di tre Giudici per la relazione e fissa la seduta della Corte per un giorno non successivo al trentesimo da quello in cui è pervenuta la richiesta.

Della richiesta e della convocazione è data notizia al Giudice che può prendere visione degli atti depositati presso la Presidenza.

Il Giudice può presentare memorie scritte e ha diritto di essere ascoltato, quando ne faccia richiesta.

La deliberazione della Corte è presa a scrutinio segreto ed è depositata nella cancelleria.

Art. 16 [13].

Nel caso in cui si debba procedere alla sospensione o rimozione o alla pronuncia di decadenza di un Giudice ai sensi dell'art. 3 della legge costituzionale 9 febbraio 1948, n. 1, e degli articoli 7 e 8 della legge costituzionale 11 marzo 1953, n. 1, il Presidente convoca la Corte, previa deliberazione dell'Ufficio di presidenza.

Si osservano le norme stabilite nell'articolo precedente.

Art. 17.

Le dimissioni del Giudice devono essere presentate alla Corte.

---

[13] Articolo così sostituito dall'art. 3 delle Modifiche al regolamento generale approvate il 7 luglio 1969.

La deliberazione con la quale la Corte accetta le dimissioni è depositata in cancelleria.

Art. 18 [14]**.**

Qualora pervenga alla Corte la richiesta di autorizzazione a procedere prevista dall'art. 313 del codice penale per il reato di vilipendio della Corte costituzionale, il Presidente entro venti giorni nomina il relatore e fissa la seduta della Corte.

Della richiesta e della convocazione è data notizia a tutti i giudici almeno dieci giorni prima dell'adunanza.

La Corte delibera nella composizione prevista dall'art. 16, secondo comma, della legge 11 marzo 1953, n. 87.

La deliberazione è depositata nell'ufficio del Segretario generale, che cura la comunicazione all'autorità richiedente.

Art. 19.

Le retribuzioni e le indennità spettanti ai Giudici sono a carico del bilancio della Corte.

Art. 20.

I Giudici cessati dall'ufficio, sempre che siano stati in carica per almeno quattro anni, assumono il titolo di Giudice emerito.

Art. 21.

Il Giudice emerito, su designazione del Presidente della Corte:

1. può essere componente delle commissioni di concorso e di avanzamento dei dipendenti della Corte;

2. può essere incaricato di partecipare alle riunioni organizzate nell'ambito degli accordi di cooperazioni con altre Corti;

3. può far parte di delegazioni della Corte in incontri in Italia e all'estero;

4. può essere incaricato di rappresentare la Corte in caso di impossibilità di partecipare dei giudici in carica;

5. può essere incaricato di svolgere studi sulla giurispruden-

---

[14] Articolo soppresso dall'art. 2 delle Modifiche al regolamento generale approvate il 7 luglio 1969 e reintrodotto dalle Modifiche al regolamento generale approvate il 25 maggio 1999.

za della Corte, nonché di svolgere altri incarichi relativi ad attività non giurisdizionali.

Il Giudice emerito, inoltre:

1. partecipa ai seminari organizzati dalla Corte;
2. collabora all'aggiornamento della biblioteca [15].

I Giudici emeriti hanno diritto di frequentare la sala della biblioteca della Corte riservata ai giudici e di avvalersi, anche per i propri familiari aventi diritto all'assistenza sanitaria, dell'ambulatorio medico sito nel Palazzo della Consulta; sono inoltre ammessi ad utilizzare altri servizi a disposizione dei giudici costituzionali in carica, entro i limiti previsti dai relativi regolamenti amministrativi [16].

Capo II – Delle attribuzioni del Presidente, dell'Ufficio di Presidenza e delle Commissioni

Art. 22.

Il Presidente rappresenta la Corte, la convoca, ne presiede le sedute, sovraintende all'attività delle Commissioni ed esercita gli altri poteri che gli sono attribuiti dalla legge e dai regolamenti.

Art. 22-*bis* [17].

Il Giudice designato dal Presidente ai sensi dell'art. 6, ultimo comma, della legge 11 marzo 1953, n. 87, assume il titolo di vice Presidente.

Art. 23 [18].

In caso di assenza del Presidente e del vice Presidente presiede la Corte il giudice più anziano, al quale può essere conferito dalla Corte, su proposta del Presidente, il titolo di vice Presidente.

---

[15] Comma introdotto con deliberazione della Corte costituzionale 16 dicembre 1997 e di poi sostituito con deliberazione della stessa Corte del 13 dicembre 2007.

[16] Comma derivante dalla sostituzione effettuata con deliberazione della Corte costituzionale 4 luglio 1997.

[17] Articolo introdotto dall'art. un. delle Modifiche al regolamento generale approvate il 10 dicembre 1971.

[18] Articolo così sostituito con deliberazione della Corte costituzionale 16 maggio 1996.

Art. 24.

Al vice Presidente o al Giudice designato dal Presidente che tenga di questi le veci nelle cerimonie ufficiali spetta a tutti gli effetti il rango di Presidente.

Art. 25 [19]**.**

L'Ufficio di Presidenza è costituito dal Presidente o, in caso di impedimento o per sua delega, dal vice Presidente designato ai sensi dell'art. 6, ultimo comma, della legge 11 marzo 1953, n. 87, e da due Giudici designati dalla Corte mediante sorteggio. Al sorteggio non possono partecipare, oltre al Presidente ed al vice Presidente, i componenti dell'Ufficio di Presidenza sorteggiati la volta precedente, ad eccezione del Giudice supplente [20].

In caso di impedimento di alcuno dei Giudici l'Ufficio di Presidenza è integrato da un Giudice supplente designato dalla Corte mediante sorteggio.

I componenti sorteggiati durano in carica per un triennio.

Se uno o più componenti cessano dalla carica si procede alla loro sostituzione.

Il Segretario generale partecipa, senza diritto di voto, alle sedute dell'Ufficio di Presidenza e ne redige il verbale.

L'Ufficio di Presidenza può chiamare ad intervenire, con voto consultivo, per singoli affari il Presidente della Commissione competente o il Giudice cui sia stato affidato uno specifico incarico.

Ogni Giudice che non fa parte dell'Ufficio di Presidenza può intervenire alle sedute senza voto deliberativo.

L'ordine del giorno deve essere comunicato a tutti i Giudici costituzionali.

Il Presidente rimette all'esame della Corte i provvedimenti

---

[19] Articolo sostituito dall'art. 5 delle Modificazioni al Regolamento generale approvate il 26 settembre 2002, e di poi modificato dall'art. 1 della deliberazione della Corte costituzionale 22 giugno 2006. La versione originale dell'articolo era già stata sostituita con la deliberazione della Corte costituzionale del 4 maggio 1995. Il co. 1 era già stato modificato in precedenza (10 dicembre 1971) e sostituito ancora da ultimo dall'art. unico delle Modifiche al regolamento generale approvate il 12 febbraio 1977.

[20] Comma modificato dall'art. 1 della deliberazione della Corte costituzionale 14 luglio 2009.

deliberati dall'Ufficio di Presidenza, quando un Giudice lo richieda entro cinque giorni dal ricevimento del verbale della seduta.

Trascorso il termine di cui al comma precedente senza alcuna richiesta di rimessione i provvedimenti diventano esecutivi. Nei casi di urgenza, l'Ufficio di Presidenza può deliberare l'immediata esecutività.

Tutte le deliberazioni dell'Ufficio di Presidenza e quelle della Corte assunte ai sensi del comma ottavo sono depositate nella Segreteria generale.

Art. 26 [21].

All'Ufficio di Presidenza spettano le seguenti funzioni:

1) esame e proposta del bilancio di previsione e del rendiconto consuntivo e degli indirizzi generali per la gestione finanziaria ed amministrativa, da sottoporre alla approvazione della Corte;

2) direttive per la gestione finanziaria e amministrativa in conformità agli indirizzi determinati dalla Corte;

3) trasferimenti di somme tra capitoli del bilancio, nelle ipotesi previste dal regolamento di contabilità e per i capitoli indicati in sede di bilancio, e prelevamenti dal fondo di riserva per spese impreviste;

4) approvazione di programmi di ristrutturazione e adeguamento degli immobili sede della Corte e dei relativi impianti e servizi;

5) nomine e incarichi dei responsabili preposti ai servizi e uffici della Corte;

6) deliberazione di procedere alla copertura di posti vacanti del personale di ruolo della Corte, approvazione dei bandi e nomina delle commissioni giudicatrici;

7) conferimento degli incarichi previsti dal regolamento dei servizi e del personale e richieste di comando, di distacco o di collocamento fuori ruolo di personale di pubbliche amministrazioni nei casi previsti dai regolamenti;

8) autorizzazione al personale, comunque in servizio presso

---

[21] Articolo così sostituito dall'art. 6 delle Modificazioni al Regolamento generale approvate il 26 settembre 2002.

la Corte, ad assumere incarichi estranei all'attività della Corte previsti dalle norme in vigore;

9) deliberazione di ogni altro atto attribuito espressamente all'Ufficio dai regolamenti della Corte.

L'Ufficio di Presidenza può affidare a singoli Giudici o a commissioni di Giudici, anche con la partecipazione di esperti estranei, compiti istruttori per oggetti specifici; può inoltre nominare commissioni a carattere tecnico con compiti consultivi.

Art. 27 [22]**.**

La Commissione per gli studi e per i regolamenti è composta da tre Giudici sorteggiati tra quelli che non fanno parte dell'Ufficio di Presidenza ed è presieduta dal componente più anziano.

La Commissione per la biblioteca è composta da tre Giudici sorteggiati tra quelli che non fanno parte dell'Ufficio di Presidenza né della Commissione per gli studi e per i regolamenti ed è presieduta dal componente più anziano.

I componenti le due Commissioni durano in carica per un triennio.

Se uno o più componenti cessano dalla carica si procede alla loro sostituzione mediante sorteggio.

Il sorteggio dei componenti la Commissione per gli studi e per i regolamenti e la Commissione per la biblioteca avvengono, nel predetto ordine, dopo la costituzione dell'Ufficio di Presidenza. Al sorteggio non possono partecipare i Giudici che facevano parte, la volta precedente, della Commissione interessata [23].

Nessun Giudice può far parte di più di uno degli organi disciplinati da questo articolo.

Se un Giudice, una volta sorteggiato, rinuncia alla designazione, si provvede ad un nuovo sorteggio.

Funziona da segretario il direttore competente per la rispettiva materia.

---

[22] Articolo così sostituito, da ultimo, dall'art. 2 della deliberazione della Corte costituzionale 22 giugno 2006.

[23] Comma modificato dall'art. 2 della deliberazione della Corte costituzionale 14 luglio 2009.

Art. 28.

La Commissione per gli studi e per i regolamenti dirige l'ufficio studi; segue l'applicazione dei regolamenti e ne propone le opportune modifiche; redige progetti di norme d'ordine sia processuale, sia amministrativo che le siano richiesti dalla Corte o dall'Ufficio di Presidenza; riferisce sulle questioni di interpretazione dei regolamenti amministrativi; sovraintende alla pubblicazione della «Raccolta ufficiale delle sentenze e delle ordinanze della Corte»; cura periodicamente una relazione sull'attività della Corte.

Art. 29 [24]**.**

La Commissione per la biblioteca sovrintende alla biblioteca e alla gestione dell'archivio storico e predispone gli schemi dei relativi regolamenti.

Art. 29-*bis* [25]**.**

L'Amministrazione della Corte, costituita dal Segretario generale, dal vice Segretario generale e dai servizi e uffici secondo le norme approvate ai sensi dell'art. 31, compie tutti gli atti di amministrazione e gestione che non siano riservati alla Corte, all'Ufficio di Presidenza o al Presidente.

Il Segretario generale, previa autorizzazione dell'Ufficio di Presidenza, può delegare specifici compiti di amministrazione di sua spettanza a preposti a servizi e uffici, che ne assumono la responsabilità.

Capo III – DISPOSIZIONI FINALI

Art. 30.

Le norme per i giudizi di legittimità costituzionale e per i conflitti di attribuzione, le norme relative al procedimento penale davanti alla Corte e le norme per i giudizi in via esclusiva sui ricorsi dei dipendenti della Corte sono deliberate dalla Corte e pubblicate nella Gazzetta Ufficiale della Repubblica.

---

[24] Articolo così sostituito dall'art. 8 delle Modificazioni al Regolamento generale approvate il 26 settembre 2002.

[25] Articolo introdotto dall'art. 9 delle Modificazioni al Regolamento generale approvate il 26 settembre 2002.

Art. 31.

L'ordinamento degli uffici, le norme sullo stato giuridico ed economico del personale della Corte e la relativa pianta organica, nonché tutti gli altri regolamenti amministrativi, sono approvati dalla Corte su proposta dell'Ufficio di Presidenza, sentite le Commissioni competenti.

Art. 32.

Il presente regolamento sostituisce quello approvato dalla Corte il 22 aprile 1958 e pubblicato nella Gazzetta Ufficiale del 3 maggio 1958, n. 107, edizione speciale, ed entra in vigore il quindicesimo giorno dalla sua pubblicazione.

8. Legge costituzionale 22 novembre 1967, n. 2. – *Modificazioni dell'art. 135 della Costituzione e disposizioni sulla Corte costituzionale*

Art. 1.

(Ha sostituito l'art. 135 Cost.)

Art. 2.

È competenza della Corte costituzionale accertare l'esistenza dei requisiti soggettivi di ammissione dei propri componenti e dei cittadini eletti dal Parlamento ai sensi dell'ultimo comma dell'art. 135 della Costituzione, deliberando a maggioranza assoluta dei suoi componenti.

Art. 3.

I giudici della Corte costituzionale che nomina il Parlamento sono eletti da questo in seduta comune delle due Camere, a scrutinio segreto e con la maggioranza dei due terzi dei componenti l'Assemblea. Per gli scrutini successivi al terzo è sufficiente la maggioranza dei tre quinti dei componenti l'Assemblea.

Art. 4.

Nella elezione dei giudici della Corte costituzionale la cui nomina spetta alle supreme magistrature ordinaria ed amministrative, effettuata secondo le norme stabilite dalla legge, sono proclamati eletti coloro che ottengono il maggior numero di voti purché raggiungano la maggioranza assoluta dei componenti del collegio.

Qualora nella prima votazione non si raggiunga la maggioranza prevista nel comma precedente, si procede, nel giorno successivo, a votazione di ballottaggio tra i candidati, in numero doppio dei giudici da eleggere, che abbiano riportato il maggior numero di voti; sono proclamati eletti coloro che ottengono la maggioranza relativa.

A parità di voti è proclamato eletto o entra in ballottaggio il più anziano di età.

Art. 5.

Il Presidente della Corte costituzionale dà immediatamente comunicazione, all'organo competente per la sostituzione, della cessazione dalla carica di un giudice per causa diversa da quella della scadenza del termine.

In caso di vacanza a qualsiasi causa dovuta, la sostituzione avviene entro un mese dalla vacanza stessa.

Art. 6.

I giudici della Corte costituzionale nominati prima dell'entrata in vigore della presente legge durano in carica dodici anni, decorrenti per ciascuno di essi dal giorno del giuramento e non possono essere nuovamente nominati.

Si applica la disposizione del quarto comma dell'art. 135 della Costituzione.

Art. 7.

Sono abrogati la disposizione transitoria settima, ultimo comma della Costituzione, l'art. 3, primo comma, della legge costituzionale 9 febbraio 1948, n. 1; gli articoli 3, 4, 10 della legge costituzionale 11 marzo 1953, n. 1; gli articoli 3, primo e secondo comma, e 6, quarto comma della legge 11 marzo 1953, n. 87.

È altresì abrogata ogni altra disposizione contraria o incompatibile con quella della presente legge.

9. Legge 25 maggio 1970, n. 352. – *Norme sui referendum previsti dalla Costituzione e sulla iniziativa legislativa del popolo* (estratto artt. 32-34)

Art. 32.

Salvo il disposto dell'articolo precedente, le richieste di referendum devono essere depositate in ciascun anno dal 1° gennaio al 30 settembre.

Alla scadenza del 30 settembre l'Ufficio centrale costituito presso la Corte di cassazione a norma dell'articolo 12 esamina tutte le richieste depositate, allo scopo di accertare che esse siano conformi alle norme di legge, esclusa la cognizione dell'ammissibilità, ai sensi del secondo comma dell'articolo 75 della Costituzione, la cui decisione è demandata dall'articolo 33 della presente legge alla Corte costituzionale.

Entro il 31 ottobre l'Ufficio centrale rileva, con ordinanza, le eventuali irregolarità delle singole richieste, assegnando ai delegati o presentatori un termine, la cui scadenza non può essere successiva al 20 novembre, per la sanatoria, se consentita, delle irregolarità predette e per la presentazione di memorie intese a contestarne l'esistenza.

Con la stessa ordinanza l'Ufficio centrale propone la concentrazione di quelle, tra le richieste depositate, che rivelano uniformità o analogia di materia.

L'ordinanza deve essere notificata ai delegati o presentatori nei modi e nei termini di cui all'articolo 13. Entro il termine fissato nell'ordinanza i rappresentanti dei partiti, dei gruppi politici e dei promotori del referendum, che siano stati eventualmente designati a norma dell'articolo 19, hanno facoltà di presentare per iscritto le loro deduzioni.

Successivamente alla scadenza del termine fissato nell'ordinanza ed entro il 15 dicembre, l'Ufficio centrale decide, con ordinanza definitiva, sulla legittimità di tutte le richieste depositate, provvedendo alla concentrazione di quelle tra esse che rivelano uniformità e analogia di materia e mantenendo distinte le altre, che non presentano tali caratteri.

L'ordinanza deve essere comunicata e notificata a norma dell'art. 13.

L'Ufficio centrale stabilisce altresì, sentiti i promotori, la denominazione della richiesta di referendum da riprodurre nella parte interna delle schede di votazione, al fine dell'identificazione dell'oggetto del referendum [1].

Art. 33.

Il presidente della Corte costituzionale, ricevuta comunicazione dell'ordinanza dell'Ufficio centrale che dichiara la legittimità di una o più richieste di referendum, fissa il giorno della deliberazione in camera di consiglio non oltre il 20 gennaio dell'anno successivo a quello in cui la predetta ordinanza è stata pronunciata, e nomina il giudice relatore.

Della fissazione del giorno della deliberazione è data comunicazione di ufficio ai delegati o presentatori e al Presidente del Consiglio dei Ministri.

Non oltre tre giorni prima della data fissata per la deliberazione, i delegati e i presentatori e il Governo possono depositare alla Corte memorie sulla legittimità costituzionale delle richieste di referendum.

La Corte costituzionale, a norma dell'articolo 2 della legge costituzionale 11 marzo 1953, n. 1, decide con sentenza da pubblicarsi entro il 10 febbraio, quali tra le richieste siano ammesse e quali respinte, perché contrarie al disposto del secondo comma dell'articolo 75 della Costituzione.

Della sentenza è data di ufficio comunicazione al Presidente della Repubblica, ai Presidenti delle due Camere, al Presidente del Consiglio dei Ministri, all'Ufficio centrale per il referendum costituito presso la Corte di cassazione, nonché ai delegati o ai presentatori entro cinque giorni dalla pubblicazione della sentenza stessa. Entro lo stesso termine il dispositivo della sentenza è pubblicato nella Gazzetta Ufficiale della Repubblica.

Art. 34.

Ricevuta comunicazione della sentenza della Corte costituzionale, il Presidente della Repubblica, su deliberazione del

---

[1] Comma aggiunto dall'art. 1, L. 17 maggio 1995, n. 173.

Consiglio dei Ministri, indice con decreto il referendum, fissando la data di convocazione degli elettori in una domenica compresa tra il 15 aprile ed il 15 giugno.

Nel caso di anticipato scioglimento delle Camere o di una di esse, il referendum già indetto si intende automaticamente sospeso all'atto della pubblicazione nella Gazzetta Ufficiale del decreto del Presidente della Repubblica di indizione dei comizi elettorali per la elezione delle nuove Camere o di una di esse.

I termini del procedimento per il referendum riprendono a decorrere a datare dal 365° giorno successivo alla data della elezione.

10. Legge costituzionale 16 gennaio 1989, n. 1. – ***Modifiche degli articoli 96, 134 e 135 della Costituzione e della legge costituzionale 11 marzo 1953, n. 1, e norme in materia di procedimenti per i reati di cui all'art. 96 della Costituzione*** **(*G.U.* n. 13 del 17 gennaio 1989)**

Art. 1.

(*Omissis*) (Ha dettato il nuovo testo dell'art. 96 della Costituzione.

Art. 2.

(*Omissis*) (Ha modificato gli artt. 134, terzo alinea, e 135, comma 7, della Costituzione).

Art. 3.

(*Omissis*) (Ha dettato il nuovo testo dell'art. 12 della l. cost. n. 1 del 1953).

Art. 4.

1. Per i reati commessi nell'esercizio delle loro funzioni dal Presidente del Consiglio dei Ministri o dai Ministri, la pena è aumentata fino ad un terzo in presenza di circostanze che rivelino la eccezionale gravità del reato.

Art. 5.

1. L'autorizzazione prevista dall'articolo 96 della Costituzione spetta alla Camera cui appartengono le persone nei cui confronti si deve procedere, anche se il procedimento riguardi altresì soggetti che non sono membri del Senato della Repubblica o della Camera dei deputati. Spetta al Senato della Repubblica se le persone appartengono a Camere diverse o si deve procedere esclusivamente nei confronti di soggetti che non sono membri della Camere.

Art. 6.

1. I rapporti, i referti e le denunzie concernenti i reati indicati dall'articolo 96 della Costituzione sono presentati o inviati al

procuratore della Repubblica presso il tribunale del capoluogo del distretto di corte d'appello competente per territorio.

2. Il procuratore della Repubblica, omessa ogni indagine, entro il termine di quindici giorni, trasmette con le sue richieste gli atti relativi al collegio di cui al successivo articolo 7, dandone immediata comunicazione ai soggetti interessati perché questi possano presentare memorie al collegio o chiedere di essere ascoltati.

Art. 7.

1. Presso il tribunale del capoluogo del distretto di corte d'appello competente per territorio è istituito un collegio composto di tre membri effettivi e tre supplenti, estratti a sorte tra tutti i magistrati in servizio nei tribunali del distretto che abbiano da almeno cinque anni la qualifica di magistrato di tribunale o abbiano qualifica superiore. Il collegio è presieduto dal magistrato con funzioni più elevate, o, in caso di parità di funzioni, da quello più anziano d'età.

2. Il collegio si rinnova ogni due anni ed è immediatamente integrato, con la procedura di cui al comma 1, in caso di cessazione o di impedimento grave di uno o più dei suoi componenti. Alla scadenza del biennio, per i procedimenti non definiti, è prorogata la funzione del collegio nella composizione con cui ha iniziato le indagini previste dall'articolo 8.

Art. 8.

1. Il collegio di cui all'articolo 7, entro il termine di novanta giorni dal ricevimento degli atti, compiute indagini preliminari e sentito il pubblico ministero, se non ritiene che si debba disporre l'archiviazione, trasmette gli atti con relazione motivata al procuratore della Repubblica per la loro immediata rimessione al Presidente della Camera competente ai sensi dell'articolo 5.

2. In caso diverso, il collegio, sentito il Pubblico ministero, dispone l'archiviazione con decreto non impugnabile.

3. Prima del provvedimento di archiviazione, il procuratore della Repubblica può chiedere al collegio, precisandone i motivi, di svolgere ulteriori indagini; il collegio adotta le sue decisioni entro il termine ulteriore di sessanta giorni.

4. Il procuratore della Repubblica dà comunicazione dell'avvenuta archiviazione al Presidente della Camera competente.

Art. 9.

1. Il Presidente della Camera competente ai sensi dell'articolo 5 invia immediatamente alla giunta competente per le autorizzazioni a procedere in base al regolamento della Camera stessa gli atti trasmessi a norma dell'articolo 8.

2. La giunta riferisce all'assemblea della Camera competente con relazione scritta, dopo aver sentito i soggetti interessati ove lo ritenga opportuno o se questi lo richiedano; i soggetti interessati possono altresì ottenere di prendere visione degli atti.

3. L'assemblea si riunisce entro sessanta giorni dalla data in cui gli atti sono pervenuti al Presidente della Camera competente e può, a maggioranza assoluta dei suoi componenti, negare l'autorizzazione a procedere ove reputi, con valutazione insindacabile, che l'inquisito abbia agito per la tutela di un interesse dello Stato costituzionalmente rilevante ovvero per il perseguimento di un preminente interesse pubblico nell'esercizio della funzione di Governo.

4. L'assemblea, ove conceda l'autorizzazione, rimette gli atti al collegio di cui all'articolo 7 perché continui il procedimento secondo le norme vigenti.

Art. 10.

1. Nei procedimenti per i reati indicati dall'articolo 96 della Costituzione, il Presidente del Consiglio dei Ministri, i Ministri, nonché gli altri inquisiti che siano membri del Senato della Repubblica o della Camera dei deputati non possono essere sottoposti a misure limitative della libertà personale, a intercettazioni telefoniche o sequestro o violazione di corrispondenza ovvero a perquisizioni personali o domiciliari senza l'autorizzazione della Camera competente ai sensi dell'articolo 5, salvo che siano colti nell'atto di commettere un delitto per il quale è obbligatorio il mandato o l'ordine di cattura.

2. Non si applica il secondo comma dell'articolo 68 della Costituzione.

3. La Camera competente, nel caso previsto dal comma 1, è convocata di diritto e delibera, su relazione della giunta di cui

all'articolo 9, non oltre quindici giorni dalla richiesta.

4. Nei confronti del Presidente del Consiglio dei Ministri e dei Ministri non può essere disposta l'applicazione provvisoria di pene accessorie che comportino la sospensione degli stessi dal loro ufficio.

Art. 11.

1. Per i reati commessi dal Presidente del Consiglio dei Ministri e dai Ministri nell'esercizio delle loro funzioni, e in concorso con gli stessi da altre persone, la competenza appartiene in primo grado al tribunale del capoluogo del distretto di corte di appello competente per territorio. Non possono partecipare al procedimento i magistrati che hanno fatto parte del collegio di cui all'articolo 7 nel tempo in cui questo ha svolto indagini sui fatti oggetto dello stesso procedimento.

2. Si applicano per le impugnazioni e gli ulteriori gradi di giudizio le norme del codice di procedura penale.

Art. 12.

1. Salvo quanto disposto dal precedente articolo 3, nella legge costituzionale 11 marzo 1953, n. 1, è soppresso ogni riferimento al Presidente del Consiglio dei Ministri e ai Ministri ed è abrogata ogni disposizione relativa agli stessi.

2. È altresì abrogata ogni disposizione incompatibile con la presente legge costituzionale.

Art. 13.

1. Per i procedimenti pendenti alla data di entrata in vigore della presente legge costituzionale, la commissione parlamentare per i procedimenti di accusa trasmette gli atti al procuratore della Repubblica, competente ai sensi dell'articolo 6, comma 1, perché abbiano applicazione le norme stabilite dalle legge costituzionale stessa.

Art. 14.

1. La presente legge costituzionale entra in vigore il giorno successivo a quello della sua pubblicazione nella Gazzetta Ufficiale della Repubblica italiana.

11. Legge 5 giugno 1989, n. 219. – *Nuove norme in tema di reati ministeriali e di reati previsti dall'articolo 90 della Costituzione*

Capo I – Norme in materia di reati ministeriali

(*Omissis*).

Capo II – Norme concernenti i reati previsti dall'articolo 90 della Costituzione

Art. 5.

1. I rapporti, i referti e le denunzie concernenti i reati indicati nell'articolo 90 della Costituzione devono essere presentati o fatti immediatamente pervenire al Presidente della Camera dei deputati, che li trasmette al comitato di cui all'articolo 12 della legge costituzionale 11 marzo 1953, n. 1, come modificato dall'articolo 3 della legge costituzionale 16 gennaio 1989, n. 1.

2. Il membro del Parlamento che intende fare una denuncia la presenta al Presidente della Camera cui appartiene.

3. Il comitato dà comunicazione al Presidente della Camera dei deputati delle indagini promosse d'ufficio.

4. Salvo quanto disposto dagli articoli seguenti, il comitato procede alle indagini con gli stessi poteri attribuiti al collegio di cui all'articolo 7 della legge costituzionale 16 gennaio 1989, n. 1, dall'articolo 1 della presente legge ed osservando le forme ivi previste.

Art. 6.

1. Nei procedimenti relativi ai reati di cui all'articolo 90 della Costituzione non sono richieste le autorizzazioni previste dal secondo e dal terzo comma dell'articolo 68 della Costituzione.

2. Nei procedimenti relativi ai reati di cui al comma 1 non possono essere opposti il segreto di Stato e il segreto d'ufficio.

Art. 7.

1. Per il compimento delle indagini di cui al comma 4 dell'articolo 5 il comitato può delegare uno o più dei suoi componenti.

2. Devono in ogni caso essere deliberati dal comitato i provvedimenti che dispongono intercettazioni telefoniche o di altre forme di comunicazione, ovvero perquisizioni personali o domiciliari, nonché quelli che applicano misure cautelari limitative della libertà personale nei confronti degli inquisiti.

3. Nei confronti del Presidente della Repubblica non possono essere adottati i provvedimenti indicati nel comma 2 se non dopo che la Corte costituzionale ne abbia disposto la sospensione dalla carica.

4. In casi eccezionali di necessità ed urgenza il presidente del comitato può adottare in via provvisoria i provvedimenti indicati nel comma 2, riferendone immediatamente al comitato. Se il comitato non convalida i provvedimenti entro dieci giorni dalla loro adozione, gli stessi si intendono revocati e restano privi di ogni effetto.

5. I provvedimenti deliberati dal comitato a norma del comma 2 sono sottoscritti dal presidente e da un segretario.

6. Per l'esecuzione dei provvedimenti adottati con i poteri di cui al comma 2 il comitato si avvale della polizia giudiziaria.

Art. 8.

1. Il comitato esperisce le indagini entro il termine massimo di cinque mesi. Tuttavia, ove si tratti di indagini particolarmente complesse, il comitato può deliberare per una sola volta la proroga del termine suddetto per un periodo non superiore a tre mesi.

2. Ove ritenga che il reato sia diverso da quelli previsti dall'articolo 90 della Costituzione, il comitato dichiara, nei termini di cui al comma 1, la propria incompetenza. Ove ravvisi la manifesta infondatezza della notizia di reato, dispone con ordinanza motivata, nei medesimi termini, l'archiviazione degli atti del procedimento. In ogni altra ipotesi presenta al Parlamento in seduta comune la relazione prevista dall'articolo 12 della legge costituzionale 11 marzo 1953, n. 1, come modificato dall'articolo 3 della legge costituzionale 16 gennaio 1989, n. 1.

3. Qualora il comitato abbia dichiarato la propria incompe-

tenza a norma del comma 2, gli atti del procedimento sono trasmessi all'autorità giudiziaria salvo che sia presentata la richiesta di cui al comma 4.

4. Se è dichiarata l'incompetenza ovvero è disposta l'archiviazione, copia della relativa ordinanza è trasmessa ai Presidenti delle due Camere, che ne danno comunicazione alle rispettive Assemblee. Nel termine di dieci giorni dall'ultima di tali comunicazioni, almeno un quarto dei componenti del Parlamento può chiedere che il comitato, entro un mese dalla richiesta, presenti la relazione indicata nel comma 2.

5. In ogni caso il Parlamento, su richiesta di almeno quaranta membri, può disporre, per una sola volta, che il comitato compia un supplemento di indagini, stabilendo a tal fine un termine non superiore a tre mesi.

Art. 9.

1. Il comitato procede alle indagini relative ai reati di cui al comma 1 dell'articolo 5 anche nei confronti di qualsiasi soggetto che abbia concorso negli stessi.

2. Se il comitato ritiene che fatti per i quali procede l'autorità giudiziaria ordinaria o militare integrano taluno dei reati previsti dall'art. 90 della Costituzione, afferma la propria competenza indicando le persone nei cui confronti intende procedere e richiede la trasmissione degli atti all'autorità giudiziaria, che provvede senza ritardo dopo aver dichiarato con sentenza la propria incompetenza.

3. Tuttavia l'autorità giudiziaria, se ritiene che i fatti siano diversi da quelli previsti nell'articolo 90 della Costituzione, pronuncia ordinanza con la quale ordina la trasmissione degli atti alla Corte costituzionale per la risoluzione del conflitto. Nello stesso modo provvede quando ritiene che i fatti per i quali procedono il comitato o il Parlamento in seduta comune rientrino nella sua competenza.

Art. 10.

1. Qualora ritenga che il reato sia diverso da quelli previsti dall'art. 90 della Costituzione il Parlamento in seduta comune dichiara la propria incompetenza e trasmette gli atti all'autorità giudiziaria.

2. Se l'autorità giudiziaria dissente dalla pronuncia di incompetenza del Parlamento o del comitato, provvede a norma del comma 3 dell'articolo 9.

Art. 11.

1. Salvo che il comitato disponga altrimenti, sono pubbliche le sedute del comitato stesso destinate alla votazione sulla proposta di archiviazione ovvero su quella di presentazione della relazione per il Parlamento; nelle stesse l'inquisito ha diritto di esporre, personalmente o a mezzo del difensore, le proprie difese. Della data di tali sedute è dato avviso, a cura del presidente del comitato, almeno dieci giorni prima all'interessato e al suo difensore, che fino a cinque giorni prima della seduta hanno facoltà di prendere visione, presso la segreteria del comitato, delle cose e degli atti relativi alle indagini effettuate e di estrarne copia.

2. Salvo che il comitato disponga altrimenti, è vietata la pubblicazione col mezzo della stampa o con altri mezzi di divulgazione, fatta da chiunque in qualsiasi modo, totale o parziale, anche per riassunto o a guisa d'informazione, di ogni atto e documento relativo alle indagini compiute dal comitato stesso fino alla seduta in cui viene deliberata l'archiviazione o la presentazione della relazione di cui all'articolo 12 della legge costituzionale 11 marzo 1953, n. 1, come modificato dall'articolo 3 della legge costituzionale 16 gennaio 1989, n. 1. Fino a tale momento, sono obbligati al segreto per tutto ciò che concerne gli atti di indagine e i loro risultati i componenti del comitato e ogni altra persona che abbia compiuto gli atti predetti ovvero concorso o assistito al loro compimento eccettuate le parti private e i testimoni.

3. Per la violazione del divieto di pubblicazione previsto dal comma 2 si applicano, qualora il fatto non costituisca più grave reato, le pene previste dall'articolo 683 del codice penale.

Art. 12.

1. Ai soggetti interessati è dato avviso della convocazione del Parlamento in seduta comune, con invito ad esercitare la facoltà di nominare un difensore, qualora non vi abbiano già provveduto, di prendere visione degli atti del procedimento, di estrarne copia, nonché di presentare istanze e memorie e di produrre documenti.

2. Le facoltà di cui al comma 1 devono essere esercitate entro cinque giorni dalla data del ricevimento dell'avviso, salvo che il Presidente della Camera non ritenga di stabilire un termine più ampio.

12. Regolamento parlamentare per i procedimenti di accusa. – *Testo approvato dal Senato della Repubblica e dalla Camera dei Deputati, rispettivamente, il 7 giugno 1989 e il 28 giugno 1989, in identico testo e a maggioranza assoluta dei loro componenti.*

TITOLO I – Degli organi del procedimento d'accusa

Capo I – DEI GIUDICI AGGREGATI DELLA CORTE COSTITUZIONALE

Art. 1. *Formazione dell'elenco.*

1. L'elenco previsto dall'art. 135 della Costituzione è costituito di quarantacinque persone aventi i requisiti per l'eleggibilità a senatore.

2. L'elenco è formato ogni nove anni, mediante elezione, dal Parlamento in seduta comune, osservando le modalità stabilite per l'elezione dei giudici ordinari della Corte costituzionale.

3. Con le stesse modalità il Parlamento provvede ad elezioni suppletive qualora per sopravvenute vacanze l'elenco si riduca a meno di trentasei persone.

4. I nomi degli eletti sono immediatamente comunicati dal Presidente della Camera dei deputati al Presidente della Repubblica e al Presidente della Corte costituzionale.

Capo II – DEL COMITATO PARLAMENTARE PER I PROCEDIMENTI DI ACCUSA

Art. 2. *Ufficio di Presidenza del Comitato.*

1. L'ufficio di Presidenza del Comitato di cui all'articolo 12 della legge costituzionale 11 marzo 1953, n. 1, come sostituito dall'articolo 3 della legge costituzionale 16 gennaio 1989, n. 1, è costituito dall'Ufficio di Presidenza della Giunta delle elezioni e delle immunità parlamentari del Senato della Repubblica o dall'Ufficio di Presidenza della giunta per le autorizzazioni a procedere della Camera dei deputati, che si alternano per ciascuna legislatura.

Art. 3. ***Astensione e sostituzione dei componenti del Comitato.***

1. I componenti del Comitato di cui all'articolo 2 non possono essere ricusati. Essi hanno tuttavia facoltà di astenersi, con il consenso del Presidente della Camera dei deputati, nei casi in cui il codice di procedura penale ammette la ricusazione del giudice o quando esistono gravi ragioni di convenienza.

2. Nel caso di legittimo impedimento a partecipare alla seduta, il Presidente del Comitato ammette la sostituzione del componente impedito a norma del comma 3.

3. I componenti del Comitato astenutisi a norma del comma 1 e quelli legittimamente impediti a partecipare alla seduta sono sostituiti immediatamente da senatori e da deputati appartenenti al medesimo gruppo parlamentare, tratti dagli elenchi di cui al comma 4.

4. Ai fini delle sostituzioni di cui al comma 3, all'inizio di ogni legislatura il Presidente del Senato della Repubblica e il Presidente della Camera dei deputati formano rispettivamente un elenco di senatori e un elenco di deputati, aventi consistenza numerica pari a quella delle giunte competenti per le autorizzazioni a procedere in base ai rispettivi regolamenti.

Art. 4. ***Validità delle deliberazioni. Divieto di astensione dal voto.***

1. Le deliberazioni del Comitato, di cui all'articolo 2 non sono valide se non è presente la maggioranza dei suoi componenti.

2. I componenti del Comitato non possono astenersi dal voto.

Art. 5. ***Segretezza e pubblicità delle sedute.***

1. Le sedute del Comitato, di cui all'articolo 2 sono ordinariamente segrete. Il Comitato può tuttavia deliberare, di volta in volta, di rendere pubbliche intere sedute e parti di esse, avvalendosi dei mezzi di pubblicità previsti dal regolamento della Camera alla quale appartiene il parlamentare che lo presiede.

Capo III – Dei commissari di accusa

Art. 6. ***Numero ed elezione dei commissari di accusa.***

1. Il Parlamento, deliberata la messa in stato di accusa, determina il numero dei commissari di accusa previsti dall'art. 13 della legge costituzionale 11 marzo 1953, n. 1, e provvede

alla loro elezione con votazione a scrutinio segreto.

2. Ogni membro del Parlamento vota per un numero di persone pari a quello dei commissari da eleggere. Si intendono nominati coloro che ottengono il maggior numero di voti.

3. I commissari di accusa possono rifiutare la nomina dandone comunicazione al Presidente della Camera dei deputati entro tre giorni dalla nomina stessa. Decorso tale termine non possono dare le dimissioni.

Art. 7. ***Sostituzione.***

1. Non si fa luogo alla sostituzione dei commissari di accusa sempre che ne rimanga in carica almeno uno.

2. Nel caso di rifiuto della nomina o di impedimento di tutti i commissari, il parlamento è riunito in seduta comune entro dieci giorni per provvedere alla loro sostituzione.

TITOLO II – **Del procedimento innanzi al Parlamento**

Capo I – DEI POTERI DEL COMITATO

Art. 8. ***Inizio del procedimento d'accusa.***

1. Il Comitato di cui all'articolo 2 inizia il procedimento per la messa in stato di accusa, ai sensi dell'art. 90 della Costituzione, in seguito ad indagini promosse d'ufficio ovvero a rapporto, referto o denuncia ad esso trasmessi a norma dell'articolo 9.

Art. 9. ***Trasmissione al Comitato dei rapporti, dei referti e delle denunce. Indagini promosse d'ufficio.***

1. Il presidente della camera dei deputati trasmette al Comitato di cui all'articolo 2 i rapporti, i referti e le denunce concernenti i reati previsti dall'articolo 90 della Costituzione, dandone comunicazione al Presidente del Senato della Repubblica.

2. Nel caso di indagini promosse d'ufficio dal Comitato il Presidente della Camera dà notizia al Presidente del Senato della comunicazione pervenutagli da parte del Comitato medesimo.

3. Il Comitato può chiedere ai Presidenti delle due Camere di dare notizia alle rispettive Assemblee delle trasmissioni e comunicazioni previste dai commi 1 e 2.

Art. 10. ***Convocazione del Comitato. Promuovimento d'ufficio delle indagini.***

1. Il Comitato di cui all'articolo 2 è convocato dal suo presidente entro dieci giorni dal ricevimento degli atti trasmessi a norma del comma 1 dell'articolo 9.

2. Il comitato può deliberare il promuovimento d'ufficio delle indagini, su proposta anche di un solo componente.

3. Il Presidente convoca il comitato per la deliberazione di cui al comma 2 entro dieci giorni dal ricevimento della proposta.

Art. 11. ***Dichiarazione di incompetenza. Archiviazione.***

1. Le ordinanze con le quali il comitato di cui all'articolo 2 dichiara la propria incompetenza perché il reato è diverso da quelli previsti dall'articolo 90 della Costituzione ovvero delibera l'archiviazione degli atti del procedimento sono trasmesse, entro dieci giorni dalla loro adozione, ai Presidenti delle due Camere, i quali ne danno comunicazione alle rispettive Assemblee.

2. Entro dieci giorni dalla comunicazione di cui al comma 1 un quarto dei componenti del Parlamento in seduta comune può chiedere che il Comitato presenti la relazione al Parlamento medesimo. La richiesta è presentata in forma scritta al Presidente della Camera di appartenenza dei richiedenti, il quale verifica l'autenticità delle sottoscrizioni.

3. Il Presidente del Senato della Repubblica trasmette immediatamente al Presidente della Camera dei deputati le richieste a lui presentate.

4. I Presidenti delle due Camere comunicano alle rispettive Assemblee la intervenuta definitività delle dichiarazioni di incompetenza e delle deliberazioni di archiviazione in ordine alle quali non sia stata presentata la richiesta di cui al comma 2 da parte del prescritto numero di componenti del Parlamento in seduta comune.

5. Oltre che alle due Assemblee da parte dei rispettivi Presidenti, l'avvenuta presentazione della richiesta di cui al comma 2 da parte del prescritto numero di componenti del Parlamento in seduta comune è comunicata dal Presidente della Camera dei deputati al Comitato, il quale deve presentare la relazione entro un mese da tale comunicazione.

Art. 12. ***Relazione del Comitato.***

1. La relazione del Comitato di cui all'articolo 2 al Parlamento in seduta comune deve contenere l'enunciazione del fatto, l'indicazione delle indagini esperite, le conclusioni.

2. Se la relazione propone la messa in stato di accusa, le conclusioni devono riportare l'indicazione degli addebiti con le relative ipotesi di reato e degli elementi su cui la proposta è basata.

3. Il Comitato nomina uno o più relatori per sostenere la discussione dinanzi al Parlamento.

4. La relazione è presentata ai Presidenti delle due Camere ed è stampata e distribuita secondo le disposizioni del regolamento della Camera dei deputati. Possono essere presentate relazioni di minoranza.

Art. 13. ***Commissioni parlamentari di inchiesta.***

1. Le Commissioni parlamentari di inchiesta nominate da una o da entrambe le Camere, anche con legge, per gli stessi fatti che formano oggetto di indagine da parte del Comitato di cui all'articolo 2 o per fatti ad essi connessi, debbono sospendere la propria attività con riferimento ai fatti medesimi e trasmettere gli atti al Comitato non appena ricevano dallo stesso comunicazione dell'inizio delle indagini.

2. Se il Parlamento in seduta comune delibera la messa in stato di accusa, la Commissione parlamentare di inchiesta non può più procedere limitatamente ai fatti per i quali è stata deliberata la messa in stato d'accusa.

3. In tutti gli altri casi la Commissione parlamentare d'inchiesta riprende la sua attività, ma è vincolata ai fatti accertati e alle decisioni prese dal Comitato o dal Parlamento.

Art. 14. ***Integrazione del presente regolamento.***

1. Per quanto non stabilito dal presente regolamento, il Comitato, di cui all'articolo 2 osserva nei propri lavori, nella misura in cui sono applicabili, le disposizioni del regolamento della Camera alla quale appartiene il parlamentare che lo presiede.

Capo II – Della messa in stato di accusa

Art. 15. ***Convocazione del Parlamento in seduta comune.***

1. Il Presidente della Camera dei deputati, sentito il Presidente del Senato della Repubblica, emette l'atto di convocazione del Parlamento in seduta comune entro trenta giorni dalla data della presentazione della relazione da parte del Comitato di cui all'articolo 2 ovvero, nel caso di mancata o tardiva presentazione della relazione, entro trenta giorni dalla scadenza dei termini per il compimento delle indagini o del termine di cui al comma 5 dell'articolo 11.

2. La seduta comune deve avere luogo entro trenta giorni dalla emissione dell'atto di convocazione.

Art. 16. ***Discussione.***

La discussione inizia con la relazione del Comitato di cui all'articolo 2 seguita dagli interventi degli eventuali relatori di minoranza.

2. Salvo che non sia diversamente stabilito si osservano, in quanto applicabili, le disposizioni del regolamento della Camera dei deputati.

Art. 17. ***Supplemento di indagini.***

1. Qualora il Parlamento abbia deliberato il compimento di un supplemento di indagini, il Comitato di cui all'articolo 2, adempiuto l'incarico, presenta una relazione suppletiva scritta.

Art. 18. ***Deliberazioni del Parlamento in seduta comune.***

1. Prima dell'inizio della discussione generale e fino alla conclusione degli interventi del relatore e degli eventuali relatori di minoranza almeno quaranta componenti del Parlamento in seduta comune possono presentare ordini del giorno intesi a formulare proposte in difformità dalle conclusioni del Comitato di cui all'articolo 2.

2. Sulle conclusioni del Comitato e sugli ordini del giorno di cui al comma 1 non è consentita la presentazione di emendamenti.

3. Qualora non siano stati presentati ordini del giorno ai sensi del comma 1 e il Comitato abbia proposto che si deliberi l'archiviazione ovvero che si dichiari non doversi procedere, il

Parlamento prende atto delle conclusioni del Comitato.

4. Qualora, in difetto della presentazione di ordini del giorno ai sensi del comma 1, sia stata respinta la proposta formulata dal Comitato di deliberare il compimento di ulteriori indagini intese a stabilire se la competenza in ordine ai fatti per i quali si procede appartenga al Parlamento, si fa luogo a votazione sulla competenza del Parlamento. Ove tale competenza risulti affermata ed altresì nel caso che, sempre in difetto della presentazione di ordini del giorno e comunque in mancanza di altre proposte, sia stata respinta la proposta di dichiarare l'incompetenza del Parlamento o quella di disporre un supplemento di indagini ai fini della decisione sulla messa in stato di accusa, il Presidente sospende la seduta per consentire al Comitato di formulare ulteriori conclusioni.

5. Qualora siano stati presentati ordini del giorno ai sensi del comma 1, sono messe in votazione per prime le proposte di dichiarare l'incompetenza del Parlamento, salvo che non vi siano proposte di deliberare il compimento di ulteriori indagini intese a stabilire se la competenza in ordine ai fatti per i quali si procede appartenga al Parlamento stesso. Sono quindi messe in votazione le proposte di disporre un supplemento di indagini ai fini della decisione sulla messa in stato di accusa. Nel caso di reiezione delle proposte concernenti la competenza e di quelle intese a disporre un supplemento di indagini ai fini della decisione sulla messa in stato di accusa, non si fa luogo a votazione sulle proposte di dichiarare non doversi procedere e su quelle di deliberare l'archiviazione, le quali si intendono nell'ordine approvate se non siano state formulate altre proposte. Ove siano formulate proposte di deliberare la messa in stato di accusa, sono infine messe in votazione tali proposte, intendendosi la loro reiezione come deliberazione di non doversi procedere.

6. Le votazioni hanno luogo a scrutinio segreto e possono essere disposte per parti separate.

7. La deliberazione di messa in stato di accusa è adottata a maggioranza assoluta dei componenti del Parlamento.

Art. 19. ***Trasmissione dell'atto d'accusa alla Corte costituzionale.***

1. Il Presidente della Camera dei deputati, entro due giorni dalla deliberazione del Parlamento, trasmette l'atto di accusa al

Presidente della Corte costituzionale, unitamente alla relazione del Comitato di cui all'articolo 2, alle eventuali relazioni di minoranza e agli atti e documenti del procedimento. Comunica altresì il nome dei commissari d'accusa e del Presidente del Collegio di accusa previsto dall'articolo 18 della legge 25 gennaio 1962, n. 20.

Art. 20. ***Divieto di rinvii.***

1. Quando il Parlamento è riunito in seduta comune per un procedimento di accusa non sono ammessi rinvii, ma soltanto brevi sospensioni della seduta disposte insindacabilmente dal Presidente.

13. Norme integrative per i giudizi davanti alla Corte costituzionale (7 ottobre 2008)

Capo I – QUESTIONI DI LEGITTIMITÀ COSTITUZIONALE NEL CORSO DI UN GIUDIZIO

Art. 1. *Trasmissione dell'ordinanza notificata.*

1. L'ordinanza, con cui il giudice, singolo o collegiale, davanti al quale pende la causa, promuove il giudizio di legittimità costituzionale, deve essere trasmessa alla Corte costituzionale insieme con gli atti e con la prova delle notificazioni e delle comunicazioni prescritte nell'art. 23 della legge 11 marzo 1953, n. 87.

Art. 2. *Pubblicazione e registrazione dell'ordinanza* [1].

1. Il Presidente della Corte, accertata, sulla base delle verifiche effettuate dal cancelliere ai sensi del regolamento di cancelleria, la regolarità dell'ordinanza e delle notificazioni, dispone che l'ordinanza stessa sia pubblicata nella Gazzetta Ufficiale della Repubblica e, quando occorra, nel Bollettino Ufficiale delle Regioni.

2. Il Presidente accerta altresì, con le modalità di cui al comma precedente, che siano state eseguite le comunicazioni ai Presidenti delle due Camere legislative, a norma dell'art. 23 della legge 11 marzo 1953, n. 87.

3. Le ordinanze di cui all'art. 23 della legge predetta, pervenute alla Corte, sono annotate dal cancelliere nel registro generale con l'indicazione, in apposita colonna, delle date delle notificazioni e della pubblicazione nella Gazzetta Ufficiale della Repubblica e nel Bollettino Ufficiale delle Regioni interessate.

Art. 3. *Costituzione delle parti.*

1. La costituzione delle parti nel giudizio davanti alla Corte ha luogo nel termine di venti giorni dalla pubblicazione dell'or-

---

[1] Il testo originario delle Norme integrative è stato approvato il 16 marzo 1956 e pubblicato nella *Gazzetta ufficiale* 24 marzo 1956, n. 71, edizione speciale.

dinanza nella Gazzetta Ufficiale, mediante deposito in cancelleria della procura speciale, con la elezione del domicilio, e delle deduzioni comprensive delle conclusioni. La procura può essere apposta in calce o a margine dell'originale delle deduzioni con la sottoscrizione della parte, certificata autografa dal difensore. Nello stesso termine possono essere prodotti nuovi documenti relativi al giudizio di legittimità costituzionale.

Art. 4. ***Interventi in giudizio.***

1. L'intervento in giudizio del Presidente del Consiglio dei ministri ha luogo con il deposito delle deduzioni, comprensive delle conclusioni, sottoscritte dall'Avvocato generale dello Stato o da un suo sostituto.

2. Il Presidente della Giunta regionale interviene depositando, oltre alle deduzioni, comprensive delle conclusioni, la procura speciale rilasciata a norma dell'art. 3, contenente l'elezione del domicilio.

3. Eventuali interventi di altri soggetti, ferma la competenza della Corte a decidere sulla loro ammissibilità, devono aver luogo con le modalità di cui al comma precedente.

4. L'atto di intervento di cui ai commi precedenti deve essere depositato non oltre venti giorni dalla pubblicazione nella Gazzetta Ufficiale dell'atto introduttivo del giudizio.

5. Il cancelliere dà comunicazione dell'intervento alle parti costituite.

Art. 5. ***Notificazioni e comunicazioni.***

1. Le notificazioni, da farsi a cura del cancelliere, sono effettuate da persona addetta alla Corte, a ciò autorizzata dal Presidente.

2. Le comunicazioni sono eseguite dal cancelliere con biglietto consegnato al destinatario, che ne rilascia ricevuta, o con piego raccomandato, con ricevuta di ritorno, al domicilio eletto in Roma, ovvero, se richiesto dalla parte, a mezzo telefax o posta elettronica inviati al recapito indicato dal richiedente, nel rispetto della normativa concernente i documenti informatici e teletrasmessi. In tale ultimo caso non è richiesta l'elezione di domicilio in Roma.

Art. 6. ***Deposito degli atti del processo.***

1. Gli atti e i documenti di ciascuna parte, relativi al giudizio di legittimità costituzionale, devono essere depositati in cancelleria nel numero di copie in carta libera necessarie per le parti.

2. Il cancelliere non può ricevere atti e documenti, relativi al giudizio di legittimità costituzionale, che non siano corredati del necessario numero di copie per le parti, scritte in carattere chiaro e leggibile.

Art. 7. ***Nomina del giudice per l'istruzione e per la relazione.***

1. Decorso il termine indicato nell'art. 3, il Presidente nomina uno o più giudici per l'istruzione e per la relazione, cui il cancelliere trasmette immediatamente il fascicolo della causa, con annotazione delle date di deposito.

2. La documentazione di cui, con apposito provvedimento adottato dal Presidente su proposta del giudice relatore, si disponga l'acquisizione al giudizio è depositata nella cancelleria.

3. La cancelleria, entro il termine di cui all'art. 8, comma 2, dà comunicazione del deposito alle parti costituite.

Art. 8. ***Convocazione della Corte in udienza pubblica.***

1. Il Presidente fissa con decreto il giorno dell'udienza e convoca la Corte.

2. Almeno trenta giorni prima della data fissata per l'udienza, il decreto del Presidente è comunicato in copia, a cura del cancelliere, alle parti costituite.

Art. 9. ***Convocazione della Corte in camera di consiglio.***

1. Se nessuna delle parti si è costituita in giudizio, il Presidente può convocare con decreto la Corte in camera di consiglio.

2. Il Presidente, sentito il giudice per l'istruzione, può convocare ugualmente la Corte in camera di consiglio, qualora ravvisi che possa ricorrere il caso di manifesta infondatezza, di manifesta inammissibilità, di estinzione ovvero di restituzione degli atti al giudice rimettente.

3. A cura del cancelliere, il decreto del Presidente è comunicato alle parti costituite trenta giorni prima della data fissata per la riunione della Corte in camera di consiglio. Ciascuna

parte può illustrare, nella memoria di cui all'art. 10, le ragioni per le quali ritiene che la causa debba essere discussa nella pubblica udienza.

4. La Corte, se ritiene che la causa non debba essere decisa in camera di consiglio, dispone che sia discussa nella pubblica udienza.

Art. 10. *Deposito di memorie.*

1. È ammesso il deposito nella cancelleria della Corte di una memoria illustrativa, in un numero di copie sufficiente per le parti, fino al ventesimo giorno libero prima dell'udienza o della riunione in camera di consiglio.

2. In caso di deposito oltre il termine di cui al precedente comma, il cancelliere provvede ad annotare la circostanza sull'atto prima della trasmissione di cui all'art. 11.

Art. 11. *Trasmissione degli atti ai giudici.*

1. A cura del cancelliere è trasmesso ad ogni giudice, almeno dieci giorni prima dell'udienza o della riunione in camera di consiglio, un fascicolo contenente le copie dell'atto introduttivo del giudizio davanti alla Corte e di tutti i successivi atti del processo.

Art. 12. *Mezzi di prova.*

1. La Corte dispone con ordinanza i mezzi di prova che ritenga opportuni e stabilisce i termini e i modi da osservarsi per la loro assunzione.

Art. 13. *Assunzione dei mezzi di prova.*

1. L'assunzione dei mezzi di prova ha luogo a cura del giudice per l'istruzione con l'assistenza del cancelliere, che redige il verbale.

2. Le parti sono avvertite dal cancelliere dieci giorni prima di quello fissato per l'assunzione.

3. Le spese per l'assunzione sono a carico del bilancio della Corte.

Art. 14. *Chiusura dell'istruttoria e riconvocazione della Corte.*

1. Espletate le prove, i relativi atti sono depositati nella cancelleria.

2. Il cancelliere, almeno trenta giorni prima della data fissata per la nuova udienza o riunione in camera di consiglio, dà comunicazione del deposito alle parti costituite.

Art. 15. ***Riunione di procedimenti.***

1. Il Presidente, d'ufficio o a richiesta di parte, può disporre che due o più cause siano chiamate alla medesima udienza o trattate nella medesima riunione in camera di consiglio per essere congiuntamente discusse.

2. Dopo la discussione in pubblica udienza o la trattazione in camera di consiglio, la Corte delibera se e quali cause debbano essere riunite per un'unica pronunzia.

3. Ove ne ravvisi l'opportunità, il Presidente può rinviare una causa ad una nuova udienza pubblica o ad una nuova riunione in camera di consiglio, al fine della trattazione congiunta con altra causa connessa o che implichi la soluzione di analoghe questioni.

Art. 16. ***Udienza pubblica.***

1. All'udienza il giudice relatore espone in modo sintetico le questioni della causa.

2. Dopo la relazione, i difensori delle parti svolgono in modo sintetico i motivi delle loro conclusioni.

3. Il Presidente regola la discussione e può indicare i punti e determinare i tempi nei quali essa deve contenersi.

4. Si osservano, oltre agli articoli 15, 16 e 17 della legge 11 marzo 1953, n. 87, gli articoli 128, comma secondo, e 129 del Codice di procedura civile.

Art. 17. ***Deliberazione delle ordinanze e delle sentenze.***

1. Le ordinanze e le sentenze sono deliberate in camera di consiglio con voti espressi in forma palese. Alla deliberazione devono partecipare i giudici che siano stati presenti a tutte le udienze fino alla chiusura della discussione della causa.

2. Il Presidente, dopo la relazione, dirige la discussione e pone in votazione le questioni.

3. Il relatore vota per primo; votano poi gli altri giudici, cominciando dal meno anziano per nomina; per ultimo vota il Presidente. In caso di parità di voti, il voto del Presidente prevale.

4. Dopo la votazione, la redazione delle sentenze e delle ordinanze è affidata al relatore, salvo che, per indisponibilità o per altro motivo, sia affidata dal Presidente ad altro o a più giudici.

5. La data della decisione è quella dell'approvazione di cui al comma 3.

6. Le ordinanze e le sentenze, il cui testo è stato approvato dal collegio in camera di consiglio, sono sottoscritte dal Presidente e dal Giudice redattore [2].

Art. 18. ***Sospensione, interruzione ed estinzione del processo.***

1. La sospensione, l'interruzione e l'estinzione del processo principale non producono effetti sul giudizio davanti alla Corte costituzionale.

Capo II – QUESTIONI DI LEGITTIMITÀ COSTITUZIONALE IN VIA PRINCIPALE

Art. 19. ***Ricorsi che promuovono questioni di legittimità costituzionale.***

1. Nei casi previsti negli articoli 31, 32 e 33 della legge 11 marzo 1953, n. 87, i ricorsi che promuovono questioni di legittimità costituzionale devono contenere l'indicazione delle norme costituzionali che si assumono violate e l'illustrazione delle relative censure. I predetti ricorsi devono essere depositati nella cancelleria della Corte insieme con gli atti e con i documenti, dopo eseguite le notificazioni previste nella detta legge. Per la costituzione in giudizio delle Regioni è altresì necessario il deposito della procura speciale contenente l'atto di elezione del domicilio.

2. La disposizione di cui al comma precedente si applica anche ai ricorsi previsti dagli articoli 56, 97 e 98 dello statuto speciale per il Trentino-Alto Adige, di cui al decreto del Presidente della Repubblica 31 agosto 1972, n. 670, nonché al ricorso che promuove la questione di legittimità costituzionale sulle leggi

---

[2] Comma così rettificato con deliberazione della Corte costituzionale 19 novembre 2008.

regionali che approvano gli statuti delle Regioni, a norma dell'art. 123, secondo comma, della Costituzione, e sulle leggi statutarie delle Regioni a statuto speciale, a norma dei rispettivi statuti.

3. La parte convenuta può costituirsi in cancelleria entro il termine perentorio di trenta giorni dalla scadenza del termine stabilito per il deposito del ricorso, con memoria contenente le conclusioni e l'illustrazione delle stesse.

Art. 20. ***Pubblicazioni.***

1. Il Presidente, accertata, sulla base delle verifiche effettuate dal cancelliere ai sensi del regolamento di cancelleria, la regolarità degli atti e delle notificazioni, dispone la pubblicazione dei ricorsi nella Gazzetta Ufficiale della Repubblica, nonché, ove si faccia questione di un atto di una Regione o di una Provincia autonoma, nel rispettivo Bollettino Ufficiale, previa annotazione dei ricorsi stessi, a cura del cancelliere, in ordine cronologico, nell'apposito registro.

Art. 21. ***Istanza di sospensione.***

1. Ove sia proposta istanza di sospensione ai sensi dell'art. 35 della legge 11 marzo 1953, n. 87, il Presidente, sentito il relatore, convoca la Corte in camera di consiglio qualora ravvisi l'urgenza di provvedere. Con il medesimo provvedimento il Presidente può autorizzare l'audizione dei rappresentanti delle parti e lo svolgimento delle indagini ritenute opportune. La cancelleria comunica immediatamente alle parti l'avvenuta fissazione della camera di consiglio e l'eventuale autorizzazione all'audizione.

Art. 22. ***Separazione e riunione dei procedimenti.***

1. Il Presidente può disporre la trattazione separata di questioni, tra loro non omogenee, poste con un unico ricorso e, ove questioni analoghe siano poste da altro ricorso, può disporre che siano discusse nella medesima udienza o trattate nella medesima camera di consiglio; analogamente può disporre in presenza di cause la cui decisione dipende dalla soluzione di analoghe questioni.

Art. 23. ***Norme di procedura per i ricorsi.***

1. Nei giudizi regolati nel presente capo si applicano gli articoli 4, 5, 6, 7, 8, 9, commi 2, 3 e 4, e da 10 a 17. La rinuncia al ricorso, qualora sia accettata da tutte le parti costituite, estingue il processo.

Capo III – CONFLITTI DI ATTRIBUZIONE

Art. 24. ***Ricorso per conflitto di attribuzione tra poteri dello Stato.***

1. Il ricorso previsto nell'art. 37 della legge 11 marzo 1953, n. 87, deve contenere l'esposizione delle ragioni di conflitto e l'indicazione delle norme costituzionali che regolano la materia. Il ricorso deve essere sottoscritto e depositato nella cancelleria della Corte ed è registrato a cura del cancelliere in ordine cronologico.

2. Il Presidente, avvenuto il deposito, convoca la Corte in camera di consiglio ai fini dell'art. 37, comma terzo, della legge sopracitata.

3. Il ricorso dichiarato ammissibile, con la prova delle notificazioni eseguite a norma dell'art. 37, comma quarto, di detta legge, è depositato nella cancelleria della Corte entro il termine perentorio di trenta giorni dall'ultima notificazione.

4. Entro il termine perentorio di venti giorni dal decorso del termine di cui al comma precedente ha luogo la costituzione in giudizio. Per i successivi atti del processo si applicano gli articoli 3, 4, 5, 6, 7, 8, 9, commi 2, 3 e 4, e da 10 a 17.

5. Per la rappresentanza e per la difesa in giudizio si applica la disposizione dell'ultimo comma dell'art. 37 della legge 11 marzo 1953, n. 87.

6. La rinuncia al ricorso, qualora sia accettata da tutte le parti costituite, estingue il processo.

Art. 25. ***Ricorso per conflitto di attribuzione tra Stato e Regioni e tra Regioni.***

1. Il ricorso previsto negli articoli 39 e 42 della legge 11 marzo 1953, n. 87, deve essere notificato al Presidente del Consiglio dei ministri, salvo i casi in cui egli sia il ricorrente.

2. Il ricorso deve essere notificato altresì all'organo che ha

emanato l'atto, quando si tratti di autorità diverse da quelle di Governo e da quelle dipendenti dal Governo.

3. Il ricorso è depositato nella cancelleria della Corte entro il termine perentorio di venti giorni dall'ultima notificazione insieme con la procura speciale, quando occorra.

4. Entro il termine perentorio di venti giorni dal decorso del termine di cui al comma precedente, ha luogo la costituzione in giudizio. Per i successivi atti del processo si applicano gli articoli 3, 4, 5, 6, 7, 8, 9, commi 2, 3 e 4, e da 10 a 17.

5. La rinuncia al ricorso, qualora sia accettata da tutte le parti costituite, estingue il processo.

Art. 26. ***Ordinanza di sospensione.***

1. La sospensione dell'esecuzione degli atti, di cui all'art. 40 della legge 11 marzo 1953, n. 87, può essere richiesta in qualsiasi momento.

2. Il Presidente, sentito il relatore, convoca la Corte in camera di consiglio qualora ravvisi l'urgenza di provvedere. Con il medesimo provvedimento il Presidente può autorizzare l'audizione dei rappresentanti delle parti e lo svolgimento delle indagini ritenute opportune. La cancelleria comunica immediatamente alle parti l'avvenuta fissazione della camera di consiglio e l'eventuale autorizzazione all'audizione.

3. Le parti possono presentare documenti e memorie.

4. L'istanza può essere presentata anche all'udienza di discussione.

Art. 27. ***Pubblicazioni.***

1. I ricorsi di cui al presente capo sono pubblicati nella Gazzetta Ufficiale nonché, ove si faccia questione di un atto della Regione o di una Provincia autonoma, nel rispettivo Bollettino Ufficiale.

2. Il ricorso previsto nell'art. 24 è pubblicato unitamente all'ordinanza che decide sulla ammissibilità dello stesso.

Capo IV – DISPOSIZIONI FINALI

Art. 28. ***Deposito dei ricorsi.***

1. Soltanto il deposito dei ricorsi di cui agli articoli 19, 24 e 25 può essere effettuato avvalendosi del servizio postale.

2. In tal caso, ai fini dell'osservanza dei termini per il deposito, vale la data di spedizione postale.

Art. 29. ***Astensione e ricusazione dei giudici.***

1. Nei giudizi di cui alle presenti norme integrative non trovano applicazione cause di astensione e di ricusazione dei giudici.

Art. 30. ***Spese del giudizio.***

1. Nei giudizi davanti alla Corte costituzionale non si pronunzia condanna alle spese.

Art. 31. ***Pubblicazione delle sentenze e delle ordinanze.***

1. Tutte le decisioni della Corte sono pubblicate integralmente nella Gazzetta Ufficiale della Repubblica.

2. Ove la decisione della Corte abbia ad oggetto una legge regionale o provinciale il Presidente ne dispone altresì la pubblicazione nel rispettivo Bollettino Ufficiale.

Art. 32. ***Correzione delle omissioni o degli errori materiali delle sentenze e delle ordinanze.***

1. La Corte provvede alla correzione delle omissioni o degli errori materiali delle sentenze e delle ordinanze, anche d'ufficio, in camera di consiglio con ordinanza, previo avviso alle parti costituite.

2. L'ordinanza di correzione è annotata sull'originale della sentenza o dell'ordinanza corretta.

3. Qualora si tratti di sentenza che abbia dichiarato l'illegittimità costituzionale di una legge o di un atto avente forza di legge, si applicano all'ordinanza di correzione le norme dell'art. 30, commi primo e secondo, della legge 11 marzo 1953, n. 87.

Art. 33. ***Raccolta ufficiale delle sentenze e delle ordinanze della Corte costituzionale.***

1. Le sentenze e le ordinanze della Corte hanno una sola numerazione progressiva annuale e sono pubblicate periodicamente per esteso nella «Raccolta ufficiale delle sentenze e delle ordinanze della Corte costituzionale», sotto la vigilanza d'un giudice designato dalla Corte.

Art. 34. ***Entrata in vigore delle presenti norme integrative.***

1. Le presenti norme integrative entrano in vigore trenta giorni dopo la loro pubblicazione nella Gazzetta Ufficiale della Repubblica e si applicano ai giudizi il cui atto introduttivo sia stato depositato nella cancelleria della Corte a partire da tale data.

INDICE

Finito di stampare nel mese di gennaio 2019
nella Stampatre s.r.l. di Torino – Via Bologna, 220